作者簡介

蔡宗虎，甘肅省平涼市人，西元二〇〇五年畢業於西安交通大學，工學碩士學位，史地愛好者。

提　要

　　胤禛（胤禛爲本名，允禵爲清世宗繼位後爲避諱而改者）者爲清聖祖長成者第十四子，清世宗胤禛同母弟。康熙五十四年準噶爾部侵襲哈密，清廷與準噶爾之戰爭自噶爾丹爲清聖祖擊滅後再起，康熙五十六年準噶爾遠襲統治西藏爲清廷敕封之和碩特蒙古翊法恭順汗拉藏，據有西藏，四川青海雲南甘肅皆置準部兵鋒之下，且準部擁拉藏汗所立六世達賴喇嘛伊喜嘉措及五世班禪額爾德尼二喇嘛以號令蒙藏二族，清廷滿蒙同盟之國策將傾，故必爭之。康熙五十七年清聖祖命湖廣總督署理西安將軍額倫特、侍衛色楞自青海進軍西藏，至那曲全軍敗沒，額倫特戰死，色楞被俘。清聖祖鑒額倫特全軍覆沒之前事，改其軍事征服之策，謀以宗教之名義號召青海蒙古之助己，亦招藏人勿拒清兵也，康熙五十七年命胤禛爲撫遠大將軍帥師出征，至康熙五十九年八月二十三日四川路清軍入拉薩，九月十五日青海路清軍青海蒙古軍護送七世達賴喇嘛至藏坐床，西藏終納清廷之治下，胤禛建殊勳於青史也。而胤禛於康熙晚年頗爲清聖祖器重，大有皇位將屬之勢，此爲其兄胤禛所忌，及至清世宗即位即自軍前召回而終雍正朝囚禁之，胤禛西征之史實於《清聖祖實錄》等官書幾刪略殆盡而泯滅不聞，今存世胤禛之奏摺爲此一史實最原始之記載也，本書蒐集整理之，以爲學人之取資。

古典文獻研究輯刊

二九編

潘美月・杜潔祥　主編

第 **12** 冊

胤禛（允禵）西征奏稿全本
（清廷統一西藏史料輯錄一）（上）

蔡 宗 虎 輯註

國家圖書館出版品預行編目資料

胤禎（允禵）西征奏稿全本（清廷統一西藏史料輯錄一）（上）
／蔡宗虎 輯註 — 初版 — 新北市：花木蘭文化事業有限公司，
2019〔民108〕
目 26+170 面；19×26 公分
（古典文獻研究輯刊 二九編；第 12 冊）
ISBN 978-986-485-951-1（精裝）
1. 奏議 2. 史料 3. 清代
011.08   108012003

蔡宗虎 輯註

胤禎（允禵）西征奏稿全本
（清廷統一西藏史料輯錄一）（上）

蔡宗虎 輯註

古典文獻研究輯刊
二九編　第十二冊　　　　　ISBN：978-986-485-951-1

胤禎（允禵）西征奏稿全本
（清廷統一西藏史料輯錄一）（上）

輯 註 者　蔡宗虎
主　　編　潘美月　杜潔祥
總 編 輯　杜潔祥
副總編輯　楊嘉樂
編　　輯　許郁翎、王筑、張雅淋　美術編輯　陳逸婷
出　　版　花木蘭文化事業有限公司
發 行 人　高小娟
聯絡地址　235 新北市中和區中安街七二號十三樓
　　　　　電話：02-2923-1455 ／傳真：02-2923-1452
網　　址　http://www.huamulan.tw 信箱 hml810518@gmail.com
印　　刷　普羅文化出版廣告事業
初　　版　2019 年 9 月
全書字數　456588 字
定　　價　二九編 29 冊（精裝）新台幣 58,000 元　版權所有‧請勿翻印

形色天性流行
古今身體髮膚
罔敢弗欽德合
矩度律中元音
渾然道貌不愧
影衾然無顯非
隱無幾非深人
弟見氣宇清和
曰式如玉式如
金而不知黙與
天通者濰腔子
惻隱之心

胤禎（允禵）晚年畫像

目次

前　言

胤禎（允禵）之西征

胤禎西征之背景

　　清聖祖玄燁有后妃嬪貴人二十　，生子三十五。胤禎（胤禎爲其本名，允禵爲清世宗繼位後爲避諱而改者）者爲清聖祖長成者第十四子，母孝恭仁皇后烏雅氏，生於康熙二十七年正月初九日，與清世宗胤禛同母。康熙五十七年十二月至康熙六十一年率師西征，時其僅三十歲也，欲擊滅準噶爾蒙古而統一之，因清聖祖遽爾崩逝而未竟。然胤禎之西征納西藏於清廷之治下，此赫赫武功實可媲美於清聖祖之親征噶爾丹而統一喀爾喀蒙古，清高宗之統一新疆。然因胤禎後爲其兄清世宗所忌而囚禁之，凌辱備至，故康熙朝清廷即有於軍事征伐編纂專書以紀之之傳統，若《平定三逆紀略》《親征平定朔漠方略》諸書，然胤禎之西征匪特無專書以紀之，即清聖祖之實錄幾刪略殆盡，後乾隆朝編纂《平定準噶爾方略》，於此史實稍有揀入，然甚疏略，致使胤禎西征之史實泯滅不聞而偉業不彰，諸清史大家論及胤禎西征者或語焉不詳或錯謬時出，而今存世胤禎之奏摺爲此一史實最原始之記載也。

　　欲明瞭胤禎西征之始末，必先明瞭彼時期西藏與青海之形勢也。今之西藏即唐時之吐蕃本部，吐蕃末代贊普朗達瑪因滅佛致被刺身亡，統一之吐蕃解體，各小政權林立。當蒙元王朝興起，扶持薩迦派昆氏家族統治西藏，西藏即歸於蒙元王朝之統治，然各小政權若阿里之古格、拉達克亦存，昆氏之政權乃其最大者也。元尚未爲明取代，昆氏家族於藏地之統治即爲帕木竹巴之政權更替，帕木竹巴請封於元廷而爲元廷承認，帕木竹巴之後繼起者爲仁蚌巴與第悉藏巴。宗教上後起之格魯派黃教自三世達賴明神宗萬曆六年與俺達汗青海湖相會後，格魯派迅速傳播於蒙古，蒙古民族亦全民皈依黃教，四世達賴即爲蒙古之汗族而入藏坐牀者，蒙古與西藏之關係日密。努爾哈赤於明神宗萬曆四十四年建後金政權，當清太宗崇德元年皇太極改國號爲清之同年，四衛特拉蒙古一部之和碩特部首領固始汗率部入青海擊滅卻圖汗而踞有青海，崇德二年固始汗入藏謁四世班禪與五世達賴，崇德五年十月十三日固始汗擒殺康區崇奉苯教之白利土司敦悅多吉而統有康區，崇德六年固始汗率軍入藏，崇德七年春擒殺藏巴汗丹迴旺波，將藏地民戶獻於五世達賴，固始汗之後裔以汗號統有西藏，設一第巴總管事務，西藏爲蒙古和碩特部與達賴聯合統治之。後固始汗之子孫臣服攻滅古格王國之拉達克，收阿里歸西藏直轄，拉達克臣服於西藏，至此蒙古和碩特部建橫跨青海西康衛藏阿里直至拉達克廣大地區之汗國。

　　清廷與西藏之交通，始以蒙古爲中介，因滿人逼處蒙古，滿人立國之初即定滿蒙同盟之國策，故滿人雖信奉薩滿教而視蒙人所奉之喇嘛教慕重，屢遣使隨蒙人入藏而交通之，崇德七年十月清廷尚未定鼎燕京之時，西藏藏巴汗、四世班禪、五世達賴與和碩特部聯合遣派之使伊拉古克三呼圖克圖、戴青綽爾濟抵盛京（今遼寧省瀋陽市），清廷禮遇極隆，皇太極親率諸王貝勒大臣出懷遠門迎之。繼之清廷頻遣使入藏邀達賴班禪二喇嘛入覲以固結蒙古之內向，順治九年五世達賴喇嘛入覲並獲清廷之封號西天大善自在佛所領天下釋教普通瓦赤喇怛喇達賴喇嘛，同時封固始汗以遵文行義敏慧顧實汗之汗號，自是清廷之勢力漸入西藏青海，國勢日盛之清廷此後於統一喀爾喀蒙古與阿拉善蒙古，西藏喇嘛於蒙古民族之影響頗爲清廷所用。

　　及至康熙二十一年五世達賴喇嘛圓寂，西藏則漸陷混亂之局面矣。先是五世達賴所立之第巴桑結加措匿五世達賴之喪，假達賴之名而行之，西藏固始汗後裔與桑結嘉措之爭鬥漸烈，康熙三十三年桑結加措假五世達賴喇嘛之名請封於清廷，清廷封其爲弘宣佛法王，賜金印，印文曰掌瓦赤喇怛喇達賴喇嘛教弘宣佛法王布忒達阿白迪之印，桑結嘉措以此與固始汗世系之汗位相抗衡。噶爾丹本準噶爾部汗族出家西藏爲僧者，後返國殺其侄而自爲準噶爾部汗，屢構釁於喀爾喀蒙古，後噶爾丹破喀爾喀蒙古，喀爾喀蒙古投歸清廷，噶爾丹屢索入清避難之喀爾喀貴族與哲布尊丹巴一世而清廷弗允，自此清準開釁，康熙二十九年清準大戰於烏蘭布統，噶爾丹雖敗遁而清軍受創亦劇。康熙三十五年噶爾丹爲清聖祖敗於昭莫多，時其侄策旺阿拉布坦自立於伊犁遣使通好清廷而斷噶爾丹之歸所，康熙三十六年噶爾丹窮蹙自殺，清廷統有漠北喀爾喀蒙古。清廷於與噶爾丹之戰爭中獲桑結嘉措交通噶爾丹之證，清聖祖發桑結嘉措匿喪及挑動噶爾丹爲敵清廷之非，嚴辭斥責之至以戰爭威脅之，桑結嘉措卑詞求恕，使六世達賴倉央嘉措坐牀。康熙四十年和碩特第三代汗達賴汗卒，康熙四十二年達賴汗子拉藏汗嗣位，桑結嘉措與拉藏汗之爭鬥愈烈，康熙四十四年西藏內訌，桑結加措欲鴆拉藏汗未果而迫其率部離藏返青海，反爲拉藏汗擒殺，拉藏汗廢第巴桑結加措所立六世達賴倉央加措，時清廷與準噶爾遣使爭迎此被廢之達賴喇嘛，拉藏汗不允準部，倉央加措爲清廷迎至內地，中途圓寂（後世有逃遁阿拉善蒙古之說），清廷敕封拉藏汗爲翊法恭順汗以褒之，拉藏汗另立一六世達賴喇嘛伊喜嘉措，遷延數年後康熙四十八年清廷仍冊封伊喜嘉措爲六世達賴喇嘛。然伊喜嘉措不爲藏人及青海和碩特蒙古所信奉，西藏喇嘛於里塘另覓一靈童羅桑格桑嘉措，爲青海和碩特蒙古與藏人所信奉，拉藏青海爭訟於清廷，清廷慮此靈童既爲藏人蒙古信奉，則拉藏汗所立並爲清廷所封之伊喜嘉措無處所，清聖祖欲遷此靈童於紅山寺而青海蒙古弗允，後清聖祖以兵迫青海蒙古遷羅桑格桑嘉措於塔爾寺以居之。清聖祖鑒伊喜嘉措之不爲藏人及蒙古信奉，乃於康熙五十二年冊封五世班禪以班禪額爾德尼之封號，以爲預佔黃教之先機。拉藏汗殺桑結，廢倉央嘉措而另立達賴之舉殊招西藏僧侶集團之忿怒，潛通於準部，及至拉藏執解倉央嘉措於清廷而非準部，則爲準噶爾策旺阿拉布坦所恨，佯許嫁女於拉藏汗長子噶爾丹丹忠，康熙五十二年噶爾丹丹忠赴準噶爾迎親，策旺阿拉布坦禁之使不歸，康熙康熙五十六年遣策零敦多卜以軍六千入藏，言此軍護送噶爾丹丹忠入藏，且將助拉藏汗征布魯克巴（今不丹），拉藏不備，及準部兵至達木，拉藏倉促應敵，兵敗退守拉薩，爲策零敦多卜擒殺，準部踞有藏地，委達克冊爲第巴。西藏既爲準部所據，且準部擁拉藏汗所立六世達賴伊喜嘉措及五世班禪額爾德尼二喇嘛以號令蒙藏二族，清廷滿蒙同盟之國策將傾，故必爭之。康熙五十七年清廷命原任湖廣總督署理西安將軍額倫特、侍衛色楞率軍自青海進軍西藏，至那曲全軍敗沒，額倫特戰死，色楞被俘，此爲胤禎西征時西藏之形勢也。

　　而青海與清廷之關係亦於西藏有莫大之關係，而此時期之青海雖臣服於清廷，而非內扎薩克四十九旗以臂指手也，究之原因乃青海因清聖祖之威服而非征服者。康熙三十五年準噶爾部噶爾丹爲費揚古大敗於昭莫多，時其侄策旺阿拉布坦自立於伊犁遣使通好清廷而斷噶爾丹之歸所，噶爾丹子色布騰巴爾珠爾亦爲哈密回族擒獻清廷，噶爾丹已窮途末路矣。和碩特、準噶爾本四衛特拉蒙古之二部，世通婚姻，時噶爾丹女布木爲固始汗第五子策垆伊勒都齊子博碩克圖濟農子根特尔妻，清聖祖既敗噶爾丹，獲青海蒙古交通噶爾丹之使羅壘額木齊、善巴及往來書，清廷囚羅壘額木齊於宏仁寺，令善巴隨清廷之使往諭青海蒙古，責青海蒙古交通噶爾丹同謀侵清，令博碩克圖濟農獻噶爾丹女於清廷，青海蒙古震恐。時噶爾丹窮蹙已極，遣將即可殄滅之，然康熙三十六年清聖祖以追剿噶爾丹爲名第三次親征，師次寧夏不進，青海蒙古愈疑清聖祖意不在噶爾丹而在青海矣，果清聖祖遣額駙阿喇布坦、都統都思噶爾、巴林台吉德木楚克、西寧喇嘛商南多爾濟往説青海蒙古入觀而臣服之，時固始汗十子僅存者爲第十子達什巴圖爾，彼時噶爾丹已窮途末路將亡，策旺阿拉布坦因與噶爾丹釁而通款清廷，青海蒙古無可倚恃，議良久始願臣服入觀，清聖祖以野處觀見有礙觀瞻，令青海諸台吉赴京朝觀，及至，清聖祖大閲兵於玉泉山以耀武力，去蒙古諾顏、濟農之尊號，代以清廷之爵位，封達什巴圖爾親王，其餘青海蒙古諸台吉亦各封爵有差，給年俸，至此青海蒙古歸入清帝國矣，誠所謂不戰而屈人之兵也。然清聖祖此舉其亦無十分把握，亦恐肇起兵端也，及事成，甚喜，此可於其傳書太子之上諭可知一斑，康熙之冒險成功矣。

　　　　諭皇太子〔註1〕，朕於二月内來寧夏，故未〔註2〕陳明緣由，
　　招降青海等西部厄魯特，曾詳諭台吉阿喇布坦、德木楚克、都統杜
　　斯嘎爾、尚南多爾濟等畢遣之，前不知事之成與否，恐反起兵端，
　　亦未可料，故未即發，今觀阿喇布坦等奏疏，青海台吉皆願降來朝，
　　未用一兵一卒，盡收西部厄魯特，此乃大喜之事，是以急報〔註3〕。

　　職此之因，清廷於青海蒙古未仿內扎薩克蒙古編旗設佐，清廷於蒙古之法律《蒙古律例》亦未施行，即青海蒙古之朝觀清帝祇可招徠之，至京朝觀

〔註1〕指清聖祖第二子胤礽。
〔註2〕原文作爲字，今改正爲未字。
〔註3〕《康熙朝滿文硃批奏摺全譯》第三三三號文檔《康熙帝朱諭》。

者輒加崇爵以寵榮之，青海蒙古慕利而至京朝覲者漸多。然青海蒙古於清廷之政令僅擇利己者而行之，若額倫特、色楞之進征西藏，額倫特、色楞那曲被圍數月終至全軍覆沒而青海蒙古均作壁上觀不出兵相助，清廷亦無可奈何。清軍青海蒙古軍定藏後，親王羅卜藏丹津、郡王察罕丹津、貝子巴拉珠爾拉布坦率一千青海蒙古軍駐藏，亦可不待旨而逕回，清廷亦無可奈何。

胤禎西征與清廷統一西藏

　　清聖祖鑒額倫特全軍覆沒之前事，改其軍事征服之策，謀以宗教之名義號召青海蒙古之助己，亦招藏人勿拒清兵也。而當此額倫特、色楞敗沒之時青海蒙古於進征西藏更畏之如虎，故胤禎有日聞得派兵會盟，青海蒙古皆恐惶疑慮〔註4〕之語。而此時期之青海蒙古，當固始汗既薨，則一如成吉思汗所建之蒙古帝國，無英武之領袖，則部落各自雄長，內爭不已，無復統一矣，青海固始汗諸子之後裔亦不例外。故而清廷之遣將西征，匪特一軍事統帥足以藏事，亦需調和青海蒙古內訌之才能也，終清聖祖定胤禎西征，康熙五十七年十月十二日命皇十四子固山貝子胤禎為撫遠大將軍，兩月後胤禎出征，禮儀甚隆。

> 　　康熙五十七年十二月十二日撫遠大將軍允禵率兵起程，上命內
> 閣大臣頒給大將軍敕印於太和殿，其出征之王貝子公等以下俱戎服，
> 齊集太和殿前，其不出征之王貝勒貝子公並二品以上大臣等俱蟒服，
> 齊集午門外，大將軍允禵上殿，跪受敕印，謝恩行禮畢隨敕印出午門，
> 乘騎出天安門，由德勝門前往，諸王貝勒貝子公等並二品以上大臣俱
> 送至列兵處，大將軍允禵望闕叩首行禮，肅隊而行〔註5〕。

　　胤禎之至青海，首要者則調和青海蒙古內部無窮之紛爭也，時青海蒙古諸部傾軋爭奪不已，親王羅卜藏丹津等密呈文於胤禎言郡王察罕丹津私通準噶爾，康熙五十四年準噶爾部襲哈密即察罕丹津密與準噶爾密謀而行者，胤禎既不宣揚亦不深究含混應之，惟以大義激勵青海蒙古諸部同心協力進剿西藏而已。而郡王察罕丹津與其二侄貝子喇察布、丹忠因奴僕牲口牧地而互相搶掠，陳訟不已，胤禎皆遣員調和之。

〔註 4〕《撫遠大將軍允禵奏稿》卷一《與親王察罕丹津晤面並由呼弼勒罕派員赴巴塘
　　　　等處曉諭摺》。
〔註 5〕《清聖祖實錄》卷二八二頁七。

　　為獲取西藏之內情，清廷且有遣員入藏探信之舉，康熙五十八年清廷以主事瑚必圖為首遣使入藏會策零敦多卜，約會盟以決藏事，實探取西藏之信息而已。此後續遣當地囊蘇、七世達賴喇嘛之父、青海蒙古屬下之喇嘛俗人或入藏熬茶、或入藏朝佛、或走親探友多方探取西藏之信息，而逃出藏地之喇嘛等於西藏之實情亦多所告之，胤禎已知準部駐於西藏之軍僅三千餘，準噶爾擬遣入藏之援軍亦未至。

　　而自四川入藏中隔康區，康區之藏人部落分屬於拉藏汗與青海蒙古諸部，而與西藏語言宗教風俗同，準部既據西藏，因宗教之關係，極易以達賴喇嘛伊喜嘉措與五世班禪宗教之名義而籠絡之，且已有策零敦多卜遣使赴康區煽惑之信，若康區為準部所有，匪特四川入藏之路處處梗阻，糧運為艱，且有金沙江之天險，若準部合康區藏人據守金沙江，則自四川入藏更形艱難，故都統法喇奉命漸次入理塘、巴塘，招撫藏人之部落，又恐招致青海蒙古諸部之疑慮，而鑒於康區藏人於七世達賴喇嘛之信奉，胤禎續遣青海蒙古諸部之齋桑與七世達賴喇嘛屬下喇嘛入康招撫藏人部落，使之協助清軍入藏。當齋桑喇嘛至理塘，時駐理塘清軍議禁茶入藏以困準部，命理塘等處頭人開具戶口清冊以按數售茶，此招致齋桑喇嘛之疑慮而拒絕，時駐理塘副將岳鍾琪遽爾計殺諸第巴，僕人逃歸青海，索諾木達爾扎訴之胤禎，胤禎告以理塘距此遙遠，詳情不知，此事既已上奏聖祖，則當下當以護送七世達賴喇嘛入藏為重而應之，入康之齋桑喇嘛續招撫巴塘、擦瓦岡直至察木多，千餘里康區已無阻滯。

　　而能鼓動青海蒙古出兵西藏者有二因也，一者冊封青海蒙古崇奉之羅桑格桑嘉措為達賴喇嘛，以宗教之名義號召青海蒙古也，此為青海蒙古不可拒也。二者許諾恢復固始汗所立西藏黃教之道統，逐準噶爾後將立一固始汗之後裔為西藏之汗，以利誘之也。職此二因，青海蒙古終願遣兵入藏。當胤禎之至青海，甚尊崇尚未冊封之七世達賴喇嘛，時羅桑格桑嘉措欲親赴西寧會見胤禎，胤禎奉清聖祖之旨婉拒之，胤禎奏請聖祖請旨會見七世達賴喇嘛之禮，聖祖命胤禎作順便狀赴塔爾寺會面之，且行謁見之禮。康熙五十八年三月二十一日胤禎以祝清聖祖萬壽誦經為名赴塔爾寺禮佛，拜會七世達賴喇嘛，行拜見禮。時青海蒙古疑清廷既已封伊喜嘉措為達賴喇嘛，伊喜嘉措既未圓寂，則清廷復可封羅桑格桑嘉措為達賴喇嘛乎，故羅桑格桑嘉措有不願入藏之語，胤禎促清廷急發印冊至青海舉冊封禮，康熙五十九年四月二十日行冊封羅桑格桑嘉措為六世達賴喇嘛禮，禮成，青海蒙古眾皆喜悅，二十二日胤禛率師起程。

　　時清廷擬四川青海雲南三路進藏之策，青海之軍以平逆將軍延信統之，四川之軍以定西將軍噶爾弼統之，雲南之軍以都統武格統之，且遣傅爾丹、富寧安率二師於喀爾喀蒙古與新疆進擾準部以分其力，免其援軍西藏。策零敦多卜率軍抵拒青海路之清軍，另遣第巴代琫阿爾布巴率準部兵六十及藏軍抵拒四川路清軍，阿爾布巴與七世達賴喇嘛之父索諾木達爾扎本為遠親，時通信息，阿爾布巴既聞已冊封羅桑格桑嘉措且胤禛率師起行，且有青海蒙古之助，知準部必敗，故揚稱身死，率從人赴青海投七世達賴及胤禛，盡告藏中之虛實，且作書洛隆宗等處第巴，擒殺準兵，四川路之抵拒瓦解，故噶爾弼率師突進，師次三巴橋，即怒江上之橋也，為通藏之咽喉，岳鍾琪率兵三十喬裝藏人而奪之，一路坦途師次墨竹工卡，準部及藏軍潰散，噶爾弼遣千總趙儒召逃歸故里之第巴達克冊至營，八月二十三日噶爾弼率軍進抵拉薩，封倉儲以斷策零敦多卜之糧運，拏準噶爾之喇嘛以斷內應，第巴達克冊且行文解散脅從準部之藏軍，藏軍聞達賴喇嘛在軍皆不願為敵清軍而潰散。胤禛陪七世達賴喇嘛同至金沙江，自此作別，青海路清軍由延信統帥護送七世達賴喇嘛前進，策凌敦多卜遣準部軍三次夜襲清軍，均被擊退而無果，知事不可為，乃率軍遁回準部。康熙五十九年九月十四日延信護送七世達賴至藏，十五日七世達賴喇嘛於布達拉宮坐牀，清廷統一西藏。

胤禛返京與繼返軍前

　　康熙五十九年七月十七日胤禛親送七世達賴喇嘛渡金沙江後〔註6〕，繼續駐駐紮至八月初十日，胤禛本欲駐此以候清軍入藏之信息，然因官兵患病甚多，恐馬畜受損，胤禛與諸皇孫俱感不適，即於八月初十日率兵自木魯烏蘇返回，九月二十六日抵西寧〔註7〕，十月十二日接延信之稟報，沿途準噶爾三次夜襲營，均擊退之，準噶爾已遁，藏內不可容大兵，延信等留大兵駐於達木，率少數兵馬護七世達賴喇嘛九月十四日至藏，九月十五日七世達賴喇嘛坐牀布達拉宮，藏事大定。康熙六十年四月二十日胤禛請旨西寧已無事，現

〔註6〕《撫遠大將軍允禵奏稿》卷二《詣達賴喇嘛處送行摺》。
〔註7〕《康熙朝滿文硃批奏摺彙編》第三五三四號文檔《撫遠大將軍胤禛奏為調軍情形摺》。

清軍進佔吐魯番，請旨進駐甘州以圖進取準部，奉旨允准，康熙六十年六月初九日自西寧起身，二十六日至甘州，時前線已無戰事，康熙六十年九月二十八日奏請回京請訓，言沿口繞行四十日即可至京〔註8〕，二十日後即十月十八日兵部之咨文至甘州，胤禎即將印冊交訥欽王納爾蘇，於是月二十日由甘州起身赴京〔註9〕，胤禎至京，清聖祖命皇三子誠親王胤祉、皇四子雍親王胤禛領內大臣郊迎，十一月二十六日撫遠大將軍胤至南苑陛見〔註10〕，康熙六十一年四月十三日清聖祖巡幸熱河避暑，胤禎隨駕至清河太平莊辭赴甘州軍前〔註11〕。康熙六十一年九月十九日胤禎以清聖祖來年七旬聖壽，奏請再次回京於年前至京與眾兄弟等同叩萬萬歲〔註12〕，然清聖祖或慮及胤禎返軍前不及半年，或慮及準噶爾趁其七旬朝賀而侵襲之，胤禎回京之奏摺似乎未准，康熙六十一年十月二十六日尚在軍營接見準噶爾之使臣瑞那木喀〔註13〕。

清世宗即位與胤禎返京之被囚

清聖祖崩世與胤禎之返京

康熙六十一年十一月十三日清聖祖忽而駕崩，清聖祖謀劃擊滅準噶爾部之計畫不得不暫行停止。繼清聖祖者胤禎同母兄皇四子胤禛，此即清世宗。清世宗之繼位本不服眾，而康熙晚年眾意皇位非胤禎莫屬，且胤禎處前線而握重兵，此為胤禎芒背之患，故後出之史料多載清世宗招胤禎及其侄弘曙回京之諭旨：

> 康熙六十一年十一月十四日諭總理事務王大臣等，西路軍務大將軍職任重大，十四阿哥允禵勢難暫離，但遇皇考大事，伊若不來，恐於心不安，著速行文大將軍王，令與弘曙二人馳驛來京，軍前事務甚屬緊要，公延信著馳驛速赴甘州管理大將軍印務，並行文總督年羹堯於西路軍務糧餉及地方諸事，俱同延信管理，年羹堯或駐肅州或至甘州辦理軍務，或至西安辦理總督事務，令其酌量奏聞，至

〔註8〕《撫遠大將軍允禵奏稿》卷十八《擊敗來犯厄魯特並請回京聆訓摺》。
〔註9〕《撫遠大將軍允禵奏稿》卷十九《遵旨回京請訓摺》。
〔註10〕《清聖祖實錄》卷二九五頁十。
〔註11〕《永憲錄》頁二八。
〔註12〕《撫遠大將軍允禵奏稿》卷二十《萬壽入覲請旨摺》。
〔註13〕《撫遠大將軍允禵奏稿》卷二十《策旺阿拉布坦派員瑞那木喀等進京派員護送摺》。

現在軍前大臣等職名，一併繕寫進呈，爾等會議具奏。尋議，諭旨甚屬周詳，應速行文大將軍王，將印敕暫交平郡王訥爾素署理，即與弘曙來京。得旨副都統阿爾納著隨大將軍王來京，副都統阿林保著隨弘曙來京〔註14〕。

《平定準噶爾方略》卷十一頁一亦載此一諭旨，然此皆爲後來編纂者所錄之官樣文字也，胤禎回京弔喪與延信返西部軍前之實情實非此，康熙六十一年十二月二十一日延信密奏清世宗曰。

輔國公臣延信密奏，爲欽遵諭旨事。延信宿住舉羅之日奉上諭，爾到達後，爾將大將軍王之所有奏書，所奉硃批諭旨均收繳，封閉具奏送來。倘將軍親自攜來，爾速陳其由，於伊家私書到達前密奏。倘爾稍有怠懈庸懦，使其觀家書而未全解送，朕則怨爾。途中若遇大將軍此情萬勿被發覺，惟爾抵達甘州前，稱諭旨趕到，盡告彼處大臣等。爾抵達後即收領印信，掌權之後再行。此間事甚機密，爾之所有密奏文書，以大將軍有奏書之匣鑰匙，爾傳旨取用。若平常具奏則普通封奏，札克丹〔註15〕等太監等若強推諉謊稱將軍親自攜來，即行執拏，一面具奏，欽此。欽遵施行外，奴才於十二月初六日宿建安堡，是日大將軍王宿榆林，翌日初七日經雙山堡途中會大將軍王，見之下騾執手痛哭，我勸之進入店鋪，突然詢我，皇父何病，此事作夢亦未料到，有如此之例乎，痛哭不止。我告之我等查倉完竣，十一月初六日前往海子具奏，是日我等俱面見皇上，主子面諭詢問倉務，久議方散，是日主子氣稍虛，臉亦消瘦，翌日即入暢春園，我等八旗大臣等相約，初十日往請主子安。奉旨爾等再勿前來。從此我等再未前往，十四日我等方聞之，各自前往，此事確不是夢。大將軍王一再哭泣，經我勸慰後啓程，我亦前來。初八日於榆林附近會見前鋒統領阿哥，亦照此稟告。延信我於本月二十日宿涼州，聞大將軍王之小福晉等俱於此臘月初五日經涼州前往京城。降旨內稱於伊之家書到達前密奏，延信我惟念大將軍王家之私書，伊之姨母同攜之不可料定，計算日期尚未抵至京城，自義靖往京城有二路，一路經大同、宣府、南口進。一路經綏德州、汾州

〔註14〕《清世宗實錄》卷一頁九。
〔註15〕《清代職官年表》部院滿侍郎年表作兵部左侍郎渣克旦。

府、平定州，固關進，過正定、保定，前往京城。再由侍郎札克丹
隨王前往，延信我抵達甘州查明另奏外，為此謹密奏〔註16〕。

十二月初七日延信遇胤禎於榆林雙山堡〔註17〕，十二月十七日胤禎至
京，易喪服，叩謁梓宮〔註18〕。由上文知西北前線之兵為延信與年羹堯控制
矣，前人均知隆科多與年羹堯為清世宗之腹心，史家多所論之，而隨胤禎出
征至藏之延信由於史料之闕如而不得知其詳，由此知之，延信於此事中扮演
之角色也，然一如清世宗之待年羹堯、隆科多，優隆崇褒以利用之，用畢即
羅織罪名而逮繫之，然於延信，羅織之罪名終不能服眾，且延信率師入藏聖
祖褒揚之，彼無罪而殺之，終有所顧忌，為清世宗圈禁至死。

胤禎之被幽禁湯山與其母福晉之相繼去世

雍正元年四月初三日清世宗與允禵奉其母孝恭仁皇后至景陵祭聖祖之
陵，祭陵畢，世宗諭誠親王允祉曰。

> 朕送皇考梓宮至陵寢，不忍遽去，欲留數日以盡朕心，諸王大
> 臣勸奏懇切，明日祭畢朕將回鑾，王暫留數日將陵寢一應典禮酌定，
> 著諸人俱照定例遵行，再貝子允禵著留陵寢附近湯泉居住，俾得於
> 大祀之日行禮盡心〔註19〕。

至此允禵即被軟禁於湯山，與其母不得見。實清世宗之軟禁允禵於湯山
早已預謀之，雍正元年二月二十日清世宗即以彈壓陵寢重地為由改古北口總
兵為提督，改馬蘭峪副將為總兵，復置副將於三屯營，以范時繹為馬蘭峪總
兵，李如栢為三屯營副將，且於三月初二日即密諭李如栢曰著令十四貝子在
湯泉住，如叫他回來，朕自然有旨意與你〔註20〕，李如栢雖微為副將但可阻
允禵之返京。三屯營副將之監視允禵即其上司古北口提督亦不知也。而同時
又命馬蘭峪總兵范時繹監視胤禎之舉止，且清世宗於三屯營副將更為信任
之，於其奏摺硃批密諭為多。

〔註16〕《康熙朝滿文硃批奏摺全譯》第三六五八號文檔《輔國公延信密奏遵雍正帝
　　　　旨收繳胤禎奏書及硃批諭旨摺》。
〔註17〕《康熙朝滿文硃批奏摺全譯》第三六五八號文檔《輔國公延信密奏遵雍正帝
　　　　旨收繳胤禎奏書及硃批諭旨摺》。
〔註18〕莊吉發《清世宗拘禁十四阿哥允禵始末》。
〔註19〕《清世宗實錄》卷六頁三。
〔註20〕《雍正朝漢文硃批奏摺彙編》第一冊第三六六號文檔《三屯營副將李如栢奏
　　　　報將十四貝子檔回湯泉緣由摺》。

　　當胤禎之被軟禁湯山後一月餘，其母病篤，雍正元年五月二十二日未刻遣使馳召胤禎返京，五月二十三日早來使粘杆子上下、伍儔、朱蘭泰至湯山攜胤禎返京，行約一里，三屯營副將李如栢以無旨僅有兵部驛牌爲由阻止，將胤禎檻回，來使亦均監禁而具奏請旨，五月二十三日孝恭仁皇后駕崩，二十四日清世宗復遣使召胤禎返京，隨從不得過十人，二十五日胤禎至尊化門，見迎接之守備皆摘纓，始知母后駕崩，乃哭入城，易服入宮。二十六日清世宗於其母梓宮前封胤禎爲郡王，事畢仍回湯山居住，上諭總理事務王大臣等。

　　　　貝子允禵原屬無知狂悖，氣傲心高，朕屢加訓諭望其改悔，以便加恩，但恐伊終不知改，而朕必欲俟其自悔，則終身不得加恩矣，朕惟欲慰我皇妣皇太后之心，著晉封允禵爲郡王，伊從此若知改悔，朕自疊沛恩澤，若怙終不悛，則國法具在，朕不得不治其罪，允禵來時爾等將此旨傳諭知之〔註21〕。

　　同日清世宗嘉李如栢誠信，賜白金千兩，擢總兵，赴軍前，諭曰。

　　　　十四貝子前不能與皇父大事，又不及臨太后之喪，是伊之不幸，副將李如栢〔註22〕向伊攔阻，誠信可嘉，而十四貝子即如李如栢之阻而止，亦甚可嘉焉，李如栢係漢人，猶執大理如此，較之公吳爾湛身爲宗室，看守二阿哥咸安宮時皇父所交之事不行欽奉，將旨藏匿，趨順時宜，爲何如耶，李如栢賞帶孔雀翎，有要總兵缺出即補用，並將此旨傳示看守咸安宮及大阿哥處王大臣、管侍衛內大臣、都統、前鋒統領，武職大臣當以此爲規範〔註23〕。

　　此諭旨如此之引人側目致《清世宗實錄》不錄，李如栢擢爲總兵後，趙國瑛繼任三屯營副將，其監控允禵一如李如栢，趙國瑛之奏摺從不假手於人，而清世宗於其密摺之硃批趙亦於下次進摺之時繳回〔註24〕，所奏事件皆不見於實錄。而清世宗於趙國瑛恩威並施，曉以利害禍福而杜趙自留地步，雍正元年十二月趙國瑛奏允禵於引道打燈之兵丁六名各賞小銀錁一個，清世宗硃批曰。

〔註21〕《清世宗實錄》卷七頁二三。
〔註22〕原文作李如柏，今改正爲李如栢，本文檔全改。
〔註23〕《永憲錄》頁一一八。
〔註24〕《雍正朝漢文硃批奏摺彙編》第三冊第三七四號文檔《直隸三屯營副將趙國瑛奏探訪郡王允禵建造金塔等事摺》。

這纔是，凡事要酌量大義，分別輕重，不可上下自留地步，公私以爲兩全，恐禍不可測，你此任干係不輕，是則獲福無量，否則受害不淺，著實留一番心，總以誠勤實心奉公，方不負朕之任用也，勉之慎之〔註25〕。

趙國瑛覆奏云。

本月十二日跪接皇上硃諭，臣不勝悚息戰競感涕交集，臣祖父均受國恩，啣結無地，臣雖年幼不知，臣母在日不時面訓，並諄諄以忠孝爲本，今臣蒙皇上硃恩特任，即捐糜頂踵不能圖報，敢不實心勤慎，以供厥職，如負君親嚴訓，適所以自取罪戾也〔註26〕。

雍正二年四月閏四月間允禵福晉患病，允禵延醫生聞景往診，閏四月初四日清世宗硃批范時繹，命其留心看訪該醫生，並於無意間於該醫生陳其利害，令其小心〔註27〕。總管郎泰、馬蘭峪總兵范時繹覆奏云。

臣等公同祗受欽遵在念，後隨仍加細察，日夜匪懈，看得五月六月之間聞景仍稱福金看病，或其自去，或湯山遣人來接，每日必侵早而往，抵暮方歸，率此爲常，其間賞給衣服緞疋銀兩既頻且數，雖近來未有事端彰著，動人耳目之處，然兩處之封閉掩飾亦復如昔，今臣等探得福金病勢已漸痊愈，而聞景之往來未見稍疎，深恐未便，臣等互相計議，因各托病延醫聞景到臣郎泰家中，閒語之際葉將允禵之性習悖逆不平，而福金醫藥任大責重，況病已漸愈，無所用醫，爾何如人，無因綢繆，歷歷教以大義，聞景云這一件事我也知道，我是有防備的，我所用的方藥以及往來的日子俱曾立了一本簿子記著，況我是行道人，隨分人家叫我都是去的，現今福金在此，我仍要去走動，如立秋以後福金回京去時我便不去等語。臣等細揣聞景甫聞此番勸教，即慨然應以豫有防備之語，則其與允禵相會之初，或彼此業經關會，愈屬可疑，更念聞景狡猾異常，既經臣郎泰陳及利害，臣范時繹轉恐聞景疑臣等之語，屬有心往告允禵反洩。臣等伺察形跡，未便再行教戒，謹合辭據實聲明，俟秋後福

〔註25〕 《雍正朝漢文硃批奏摺彙編》第二冊第三六八號文檔《三屯營副將趙國瑛奏郡王允禵進陵上祭摺》。

〔註26〕 《雍正朝漢文硃批奏摺彙編》第二冊第三六九號文檔《三屯營副將趙國瑛奏郡王允禵揚言回京摺》。

〔註27〕 《文獻叢編》頁一二《郎泰范時繹謹奏醫生聞景與允禵來往情形摺》。

金回京之日其聞景果否與同赴京，並仍否往來湯山之處，臣等另行密察奏聞〔註28〕。

清世宗硃批曰。

　　想此時允禵再不敢與他有非分之談，景讓他去做，如果有非理，彼惡業盈時自然敗露，目今汝等只要留心暗察，若福金來京而景若棄此處之業而隨來京，則是他自尋路也，允禵近日幾奏摺似有悔過之景，如果真正知罪遷善，朕自然寬他，但惡性已成，品行已失，未必能翻然改悔，徹然醒悟也，況秉性糊塗執著，其姦詭權術到是學來的，不是他本性，庸愚孟浪不知好歹，乃其氣質也，此等本領如何能逃朕之鑒察，爾等只照朕旨實心尊奉而行就了，不必露不必過，有聞見動靜實以入奏，朕自有道理，七月十五誠親王等來祭，諸王見允禵光景如何，留心訪視，並其辭色如何處，都著實留心，看誠親王更要緊，晚間使人之往來亦要悉心密探，特諭〔註29〕。

　　因古北口提督董象緯並不知趙國瑛所負之特殊使命，故雍正二年七月初七日趙國瑛奉古北口提督牌委查勘潘家口抵關無票私木，初九日趙國瑛接其心腹把總靳士正探稟允禵福晉於初八日卯時病故，趙國瑛隨派千總一員帶馬兵二十名藉口看守福晉靈柩而暗查往來人等，趙國瑛另委喜峰路遊擊李杜芳料理私木事宜而急返湯山。清世宗命其，如今允禵移往他莊頭處去，大概也是你管轄之地，可令心腹人密探，你亦看，閑時親到察其動靜光景，只作殷勤伺候光景，不要露查察辭色〔註30〕。七月二十五日允禵福晉靈柩移至閆家崆地方陳莊頭處安厝，允禵住於陳家莊東隣鑲黃旗園頭劉德臣家，趙國瑛親自巡查並面見允禵，並言此處離汛地為由派馬兵二十名以看守福晉靈柩為辭而四圍安插，且另使數人易服扮作買賣人等暗察，該地屬都司武格汛地，趙國瑛若回營則令其代替，清世宗硃批趙國瑛奏摺云。

　　轉諭武格，他一生是非榮辱禍福利害，在此一差也，爾亦如是，若有不及差錯處推委武格不得，亦再差訪武格行為居心可也，

〔註28〕《文獻叢編》頁一二《郎泰范時繹謹奏醫生聞景與允禵來往情形摺》。
〔註29〕《文獻叢編》頁一二《郎泰范時繹謹奏醫生聞景與允禵來往情形摺》。
〔註30〕《雍正朝漢文硃批奏摺彙編》第三冊第二七六號文檔《直隸三屯營副將趙國瑛奏郡王允禵福金病故摺》。

不可全信。況武格當日與允禵處有來往，相認識與否，朕不深知，今你用此人是則總是，非則總非，汝二人同休戚者也，勉之慎之〔註31〕。

允禵福晉病故後，允禵知以其兄之殘忍忌刻，其之存日無多，故造金塔二座，一為其病故之福晉，一為己用，七月十九日趙國瑛接清世宗硃批，復密訪金塔造處，而金塔飾金葉抑或貼金之處尚未定，清世宗命訪問的確再奏，七月二十九日趙國瑛接清世宗命其轉諭武格之硃批，奏稱允禵做成金塔貳座，下有蓮花座子，共高四尺，寬二尺，計二十三層，一係與福金安骨，一係允禵自為存用，造作之處頗於謹密〔註32〕。清世宗硃批詢問金塔係包赤色金葉的，是用金漆造的，在允禵什麼地方製造，若用金塔，自然是熟葬了，他福金發了火了囉，幾時發火的。同時批其所派之人口裏不甚穩當〔註33〕。八月二十八日清世宗以允禵逆造非禮之物命總管郎泰、總兵范時繹赴閻家峪將允禵所造金塔抄出，搬至范時繹所屬地方王家莊，派兵嚴行看守，允禵遭此欺辱，是日晚點燈以後在住處狂哭大叫，厲聲徑聞於外，半夜方止〔註34〕。清世宗於此硃批曰，此所謂罪深業重，神明不佑，人力亦無可奈何矣，但朕之心自有上蒼照鑒，任他等罷了〔註35〕。而雍正二年七月初十日清世宗諭總理王大臣等。

　　　　皇考陵寢關係重大，若照定例只派總管等守護，朕衷實切不安，朕意於朕兄弟內酌令一人封以王爵，子侄內二人封以公爵，用代朕躬居守山陵，從前已經降旨，該部現在營造房屋，隨酌令郡王允禵代朕前往居往，且諭允禵若欲攜帶家眷前往亦聽其帶往，既而奏伊福金患病，朕即降旨擇醫生之善者命往，如若水土不宜可來京醫治，若必須允禵親看醫治，則允禵亦應據實陳奏，且福金疾病並非一旦得之，其病勢豈不能預知者，乃今忽奏福金患病奄逝，現在

〔註31〕《雍正朝漢文硃批奏摺彙編》第三冊第二七七號文檔《直隸三屯營副將趙國瑛奏陳委員在汛監守郡王允禵摺》。

〔註32〕《雍正朝漢文硃批奏摺彙編》第三冊第三七五號文檔《直隸三屯營副將趙國瑛奏覆郡王允禵命做金塔二座摺》。

〔註33〕《雍正朝漢文硃批奏摺彙編》第三冊第三七五號文檔《直隸三屯營副將趙國瑛奏覆郡王允禵命做金塔二座摺》。

〔註34〕《文獻叢編》頁九《郎泰范時繹奏由閻家宮要出木塔並允禵在住處狂哭摺》。

〔註35〕《文獻叢編》頁九《郎泰范時繹奏由閻家宮要出木塔並允禵在住處狂哭摺》。

照郡王例辦理外，爾王大臣等會同拉錫、佛倫議奏。尋議應照郡王
例辦理，安葬黃花山，允禵釋服後仍在祭祀處行走，從之〔註36〕。

蔡懷璽投書案與胤禛之被圈禁壽皇殿

胤禛之在湯山守陵，實同囚禁，然終無因罪囚禁之名，胤禛與外界之交
通未斷，此亦不爲清世宗所容，借蔡懷璽投書允禵之案而將允禵拘提至京圈
禁壽皇殿，據范時繹之奏報蔡懷璽投書之經過如下。

雍正年三月二十三日午後，范時繹所設探訪兵丁趙登科見一遠行之人神
色可疑而靠近誘問，據稱係灤州人，因家中兄弟不和而離家逃往關東，於莊
外小廟住時夢見廟神指引其前來湯山投人。趙登科等見其說話神色怪異，給
以酒食，復加誘問，始告知其來投允禵，並云廟神於夢中告知十四爺命大，
將來要做皇帝等語，次日復加誘問始供出其姓名爲蔡懷璽，係正黃旗人，並
供云於夢中廟神曾教其兩句歌兒，二七便爲主，貴人守宗山二句。蔡懷璽連
續數日皆欲入見允禵皆因門人不予通報而未果，三月二十七日晚間蔡懷璽於
其寄住廟內向寺僧索借筆硯，掩門獨坐書寫字帖，不容他人進入。二十九日
據蔡懷璽稱其前日將其此來原由與其住處姓名並夢中各樣言語寫了一個帖兒
投入允禵院內，胤禵旋將此字帖交付范時繹，惟將二七便爲主一句裁去，范
時繹即將字帖進呈御覽，旋奉硃批云前已有諭，此事差人來同你審理，料進
字中無二七便爲主之句，朕亦問來人口諭此語矣，此一語你只做不知，從蔡
懷璽口中審出就是了，應如何審理處，口諭來人，滿都護如何舉動詞色，留
心看，彼動身回來據實奏聞。清世宗非僅欲借此案治允禵之罪，亦欲羅織罪
名罷黜滿都護也。

雍正四年四月初九日貝勒滿都護、內大臣公馬爾賽、侍郎阿克敦等抵馬
蘭峪與范時繹同審蔡懷璽，馬爾賽、范時繹二人不深究蔡懷璽來湯山前之行
蹤與所交接之人，僅誘問蔡懷璽投入允禵處字帖之情形，並將投入允禵處字
帖錄出與允禵所交字帖比對，竟多出兩行，蔡懷璽供稱所投入允禵處之字帖
實有此兩句，想必爲允禵裁去緊要字句，馬爾賽、范時繹等傳問胤禵時胤禵
雖承認裁去字帖前字句，卻指蔡懷璽之投書係由范時繹等蓄意指使，傾陷迫
害。范時繹據此密奏云。

據將裁去字帖前半截之事，雖親口承認，然看其辭色狠怒，向

〔註36〕《清世宗實錄》卷二二頁八。

臣憤欲吞噬，轉將蔡懷璽寫字原由猜係把總華國柱及臣指使，又說把總容留此人喫飯飲酒，又說臣如何將此人置之不問等語，復大肆詈罵，彼時有蔡懷璽當面對質，允禵方始辭窮莫辯，今據允禵自供等語並種種辭色，蓋自料裁截逆語字帖，回護妄人，既已不能隱匿其罪，乃以臣係皇上委用地方官員，反欲借此發揮，揣想圖賴，以冀將來在陵官員畏其反噬，不加防範，無敢言其過惡者而後已，此又其妄生疑念，別具深心，皆難逃於皇上神明洞鑒之中者，其前後各等情辭俱有滿都護等公同見聞，嗣將審明原由公摺奏聞，臣未敢覆奏外。

　　再臣看得滿都護於初九日審問蔡懷璽之時伊亦厲聲惡色，一味恐嚇，多不能詳得其情，只有馬爾賽、阿克敦二人平心推問，以期明悉。又本日將奉旨明白回奏一事交與允禵之時，滿都護將旨意宣明後便無甚多言，至初十日允禵送回奏前來，因看允禵所奏模糊，當下馬爾賽、阿克敦俱經駁問允禵甚久，令其改換，而滿都護未發一言，又十一日將蔡懷璽之事訊問允禵時滿都護身雖在前，未曾發言，據看滿都護連日等情，皆係臣等公同目視，臣未敢虛飾，合謹據實覆奏〔註37〕。

雍正四年四月十七日清世宗超擢直隸馬蘭鎮總兵范時繹署理兩江總督，次日頒諭嚴斥滿都護云。

　　貝勒滿都護庸鄙卑污，所以皇考聖祖仁皇帝不令承襲貝勒，而用伊弟海山，其後海山獲罪禁錮，無應襲之人不得已方令伊承襲，屢蒙皇考聖祖仁皇帝厚恩，官至議政大臣領侍衛內大臣管理正白旗三旗都統事務，伊並未盡心辦事，竭力供職，不但不思圖報高厚之恩，反入允禩、允禟、允禵、保泰、蘇努、阿靈阿、鄂倫岱之黨，實為深負我皇考之人，朕雖知之甚悉，然朕即位以來，特望伊悛改，諄諄教誨，加以深恩，令伊在總理事務處協同行走，伊毫無竭誠効力改悔前非之意，惟欲阻撓政事，搖亂人心，陰險姦偽，無所不至，從前不孝於父，不友于兄弟，衆所共知，實為黨與中之鉅魁，伊並不知朕之心迹，可令伊每日侍從行走，朕亦欲悉其性情也〔註38〕。

雍正四年五月初二日清世宗降旨圈禁允禵於壽皇殿。

〔註37〕《文獻叢編》頁二〇《范時繹奏刑訊蔡懷璽及傳問允禵口供情形摺》。
〔註38〕《清世宗實錄》卷四二頁十五。

雍正四年五月初二日諸王大臣等奏允禵身爲大將軍毫不効力，止圖利己，營私貪受銀兩，縱容屬下騷擾地方，嚇詐官員，固結黨羽，心懷悖亂，請即正典刑，以彰國法。得旨阿其那、允禟、允禵等結黨營私，同惡相濟，朕以宗廟社稷爲重，遲回詳慎，多方勸戒，而伊等怙終不悛，罪惡昭著，朕亦無可如何，但允禵與阿其那、允禟雖均屬罪人，而允禵爲人止於賦性糊塗，行事狂妄，至奸詐陰險之處，則與阿其那、允禟相去甚遠，因阿其那、允禟多方籠絡，允禵墮其術中，受其指使，不知悔悟，設令伊一人獨處，則才具庸劣，斷不能獨爲一事。若與阿其那、允禟一處，聽其愚弄，則狂悖恣肆，可以無所不爲矣。朕數十年來於伊等之居心行事知之甚悉，若謂朕於允禵獨有所偏徇，則朕何以對聖祖在天之靈乎，朕之此心天地神明自能昭鑒。前令允禵在馬蘭峪居住，原欲其瞻仰景陵，感發天良，痛改前非，洗心滌慮，而允禵並不醒悟悛改，蔽錮日深，奸民蔡懷璽又構造大逆之言，冀行蠱惑，則馬蘭峪亦不可令其居住，著滿都護、常明、來文馳驛前往，將允禵撤回，朕思壽皇殿乃供奉皇考皇妣聖容之處，將允禵於附近禁錮，令其追思教育之恩，寬以歲月，待其改悔，伊子白起甚屬不堪，著與允禵一處禁錮，其子白敦尚好，可封爲鎮國公，令在伊家居住〔註39〕。

觀此案之前後，蔡懷璽若非癲狂之病人，則其之投書胤禎爲人指使則無疑。當三月二十三日蔡懷璽與趙登科相見之首日即將大逆之言相告於素不相識之人，此非癲狂之病人耶。若非癲狂之病人，又可書寫，以當時教育之程度，此人必讀書而稍知事理，何敢生此罹大辟之逆言而徑投胤禎之門，且將大逆之言相告於素不相識之人。三月二十三日即獲此當大辟之人，范時繹尙聽之任之，蔡懷璽屢欲進見均爲門人所卻，直至二十九日蔡懷璽投書胤禎，始繞逮繫。當四月初九日馬爾賽、滿都護審訊蔡懷璽之時馬爾賽不深究蔡懷璽之家人，平日交接之人及來此之前之行蹤，僅及胤禎裁減蔡懷璽書之罪責，據以入奏，清世宗依此逮繫胤禎入京而圈禁之。范時繹且有臣於此案審結之後，緣未奉隨同入奏之旨，未敢冒昧前來，倘蒙聖恩，有賜垂問之處，臣即星馳赴闕面奏詳細，臣無任翹切待命之至〔註40〕，此隱晦之語，豈不啓人疑竇耶。

〔註39〕《清世宗實錄》卷四四頁四。
〔註40〕《文獻叢編》頁二○《范時繹奏刑訊蔡懷璽及傳問允禵口供情形摺》。

清世宗之自辯繼統胤禵被囚及其母崩世

　　清世宗之繼統本不服衆，而繼位之後復於兄弟多肆屠戮，故傳言四起，曾靜甚至譏清世宗爲謀父、逼母、弒兄、屠弟、貪財、好殺、酗酒、淫色、誅忠、好諛、奸佞之暴君，而清世宗一如其之怪誕舉動，敕撰《大義覺迷錄》以自辯。

　　　　據曾靜供稱，伊在湖南有人傳說先帝欲將大統傳與允禵，聖躬不豫時降旨召允禵來京，其旨爲隆科多所隱，先帝賓天之日允禵不到，隆科多傳旨遂立當今。其他誣謗之語得之於從京發遣廣西人犯之口者居多等語。又據曾靜供出傳言之陳帝錫、陳象侯、何立忠三人，昨從湖南解送來京，朕令杭奕祿等訊問，此等誣謗之語得自何人。陳帝錫等供稱路遇四人，似旗員舉動，憩息郵亭實爲此語，其行裝衣履是遠行之客，有跟隨擔負行李之人，言從京師王府中來往廣東公幹等語。查數年以來從京發遣廣西人犯多係阿其那、塞思黑、允禟、允禵門下之太監等匪類，此輩聽伊主之指使，到處捏造，肆行流布，現據廣西巡撫金鉷奏報，有造作逆語之兇犯數人陸續解到，訊據逆賊耿精忠之孫耿六格供稱，伊先充發在三姓地方時於八寶家中有太監于義、何玉柱向八寶女人談論，聖祖皇帝原傳十四阿哥允禵天下，皇上將十字改爲于字。又云聖祖皇帝在暢春園病重，皇上就進一碗人參湯，不知何如，聖祖皇帝就崩了駕，皇上就登了位，隨將允禵調回囚禁，太后要見允禵，皇上大怒，太后於鐵柱上撞死，皇上又把和妃及其他妃嬪都留於宮中等語。又據達色供，有阿其那之太監馬起雲向伊說皇上令塞思黑去見活佛，太后說何苦如此用心，皇上不理，跑出來，太后甚怒就撞死了，塞思黑之母親亦即自縊而亡等語。又據佐領華賚供稱，伊在三姓地方爲協領時曾聽見太監關格說，皇上氣憤母親，陷害兄弟等語。八寶乃允禟管都統時用事之鷹犬，因抄搶蘇克濟家私一案，聖祖皇帝特行發遣之惡犯，何玉柱乃塞思黑之心腹，太監關格係允禟親信之太監，馬起雲係阿其那之太監，其他如允禵之太監馬守柱、允禟之太監王進朝、吳守義等皆平日聽受阿其那等之逆論，悉從伊等之指使，是以肆行誣捏，到處傳播流言，欲搖惑人心，泄其私讐，昨據湖南巡撫趙弘恩等一一查出，奏稱查得逆犯耿六格、吳守義、達色、霍成等經過各處，沿途稱冤，逢人訕謗，解送之兵役，住宿之店家等皆共聞之，凡遇村店城市高聲呼招，你們都來聽新皇帝的新聞，我們已受冤屈要向你們告訴，好等你們向人傳說。又云只好問我們的罪，豈能封我們的口等語，是此等鬼蜮之伎倆，一無所施，蓄心設謀，惟以布散惡言爲煽動之計，冀僥倖於萬一而已，夫允禵平日素爲聖祖皇考所輕賤，從未有一嘉予之語，曾有向太后閑論之旨，汝之小兒子即與汝之大兒子當護衛使令，彼也不要，此太后宮内人所共知者，聖祖皇考之鄙賤允禵也如此，而逆黨乃云聖意欲傳大位於允禵，獨不思皇考春秋已高，豈有將欲傳大位之人令其在邊遠數千里外之理，雖天下至愚之人亦知必無是事矣，只因西陲用兵，聖祖皇考之意欲以皇子虛名坐鎮，知允禵在京毫無用處，況秉性愚悍，素不安靜，實借此驅遠之意也。

　　朕自幼蒙皇考鍾愛器重，在諸兄弟之上，宮中何人不知，及至傳位於朕之遺詔，乃諸兄弟面承於御榻之前者，是以諸兄弟皆俯首臣伏於朕前，而不敢有異議，今乃云皇考欲傳位於允禵，隆科多更改遺詔傳位於朕，是尊允禵而辱朕躬，並辱皇考之旨，焉有不遭上帝皇考之誅殛者乎，朕即位之初召允禵來京者，彼時朕垂涕向近侍大臣云，痛值皇考升遐大故，允禵不得在京，何以無福至此，應降旨宣召，俾得來京以盡子臣之心，此實朕之本意，並非防範疑忌而召之來也，以允禵之庸劣狂愚，無才無識，威不足以服衆，德不足以感人，而陝西地方復有總督年羹堯等在彼彈壓，允禵所統者，不過兵丁數千人耳，又悉皆滿州世受國恩之輩，而父母妻子俱在京師，豈肯聽允禵之指使，而從爲背逆之舉乎，其以朕防範允禵，召之來京者，皆奸黨高增允禵聲價之論也，及允禵將到京之時先行文禮部，詢問見朕儀注，舉朝無不駭異，及到京見朕，其舉動乖張，詞氣傲慢，狂悖之狀不可殫述，朕皆隱忍寬容之，朕曾奏請皇太后召見允禵，太后諭云我只知皇帝是我親子，允禵不過與衆阿哥一般耳，未有與我分外更親處也，不允，朕又請可令允禵同諸兄弟入見否，太后方俞允，諸兄弟同允禵進見時皇太后並未向允禵分外一語也，此現在諸王阿哥所共知者，後允禵於朕前肆其咆哮，種種不法，太后聞知，特降慈旨，命朕切責允禵，嚴加訓誨之，此亦宮中人所共知者，允禵之至陵上，相去太后晏駕之前三四月，而云太后欲見允禵而不得，是何論也，且何玉柱等云太后因聞囚禁允禵而崩，馬起雲向伊妹夫達色又云太后因聞塞思黑去見活佛而崩，同一誣捏之語，彼此參差不一者如此，且塞思黑去西大同〔註41〕，在雍正元年二月，朕將不得已之情，曾備悉奏聞太后，太后是而遣之者，並非未請慈旨太后不知不允之事也，即允禵之命往守陵，亦奏聞太后欣喜嘉許而遣之者，亦非太后不知不允之事也，雍正元年五月太后升遐之時允禵來京，朕降旨封伊為郡王，切加教導，望其省改前愆，受朕恩眷，後伊仍回陵寢地方居住，其間阿其那在京，塞思黑在陝，悖亂之逆日益顯著，是其逆心必不可折，邪黨必不肯散，而雍正四年又有奸民蔡懷璽投書允禵院中，勸其謀逆之事，朕始將允禵召回京師拘禁之，是允禵之拘禁，乃太后升遐三年以後之事，今乃云太后因允禵囚禁而崩，何其造作之舛錯至此極耶〔註42〕。

清世宗之論允禵西征與繼統

滿人以漁獵民族尚武之傳統，出師立功為加官晉爵之本，清聖祖亦自視滅噶爾丹、平三藩、逐羅剎諸武功為重。當清準戰爭之起，覬覦皇位諸子皆知出征立功於爭奪皇位之重要，廢太子胤礽嘗欲謀統師出征之機會，廢太子胤礽於拘所以礬水作書致普奇，囑其保舉為大將軍之事〔註43〕。然清聖祖稔知允禵堪為將才，曾將其喻己，語青海蒙古曰現在大將軍王帶領大兵駐守西寧，由此降旨，相隔甚遠，軍事當相機調遣，若均待奉訓示始行，則反誤軍機，大將軍王是我皇子，確係良將，帶領大軍，深知有帶兵才能，故令掌生殺重任，爾等軍務及鉅細事項，均應謹遵大將軍王指示，如能誠意奮勉，即與我當面訓示無異，爾等惟應和睦，身心如一，奮勉力行等因訓示。今親見大將軍王有何指示，當竭力遵行〔註44〕。故命其西征，及至允禵西征統一西

〔註41〕 大同為大通之誤，今青海省大通縣。

〔註42〕 《大義覺迷錄》卷三頁三三。

〔註43〕 伊（廢太子胤礽）於拘禁處，以礬水作書致普奇，囑其保舉為大將軍，有齊世、扎拉克圖皆當為將軍之語，朕遣內監往詢，伊直認礬水之書，係其親筆。見《清聖祖實錄》卷二七七頁一〇。

〔註44〕 《撫遠大將軍允禵奏稿》卷二《奏報會見羅布藏丹津等願服調遣摺》。

藏而建殊功，即諸皇子均意皇位非其莫屬〔註45〕。清聖祖立儲廢儲之紛爭中，皇四子胤禛從未成爲太子之人選，及至清世宗以不光彩之手段繼位，雖勤於政事，然性殘忍卑鄙，人格亦復卑賤下流，其於允禵西征與衆意其將繼統之事謗之曰。

> 爾之大將軍允禵，多年統兵，可有何勞績。僅有將軍延信率兵進藏，而允禵至木魯斯〔註46〕之後，導致數千滿洲兵無辜死亡，馬畜倒斃，醜態百出，方可返回。不僅並無効力，反而欲娶青海公吉克吉扎布等嫁與他人之女，並央求貝子允禟於皇父之前巧奏，捏造皇父之命，娶青海台吉之女，並拆散嫁於他人之夫妻，終日於甘州飲酒貪淫。當女子思念原丈夫及故鄉時百般誘哄釋悶，引入甘州河水，使之結凍，於冰上滑舞木輴。由於河水漲溢，城内街道上積滿水，並結冰，人皆難行。如此胡鬧不體面無體統，所有隨從人員地方百姓無不知曉。再綽奇、噶西圖爾〔註47〕等小人，以奉迎依阿爲能事，糜費貪贓民之脂膏錢糧達數百萬兩，擾害陝山之民，實不堪寓目，幾致叛亂。即爲青海羅卜藏丹津等之叛亂，亦因允禵爾等無恥之徒，不向青海厄魯特講明大義大理，而日無法紀，瀆倫敗俗，官無官箴，兵無兵規，醜態百出，貽笑輕蔑。羅卜藏丹津等以爲大國之威力亦不過如此，故而導致叛亂。若加根究，將爾等治以何罪，亦不足以蔽辜。前我聖皇父認爲允禵昏庸暴躁狂悖好攬事，若留京城，不得寧謐，倘若國有緊急事情，勢必妄亂滋事，故特意調開，派往西部，並非允禵能以奏功而派往者矣。無知者不知其中之理，反以爲派去允禵奏功之後，可立爲皇太子。豈有如此糊塗無知之理，

〔註45〕當年太后欠安時節我聽得胤禟眼皮往上動，説是得了痰火病了，我去看時，我説這未必是眞病，他説外面的人都説我合八爺、十四爺三個人裡頭有一個立皇太子，大約在我的身上居多些，我不願坐天下，所以我粧了病，成了廢人就罷了，到後來十四爺出兵的時節，他又説十四爺現今出兵，皇上看得也很重，將來這皇太子一定是他，這些實在是允禟説過的話。見《文獻叢編》頁二《胤禩、胤禟案》之《穆景遠供詞》。

〔註46〕清代史料多作木魯烏蘇，即蒙人於金沙江之稱謂。《水道提綱》卷八頁八載，金沙江即古麗水，亦曰繩水，亦曰犁牛河，番名木魯烏蘇，亦曰母藟烏素，音之轉也，岷江最上源也，出西藏衛地之巴薩通拉木山東麓，山形高大類乳牛，即古犁石山也。

〔註47〕《清代職官年表》巡撫年表作陝西巡撫噶什圖，《平定準噶爾方略》卷二頁二十一作西安巡撫噶什圖。

誠然如此，朕皇父乃至聖，皇父年有七旬，且又體弱，豈能將賴以繼位之子派往萬里之外。此事毋庸解釋，足以顯而易見。惟彼不知天地，而又無知之徒，盡力妄加猜疑而已。前有大阿哥允禔邀同允禩、允禟、允禵以及幾名無知年小小弟，不念大義，如同梁山賊寇，結黨結夥，騷擾朕皇父老人，干與諸事，要脅他人，央浼受賄，收買國人之心，以圖謀於寶座。凡此種種，誰人不知。且又爲皇父之大事，咨令允禵從甘州速回，允禵從行三四宿之後，獲悉皇父升天，卻又欲回甘州，經查克旦等規勸之後，方可作罷。於保德州見延信後曰，我身或許死也，我兄長不指望我叩拜云云。延信問畢，嚴屬申斥，並言明大義，允禵方有所悟，今延信尚在，此爲何言，純屬悖逆之言。然而朕仍恩恤教誨包容期以改過，並於太后母親梓宮前封允禵爲王，令伊改惡。伊不僅不感激，反而激怒，凡事混鬧，對於此等不知天高地厚愚悖之人，怎可議論朕不起用〔註48〕。

昏庸暴躁狂悖好攬事而委以兵權，以留於京城不得寧謐故遣之出征，清聖祖豈不慮昏庸暴躁狂悖之允禵壞軍前大事乎。軍國大事而委於昏庸暴躁狂悖之徒，且將羅卜藏丹津之反清亦推之於允禵，此論可笑可恥可謂至極。及至胤禎被囚，清世宗命大臣告之藏人曰。

雍正八年七月初一日奴才鼐格謹密奏，爲奏聞事。雍正八年六月二十五日奴才鼐格與公索諾木達爾扎、東科爾丁吉鼐等閒談時與伊等曰，允禵素來暴躁而愚昧，天地諸物概不知曉。聖祖皇帝深知其昏昧性格，若留家中必將生事，故而派往軍中以避之。允禵身爲大將軍，卻肆意糜費國幣，貪贓錢財，貽害於地方。又央求塞色黑幫助，於聖祖皇帝跟前花言巧語，將青海台吉之女帶來，每日飲酒貪淫，此事舉國皆知，思之爾等未必不知，允禵在阿其那、塞色黑鼓動之下，即有奢望寶座之念。伊若僥倖登上寶座，肆意妄爲，何事不作，允禵之原黨夥，皆爲不忠不孝奸詐亂國之人，雖殺亦爲幸運，對國家衆生絕無益，況且滿珠師利大皇帝登極之後，傳令允禵從軍營回來，而從允禵返抵之日起，即與大皇帝任性乖張，舉止忤逆。然而大皇帝仍行包容，於太皇梓宮前恩封允禵爲王，允禵毫不

〔註48〕《雍正朝滿文硃批奏摺全譯》第一九七四號文檔《撫遠大將軍年羹堯奏報審擬宗札布等人事摺》。

感念大皇帝之殊恩，亦不更改其黨夥之初衷，悖謬之心更加激起，
與大皇帝百般取鬧，兇惡之心倍增。再有一名蔡懷希〔註49〕之人，
在其房中留有一書內寫道，二七變爲皇帝，貴人本爲守山，九王母
爲太后等字句，允䄉並不奏陳，反而塗掉裡面主要字跡，並言此非
大事，即交給總兵官范時毅〔註50〕發落。如此無法無天，乖謬舉止，
在史冊上亦少見等語言告之。索諾木達爾扎等言稱，大臣所言甚是，
我等在西寧時亦曾聞得，允䄉奢靡國帑，貪臟錢財，帶著青海台吉
之女每日酗酒，不憫屬下，擾害地方等種種之事。聖上大皇帝者乃
天賦又勝天之滿珠師利佛，實爲天下之大皇帝，並非常人所思者矣，
倘有奢望成爲皇帝者，乃爲叛逆者矣等語，爲此謹密奏聞〔註51〕。

胤禎（允䄉）之奏摺

　　胤禎西征之奏摺，今大陸地區正式刊印出版者筆者所知有三，一爲吳豐
培先生整理之《撫遠大將軍允䄉奏稿》，全國文獻縮微複製中心一九九一年四
月出版，全書共收文檔二百五十五件。一爲中國第一歷史檔案館組織翻譯之
《康熙朝滿文硃批奏摺全譯》，中國社會科學出版社一九九六年七月出版，其
中收胤禎之文檔共一百三十五件。一爲中國社會科學院歷史研究所清史研究
室於一九八二年編輯出版之《清史資料》第三輯收錄之《撫遠大將軍奏議》，
共收文檔二十七件，前兩書重複者三十六件。據吳豐培先生於《撫遠大將軍
允䄉奏稿》之序文曰。

　　　　此稿全是滿文，原存於北洋政府的蒙藏院，經該院總裁貢桑
諾爾布命該院翻譯科派員譯成漢文，當時我父親吳燕紹先生就在
該院工作，素研蒙藏維各族歷史，廣事收集有關資料，亟出資請
人抄錄全份。原擬付印，奈譯文非出一人之手，人名職稱地名均
前後分歧，又譯者大部分漢文文筆極差，文意倒置，主次不分，
竟難讀順，久存書笈，已逾六十餘年，我前曾整理部分，以無充
分時間從事於此，僅寫跋文介紹內容和史料價值（載於《禹貢》

〔註49〕應爲蔡懷璽。
〔註50〕應爲范時繹。
〔註51〕《雍正朝滿文硃批奏摺全譯》第三七五八號文檔《副都統鼐格奏報將允䄉情
　　　　況已向索諾木達爾扎等通報摺》。

六卷十二期），聞滿文原稿尚存於北京大學圖書館中，既不易借到，又缺滿文譯者與我合作，今就譯本編纂，因而詳讀全書，感到譯稿難懂之處極多，反覆閱讀，得其要領，再參考《清聖祖實錄》《清代藏事輯要》《清史稿》等書，文意不通處加以鉤乙，使能讀通，汰其重複，保留原意，統一了人名官員地名，文前摘錄事由，以合乎奏疏體例，每篇擬目，以便檢用，書前加編目錄和著者小傳，窮年餘之力，始完此稿，約計二百五十餘篇，較諸《清史資料》一九八二年發表之奏稿超過十倍，確爲已發現的藏事奏稿中之秘籍，但因編纂水平不高，未必盡當，姑以應急，設來日有機，用滿文重譯，則將馨香以禱。

據王鍾翰先生之論文《胤禎與撫遠大將軍王奏檔》一文載。

原燕京大學今北京大學圖書館善本庫珍藏兩部胤禎奏稿，均爲全本，前者書號 NC4662.8/2138，漢文題爲《王撫遠大將軍奏檔》，又作《王撫遠大將軍書》，滿文爲 goroki be dahambure amba jiyunggiyun〔註52〕wang ni wesimbuhe bithei dangse，應以譯作《撫遠大將軍王奏檔》爲妥，一木匣，二十冊，末冊末頁蓋有滿文 goroki be dahambure amba jiyanggiyun doron（撫遠大將軍印）及無慮山農與廿年典屬三部藏字樣，三印均硃〔註53〕色篆文，似即康熙五十七年至六十一年間內府底檔的寫本。寶墨宛然，是近三百年來惟一倖存的孤本，洵爲胤禎奏稿各本所從出之祖本，今簡稱之爲《奏檔》本。《奏檔》本藏主爲無慮山農，且曾在理藩院典屬司任職二十年之久，當爲郎中，其姓名莫考。後者書號□917.2123/5342，漢文譯本，題爲《撫遠大將軍奏疏》，亦一木匣，二十冊，手抄本，墨蹟猶新，疑爲民初蒙藏院翻譯傳抄本，今簡稱之爲《奏疏》本。又北大圖書館另藏有《撫遠大將軍奏議》，不分卷，抄本一冊，僅收奏稿二十六件，實爲選錄節本，今簡稱之爲《奏議》節本。中國社會科學院歷史研究所清史研究室於一九八二年編輯出版的《清史資料》第三輯第一五九至一九六頁收錄之《撫遠大將軍奏議》，即此《奏議》節本。

據《清史資料》第三輯《撫遠大將軍奏議》文前載。

〔註52〕下文作 jiyanggiyun，應以 jiyanggiyun 爲是。
〔註53〕原文作珠色，應爲硃色之誤，故改之。

　　本書原爲王鍾翰同志所藏鈔本，係據原燕京大學圖書館藏鈔本轉鈔，全書一冊，收奏議及附件共二十七件。經校閱發現，本書選自二十卷足本《撫遠大將軍奏疏》（收胤禎康熙五十七年至六十一年之奏摺等二百七十四件），據一九三七年發表的吳玉年〔註54〕書《跋》稱，此書原稿爲滿文，後譯成漢文，惜譯者文筆不佳，致將文意前後倒置，彼我不分，殊多費解，然仍不失爲一部有重要價值之史料。現在滿文《王撫遠大將軍奏檔》和漢譯本《奏疏》尚存於北京大學圖書館，但願將來能有新譯本或舊譯《奏疏》新版本問世，以補本書之不足。

　　而《康熙朝滿文硃批奏摺全譯》所收胤禎之文檔一百三十五件無硃批者寥寥無幾，若非延信奉清世宗之命所收繳胤禎奏摺之原件即爲宮中所藏之錄副，此則爲大陸有關胤禎奏摺館藏及出版之概況。由上知之，現今刊行之《撫遠大將軍允禵奏稿》、《撫遠大將軍奏議》與北京大學圖書館所藏之《撫遠大將軍奏疏》皆同自一源，僅因輾轉傳鈔及吳豐培先生之整理而有差別，《清史資料》第三輯《撫遠大將軍奏議》載《撫遠大將軍奏疏》收文檔二百七十四件，而《撫遠大將軍允禵奏稿》收文檔二百五十五件，數目亦不相符。已刊行之奏摺亦必非胤禎西征奏摺之全部，若康熙六十年年末胤禎回京請訓，住四月餘返軍前，已於前文論之，而已刊行之奏摺竟無其抵甘州前線之奏報，殊不可解，故曰必有遺漏。北京大學圖書館所藏滿文本與譯漢本是否爲全本，亦待考證。吳豐培先生言蒙藏院據以翻譯之本即今北京大學圖書館所藏之滿文本，僅爲聽聞，非其確見。而王鍾翰先生所言此滿文本爲近三百年來惟一倖存之孤本，此論不知得到自何處，其餘圖書館是否有藏不得而知。而此滿文本實有詳愼考察之必要，尤其滿文本末冊末頁蓋有滿文撫遠大將軍印，此點甚爲重要，大將軍印出則隨將軍本人，事畢則收儲內閣，此滿文本既有將軍之印，證之《撫遠大將軍允禵奏稿》所錄文檔皆無硃批，疑此滿文本當爲司胤禎文案者於胤禎奏稿原稿之彙錄，而非發回硃批奏摺之彙錄，後爲延信奉清世宗之命而收繳，然既爲胤禎文案者於胤禎奏稿原稿之彙錄，何以《康熙朝滿文硃批奏摺全譯》所載之百三十餘件文檔不見錄於《王撫遠大將軍奏檔》，此諸多之疑問俟以待攷。再則滿文本及館藏之譯漢本皆作胤禎而非允禵，則知滿文本必爲胤禎改名前即康熙朝之本。此點於奏摺之署名亦稍可證

〔註54〕即吳豐培。

之，王鍾翰先生之論文《胤禎與撫遠大將軍王奏檔》錄有北京大學圖書館所藏之《撫遠大將軍奏疏》中之一摺，即本書之第一摺《請將行營錢糧陸續給發摺》，文後署名大將軍王臣，而無允禵字樣，當為文案避諱故。而無慮山農與廿年典屬三部藏兩印亦為考察此滿文本甚有價值之線索，然本人知淺識陋，無能無力，祇可尚待高明矣。

　　而據王鍾翰先生之論文《胤禎與撫遠大將軍王奏檔》一文載日本東洋文庫亦藏有胤禎奏摺之文檔，名曰《撫遠大將軍奏摺檔》，共收文檔一百一十一件，王鍾翰先生於訪日之時曾親見之，上下兩函，共十一冊，每冊頁數各異，不記頁數，每頁兩面，每面八行，行二十字，抬行二字，每頁中縫有靜文西號四字，王鍾翰先生疑靜文西號為民初北京琉璃廠東西街文化書店之店鋪名。我們知東洋文庫之漢文書籍多為莫里循藏書之售予日人者，而胤禎奏摺之譯漢僅有貢桑諾爾布主持之一次，故東洋文庫之藏本與京大學圖書館所藏之《撫遠大將軍奏疏》當亦為同源。

戊戌年十月樵夫謹識於自陋齋

　　當此書稿出版社排版之後又讀到白新良先生發表於《歷史檔案》雜誌二〇〇四年第四期之論文《允禵奏摺考辨》一文，頗有參考價值，然因已排版，不便多作引用補充，讀者可參閱之，借校稿之機附識於此。

凡　例

　　一本書將吳豐培先生整理之《撫遠大將軍允禵奏稿》與《康熙朝滿文硃批奏摺全譯》中胤禎之奏摺彙爲一書，胤禎之奏摺粗備於此，而其內容全爲胤禎西征之內容，故名《胤禎（允禵）西征奏檔全本》。

　　一今日編輯是書，患資料之不豐也，故看似無關緊要之文檔亦輯入，若簡單之請安摺，實細考之，亦可見其人職位、處所、時間等信息也。目錄之編輯，除摘自個別書籍文檔僅一二條直接於文檔後註明出處外，其餘之資料來源編號如下。

　　[1]-《康熙朝滿文硃批奏摺全譯》，[1]-原書序號

　　[2]-《撫遠大將軍允禵奏稿》，[2]-原書卷號

　　[3]-《雍正朝漢文硃批奏摺彙編》，[3]-冊數-原書序號

　　[4]-《文獻叢編》，[4]-原書頁碼

　　[5]-《雍正朝滿文硃批奏摺全譯》，[5]-原書序號

　　一《撫遠大將軍允禵奏稿》一書之翻譯極爲粗糙，人名地名之翻譯與舊檔不符者十之八九，且滿蒙藏人名清代史料亦多有異寫，本書據一二種常用之舊籍史料考據之，即翻譯正確者亦以常用之舊檔相校，以期可據此舊檔而知此人之身份，而不據多種史料以作某一人物繁瑣之考證。

　　一所輯兩書人名地名山川之名翻譯異寫極多，雖欲詳校，恐極其繁瑣，故人名與地名之異寫，如，羅與洛、布與卜、藏與臧、拉啦與喇、德與得、扎與札、查與察、里與哩、柰與鼐、騰與滕不校，均作一人一地。

　　一文檔標題中之人名地名不作校註，其於正文中首次出現者作校註，同一人名地名之校註，於其前兩次作註稍詳，其餘從簡。

　　一人名之校對首以《平定準噶爾方略》爲據，《平定準噶爾方略》不載者，總督巡撫布政使按察使等官以《清代職官年表》爲據校之，都統副都統以《欽定八旗通志》爲據校之，其餘以常見之舊籍校註之。

　　一地名之校對，西藏之地名以《大清一統志》（嘉慶）、《欽定理藩院則例》（道光）爲據校之，其餘據《欽定西域同文志》諸書校之。

　　一西藏地方特有之官員職稱與喇嘛之稱謂不註，若多尼爾、噶隆、代琫、第巴（德本）、格隆、班第等，以免繁雜。

胤禎（允禵）西征奏檔全本

[1] 請將行營錢糧陸續給發摺（康熙五十七年十月二十八日）[2]-《卷一》

　　奏請將行營錢糧陸續發給事。

　　查會議處擬請在軍此次官員著給五年俸銀，兵丁兩年錢糧，均（先）給十箇月行營錢糧等語。此次支借俸餉，既便治裝，行營錢糧自京師先領三箇月，俟到餵馬場後自用竣之日再行按月請領，至出口臨陣時擬請酌量領給，謹奏。

　　大將軍王臣允禵〔註1〕。

　　都統臣旺烏哩〔註2〕。

　　護軍統領臣五十八〔註3〕。

　　委護軍統領臣噶拉畢（爾弼）〔註4〕。

　　副都統臣寶色〔註5〕。

〔註1〕清聖祖第十四子，清世宗同母弟，木名胤禎，避清世宗諱改名允禵，《清史稿》卷二二○有其簡傳。

〔註2〕《欽定八旗通志》卷三百二十七作漢軍正黃旗都統汪悟禮。《平定準噶爾方略》卷六頁十三作都統汪悟禮。

〔註3〕《欽定八旗通志》卷三百十八作護軍統領吳什拔。《平定準噶爾方略》卷五頁二十六作護軍統領吳世巴。

〔註4〕豐培按，噶拉畢《清聖祖實錄》作噶爾弼，故括注。輯者注《欽定八旗通志》卷三百十八作護軍統領噶爾弼。《平定準噶爾方略》卷六頁六作護軍統領噶爾弼，後爲自四川率軍入藏之統帥，佩定西將軍印，《清史稿》卷二九八，《欽定八旗通志》卷一七三有傳。

〔註5〕《欽定八旗通志》卷三百二十一作滿洲正白旗副都統保塞。《平定準噶爾方略》卷六頁十三作副都統寶色。

副都統臣宗室和什和恩〔註6〕。

副都統臣阿林保〔註7〕。

副都統臣覺羅伊哩布〔註8〕。

兵部左侍郎兼管內閣學士事務仍辦兵部事宜臣札克丹〔註9〕。

[2] 請簡鑲紅旗及正白等管纛人員摺（康熙五十七年十二月初五日）
[2]-《卷一》

奏請簡派鑲紅旗正白旗等管纛人員事。

竊此次出兵之王貝子公閒散宗室等共十六員，奉旨派臣帶管正黃旗纛支，欽此欽遵。出郊後臣帶領內廷三阿格〔註10〕，將廂黃正黃兩旗合紮一營，自鎮國將軍以下暨閒散宗室等均各紮各旗營，凡行走地方各按職官品級，查鑲黃鑲白正藍鑲藍等旗宗室較少，除令紮各旗外，惟鑲紅旗內訥欽郡王〔註11〕，貝子祿斌〔註12〕，公諾安都呼〔註13〕等，若令皆紮一旗，人數較多，應簡何人兼行宗室較少之正白正紅等旗之處，伏乞訓示，謹奏。

[3] 延新（信）奉旨帶纛旗擬請停止伊哩布等纛旗摺（康熙五十七年十二月初八日）[2]-《卷一》

奏為奉旨派延新（信）〔註14〕帶纛，請停止伊哩布纛旗事。

竊前往戰地之正藍旗滿洲副都統阿林保，正紅旗漢軍副都統祖惟馨〔註15〕

〔註6〕《欽定八旗通志》卷三百二十一作滿洲正黃旗副都統宗室赫世亨。《平定準噶爾方略》卷六頁十三作副都統宗室赫世亨。清太祖努爾哈赤長子褚英後裔。

〔註7〕《欽定八旗通志》卷三百二十一作滿洲正藍旗副都統阿林寶。《平定準噶爾方略》卷七頁十九作副都統阿琳保。

〔註8〕《欽定八旗通志》卷三百二十四作蒙古正紅旗副都統伊禮布。《平定準噶爾方略》卷六頁十三作副都統伊禮布。

〔註9〕《清代職官年表》部院滿侍郎年表作兵部左侍郎渣克旦。

〔註10〕常寫作阿哥，指本書第十五號文檔所載之弘書、弘治、弘禧，此三人之名正確書寫應為弘曙，清聖祖第七子胤祐之子。弘旺，清聖祖第五子胤祺之子。弘曦，清聖祖第三子胤祉之子。

〔註11〕《平定準噶爾方略》卷六頁十三作平郡王訥爾素。

〔註12〕《平定準噶爾方略》卷七頁十九作固山貝子魯賓。

〔註13〕《平定準噶爾方略》卷六頁十三作公諾音托和，清太祖努爾哈赤次子代善子岳託後裔。

〔註14〕豐培按，《清史稿》有延信傳，是時隨允禵赴西寧，而無延新，茲加括注。輯者注《平定準噶爾方略》卷六頁十二作都統延信。清太宗皇太極長子豪格後裔。

〔註15〕《欽定八旗通志》卷三百二十七作漢軍正紅旗副都統祖惟新。《平定準噶爾方略》卷五頁二十九作正紅旗副都統祖惟新。

等，可否給與都統纛旗等因具奏。奉旨都統延新（信）著帶正藍纛旗前往，欽此欽遵。延新（信）之纛旗交副都統阿林保帶管，正紅旗既有纛旗，其副都統伊哩布、祖惟馨等之都統纛旗擬請停止，謹奏。

[4] 聞額呼恩特依（額倫特）等効忠疆場務請聖躬珍攝摺（康熙五十七年十二月十七日）[2]-《卷一》

臣等於十二月十七日行抵上花園，聞策旺諾爾布〔註 16〕等文報，敬惟臣等出都之前，皇父曾為西方軍務宵旰焦勞，今聞事態，我皇父必為惋惜，致傷聖懷，惟額呼恩特依（額倫特）〔註 17〕等領兵効忠君父，乃臣子之當然，事之成敗出自天命，然伊身遭不幸，幽魂有靈，或亦喜焉，何憾之有，況此次進兵，並非諭旨令其進兵，此皆色楞〔註 18〕之輕舉有以致之，雖然賊黨死期未至，亦殘喘耳，既蒙恩施，命臣為大將軍，臣領兵至餵馬場，迅速秣馬，伏候訓示，殄滅賊匪，以慰宸廑，謹請聖安，謹奏。

[5] 胤禛奏報直隸等地方官員獻物品摺（康熙五十七年十二月二十四日）[1]-3303

臣胤禛謹奏。

臣胤禛與諸子出巡以來，仰皇父之福，體甚安好。看得大臣官員以至兵丁均奮勉勤慎當差。再直隸總督趙宏燮〔註 19〕遣知府李斷茂獻馬四十匹騾四匹及豬羊米等食物。古北口總兵官覺羅保柱〔註 20〕獻馬八匹駝二隻及豬羊米等食物。管牛羊之總管瓦爾達獻馬二匹駝二隻及豬羊等食物。保安莊頭馬士魯等獻上食物。宣化府總兵官張子成〔註 21〕獻馬二十四匹駝四隻豬羊米等食物。口北道蔣定進、宣化府知府朱志年獻我等食物。張家口驛站員外郎雙喜獻

〔註 16〕《平定準噶爾方略》卷三頁二十二作公策旺諾爾布，《蒙古世系》表三十一作策旺諾爾布，喀爾喀蒙古人，扎薩克鎮國公托多額爾德尼嗣子。《欽定外藩蒙古回部王公表傳》卷七十二有其身世之簡介。

〔註 17〕豐培按，《清聖祖實錄》作額倫特，今作括注。輯者注《平定準噶爾方略》卷三頁二十一作湖廣總督署理西安將軍額倫特，《清史稿》卷二八七、《欽定八旗通志》卷一七四有傳。

〔註 18〕《平定準噶爾方略》卷二頁二十二作一等侍衛色楞。

〔註 19〕《清代職官年表》總督年表作直隸總督趙宏燮，《康熙朝漢文硃批奏摺彙編》第二○三六號文檔自署名趙弘燮。

〔註 20〕《欽定八旗通志》頁八三四九作覺羅保住，正紅旗人，康熙五十四年二月任直隸古北口總兵。追封清興祖直皇帝福滿第六子後裔。

〔註 21〕據《清聖祖實錄》應為張自成。

馬二匹駝一隻。張家口徵稅內閣主事阿喇納獻馬四匹退毛羊十隻。張家口總管劉格獻馬二匹退毛羊六隻。鑲黃旗章京堆勤獻退毛羊二隻，正黃旗章京阿希泰獻馬一匹退毛羊二隻。鑲白旗章京華色獻退毛羊二隻。鑲紅旗章京吉木布獻退毛羊二隻。正藍旗章京白岱獻退毛羊二隻。鑲藍旗章京董什獻退毛羊二隻。宣化府莊頭衡印呈獻食物。張家口副將禪東獻馬八匹駝二隻及米等食物。鑲黃旗牛群協領巴木布獻馬一匹。正黃旗牛群協領希勞獻馬一匹。山西巡撫蘇克濟〔註22〕獻馬四十匹駝四十隻，銀四千兩及牛羊等食物。布政使蘇瞻〔註23〕獻馬十二匹駝十二隻。按察使岳代〔註24〕獻馬十二匹及食物。大同總兵張子興〔註25〕獻馬十二匹駝十二隻及牛羊等食物。謹遵皇父旨，除受馬駝騾等外，銀兩食物兒臣蒙皇父之恩未取用，均已退之，為此自大同府宿處恭摺奏聞。

硃批，知道了。

[6] 胤禎奏請康熙帝訓諭摺（康熙五十七年十二月二十四日）[1]-3304

臣胤禎謹奏，為請訓諭事。

臣外出前曾面奉諭旨，爾至陝西省，諸宣傳告示內，務將朕對伊等另加仁慈看待等項置於告前，欽此。臣親聆旨，出則紀念，抵至陝西界即欲佈告。惟臣聽記之旨或不明，或遺漏不可料定。故謹繕摺，乞請皇父訓諭再遵行，為此謹奏。

硃批，並無遺漏，甚好。

[7] 胤禎奏報在山西經過情形摺（康熙五十八年正月初八日）[1]-3315

臣胤禎謹奏。

臣及諸子仰皇父之福，體甚好。大臣官員兵丁均好，馬畜亦壯。再臣出之前奉皇父旨，爾此次前往之途中，雨水稀少，若逢有雪，甚好，欽此。臣自去年十二月二十八日來至岱嶽地方至今年正月初二日，確應皇父之旨，繼續降落近尺之雪。雖有降雪，毫未颳風，故而不冷，於馬畜甚為有益。再義井地方原缺水，先前皇父途經之時駐蹕義井地方之日泉水湧流，今近似成河。民人聚居，較前大增。臣等此次前來，蒙皇父之福，人之所用，馬畜所食，均甚豐足，為此於正月初八日駐保德州之日繕擬奏書，謹具奏聞。

〔註22〕《清代職官年表》巡撫年表作山西巡撫蘇克濟。
〔註23〕《清代職官年表》布政使年表作山西布政使蘇瞻。
〔註24〕《清代職官年表》按察使年表作山西按察使岳代。
〔註25〕《康熙朝漢文硃批奏摺彙編》第二三五二號文檔自書名張自與。

硃批，知道了。

[8] 胤禛奏太原等地諸官員所獻馬駝等摺（康熙五十八年正月初八日）

[1]-3316

臣胤禛謹奏，爲奏聞事。

太原總兵官金國征〔註26〕獻馬八匹駝四隻。殺虎口驛站員外郎常琳獻馬二匹。馬邑縣知縣何清獻豬羊等食物。大同府知府藍廷芳〔註27〕獻馬四匹駝二隻及豬羊等食物。天津總兵官馬建伯〔註28〕差人獻駝六隻。管理太原府糧務同知胡鳳竹獻馬四匹及豬羊等食物。太原府知府李昌岳獻馬四匹。臣照前奏收取馬駝外，他物均卻之，爲此恭摺奏聞。

硃批，知道了。

[9] 胤禛〔註29〕等奏康熙帝身體情形摺（康熙五十八年正月十九日）

[1]-3319

臣胤禛等謹請皇父萬安。

臣於二十四日請安摺內，奉硃批，朕體安，腿甚好，有力，初九日來暢春園，乘馬而來，欽此。臣等謹閱之各個喜悅，伏乞皇父若不倦，每次批天悅萬安，爲此繕書謹奏。

臣胤禛，弘曙，弘智，弘曦。

硃批，朕體安，今正備往水獵。

[10] 胤禛奏爲長女婚配謝恩摺（康熙五十八年正月十九日）[1]-3320

臣胤禛謹奏，爲謝恩事。

臣之子問好之家書內稱，皇父連續施恩，以綢銀賞女兒，又聞將臣之長女許嫁成衰札布〔註30〕，感激涕零，於佛前叩謝皇父外，亦無奏語表達。惟皇父如此操勞施恩，臣爲不能暢舒聖懷，甚感羞恥，爲此謹奏。

硃批，知道了。

〔註26〕《康熙朝漢文硃批奏摺彙編》第二八六五號文檔自署名太原總兵官金國正。

〔註27〕《山西通志》卷八十二頁二載，大同府知府樂廷芳，正藍旗人，歲貢，康熙五十五年任。

〔註28〕《平定準噶爾方略》卷七頁十九作提督馬見伯，爲固原提督。

〔註29〕原文作胤祉，從文內內容知擬目錯誤，應爲胤禛請安摺，故改正。

〔註30〕屬內扎薩克蒙古喀喇沁部，《蒙古世系》表二十五作僧衰札布。

[11] 胤禛奏為長女許嫁事謝恩摺（康熙五十八年正月十九日）[1]-3322

臣胤禛謹奏，爲謝恩事。

臣之諸子問好之書信內開。皇父連續施恩，以綢銀恩賞〔註31〕諸女。又聞將兒臣之長女許嫁喀喇沁貝子成衮札布，感激涕零，於佛前叩謝皇父外，亦無奏語表達。惟皇父如此操勞施恩，臣爲不能暢舒聖懷，甚感羞恥，爲此謹奏。

硃批，知道了。

[12] 胤禛等奏陝西等諸官獻物情形摺（康熙五十八年正月十九日）[1]-3321

臣胤禛謹奏，爲奏聞事。

陝西總督鄂海〔註32〕遣道員祖雲坤〔註33〕獻馬六十匹駝四十峰，銀五千兩及牛豬羊等食物。陝西糧道祖雲坤獻馬六匹騾六頭及豬羊等食物。神木道羅景〔註34〕獻馬八匹駝四峰及豬羊等食物。署延綏總兵官事務副將王志〔註35〕獻馬十二匹駝四峰及豬羊等食物。遊擊張儀〔註36〕獻豬羊等食物。西安副都統巴爾布〔註37〕遣人獻馬十匹。兒臣依皇父訓諭將銀兩食物卻之外，收巴爾布所獻之馬。其他馬駝騾等均運至餵馬處等因交付。固原將軍潘玉龍〔註38〕患病，故遣守備張齊鳳咨呈兒臣，獻馬四十匹駝四十峰銀一千兩弓箭火藥鉛彈帳房蒙古包豬羊等食物。將馬駝運至餵馬處等情交付外，將其他物品以此處無用，應捐賜爾之屬下兵丁內効力者爲由，均已退還之。總兵官李岳〔註39〕之妻遣人獻馬四匹駝四峰及果品等食物。臣言李岳本人現在兵營，我尚有援伊之處，又有收取伊物之理乎等語，馬駝一併卻之。

再鄂爾多斯之王薩克巴〔註40〕，其弟台吉班珠爾〔註41〕，貝勒達希喇布

〔註31〕 原文作序賞，今改爲恩賞。
〔註32〕 《清代職官年表》總督年表作陝西總督鄂海。
〔註33〕 《陝西通志》卷二十三頁十五作督理糧儲道祖允焜。
〔註34〕 《陝西通志》卷二十三頁二十二作分巡延綏廊道羅景。
〔註35〕 《陝西通志》卷二十三頁六十作波羅營副將王治。
〔註36〕 《陝西通志》卷二十三頁五十八作延綏鎮中營遊擊張益。
〔註37〕 《欽定八旗通志》卷三百三十一作西安副都統巴爾布。
〔註38〕 《平定準噶爾方略》卷二頁十八作鎮安將軍潘育龍。
〔註39〕 《平定準噶爾方略》卷三頁二十八作總兵官李耀。《陝西通志》卷二十三頁五十八作延綏鎮總兵李耀。
〔註40〕 《蒙古世系》表十八作薩克巴，時爲親王。
〔註41〕 《蒙古世系》表十八作喇什班珠爾。

坦〔註42〕，貝子羅布藏〔註43〕，納木札勒色楞〔註44〕，齊旺班珠爾〔註45〕，其叔父台吉納旺等親來迎呈獻馬駝，其內貝勒達希喇布坦之一馬，貝子羅布藏之一駝尚可，故收取之。折以官價賜綢，因其他馬駝瘦，故均退還之，爲此自榆林衛宿處恭摺奏聞。

　　硃批，知道了。

[13] 胤禛奏請康熙帝恕冒奏之罪摺（康熙五十八年正月十九日）[1]-3323

　　臣胤禛謹奏。

　　臣會同平王訥爾蘇〔註46〕，前鋒統領阿哥弘曙〔註47〕，議政大臣等，謹閱議政事務之諭旨，衆聞之恐心有怠慢，故鼓足勇氣，冒昧繕摺奏請皇父訓諭，曾於大臣前悔恨淚告。後又思之臣乃皇父之子，年紀甚幼，未曾經事，理應遵照皇父指教盡力而已，爲何未經衆議，不詳查事由，即胡亂冒犯具奏，不勝惶悚，二三日間輾轉反側，不得要領，心有意見，若不奏聞皇父，不奏請皇父，則奏請何人。臣乃孫子至遠疆，雖有過失，皇父必寬免教誨，斷不至氣惱，方敢誠惶誠恐，謹將臣前摺內未盡之意陳奏，切盼聖父仁恕。臣自幼在皇父宮內成長，凡事惟跟隨皇父學習，似此獨率兵行走者，方屬初次。臣出行之前承蒙皇父訓誨，心內所念，皇父令臣心地堅強，方爲男子。率兵行走，不徇私情，念皇父慈恩，斷不玷污聖顏，不行無恥之事。誠心禦敵，鼓勵士氣，以圖爲皇父效勞，臣欣喜受任前來。自出征以來，惟念稍能盡心，故每日勉勵兵丁，向民人宣諭皇父恩惠。途中見色楞等行爲有過，內心思忖，此乃臣盡力，以舒聖懷之途徑矣，尚甚喜悅，皇父或令我報答，遣至兵營等因。後接奉諭旨，因內心無聊，故恍惚不得主意，竊思雖遵旨坐待成功，亦甚羞辱，若偶而不能遵行旨訓，又有何面目，況爲子之人，祇要能使皇父愉悅，無論如何亦屬情願。若父不悅，雖功名超卓古人，有何希罕，有何榮耀。臣不圖功名，故於皇父面前亦有具奏之處。再爲子之人，將父母之心爲心。故此臣慕聖父之心，雖皇父如此降旨，斷非皇父原英雄之志，亦爲克己隱忍，撫綏人心。以此務爲國捨命遣臣，打消皇父之氣惱。再臣之本事，皇父自幼

〔註42〕《蒙古世系》表十八作達什喇布坦。
〔註43〕《蒙古世系》表十八作羅布藏。
〔註44〕《蒙古世系》表十八作納木札勒色棱。
〔註45〕《蒙古世系》表十八作齊旺班珠爾。
〔註46〕《平定準噶爾方略》卷六頁十三作平郡王訥爾素。
〔註47〕弘曙，清聖祖第七子胤祐之子。

知之，若長成好漢，臣可不辱皇父。若坐享其成，身蒙富貴之事，臣今世斷不能接受。況且確能如此仰副聖旨効力，使皇父稍悅，則亦可稍盡爲子之道，自我反省，燕居日久，惟自身之過，以至羞辱皇父矣。如此打探消息，不失瞭解故情之機，不誤聖主之事，且整年不致滋事，凡事毫不欺瞞皇父，能清楚理事，實非臣之能事。臣今知曉不能勝任緊要之事，先不奏聞皇父，後日臣坐罪，皇父雖欲保我，亦不能保矣。臣獲罪有何希罕，惟惹皇父稍有氣惱，雖死亦不瞑目。伏乞皇父聖慮，臣心內思忖，今年臣親率兵進藏，似甚合適。旨諭藏地氣候惡劣，詢問行人，亦稱無處不甚惡劣。仰皇父之福，衆篤切之心，天豈能不相助焉。再皇父諭旨，斷其茶布，坐待其竭，實屬上策。惟臣屬下人衆不能照旨遵行，或不能禁止，或青海人衆此間偷盜伊等，或日久士氣減弱，知我意，屬下人衆又不身負此等之罪，且又至皇父憂愁。再青海人衆無事尙退縮，懼準噶爾兵也。今聞我等先前軍務失利，益致肝膽俱裂。雖懼我等之威，口頭允諾，亦豈能果眞効力。我等兒臣向伊會盟。伊若意隨，心中順暢。伊若不隨，心中鬱悶，以致無計受困，緊迫至極，又起事端，恐不副皇父仁愛之心。若不窘迫，心內亦並不輕鬆，惟欲親臨其境。如此臣至此等地方，委實不能忍耐。若逢此等地方，乞皇父寬仁，另行遣臣。若臣奏請親率兵而入，請依奏准行，臣之意，青海王台吉等親領兵，將伊之兵各派往所駐驛站，伊効力者若佳，奏聞皇父請功。伊効力者若劣，奏聞皇父治罪。若有請旨不及之事，臣等會議，即酌情辦理等情。交付臣突擊之事，臣愉悅盡力，以慰皇父。若不如此，臣委實不能。再者臣甚年少，又血氣方剛，心懷偏狹亦未可知。皇父若裁定今年斷不入藏，伏乞皇父速令臣至福寧安〔註48〕前，臣等共督取吐魯番，以稍慰皇父之心。若取吐魯番鎭守，臣等一面鎭守一面奏聞皇父，若不可鎭守，臣等返回原居之巴里坤處居住，遵照皇父指教再効力，如此則皇父之聖心得以寬慰，天下聞之亦善，皇父遣臣者亦不枉然。臣並非避難，惟爭功名之意。惟臣實不能辦理駐守之事。若稱臣乃皇父之子，名聲大，平王訥爾蘇等亦足也。況且皇父前有諭旨，總管隆科多〔註49〕應爲將軍之人。臣先前未與伊議，不曉其能，皇父指派臣後與伊議，方讚歎皇父之諭旨。竊思若皇父命臣今年不准〔註50〕入藏，防守西寧相機行事，若差遣

〔註48〕《平定準噶爾方略》卷一頁十二作富寧安，時富寧安以吏部尚書統領巴里坤清軍，後佩靖逆將軍印。
〔註49〕隆科多，《清史稿》卷三〇一、《清史列傳》卷十三有傳。
〔註50〕原文作不唯，今改正。

伊，伊倍強於臣等因，懇請皇父特改遣伊。令前鋒統領阿哥弘曙，平王訥爾蘇等駐守以張聲勢，令我攜皇父僅賞差之臣侍衛，與富寧安兵相會，與伊商議率兵取吐魯番，臣仰皇父膝下愛之心，速有相會之日。否則臣此二日煩悶憂鬱，必憂勞成疾，如何存生。臣非編造謊言，使皇父施恩將臣遣於兵營，實乃胤禎肺腑之言，皇父自幼仁愛兒臣，懇請厚恩，務必保全胤禎。聖父仁愛，臣之所請或入藏，或取吐魯番二事，祈請批一處遣往。倘聖父堅不准臣之所請，臣亦無策，僅能遵旨効力，豈敢稍有違旨。惟至彼時或臣命薄而亡，臣念辜負皇父之慈恩，雖死亦不瞑目。聖父仁愛，恕臣冒奏之罪，切盼鑒諒，降訓誨之旨，爲此悚惶，謹具密奏。

硃批，爾之所奏冗長，朕了結心願，籌謀三月餘，思慮數日方繕寫一字，議政處議定後寄發，降議政大臣之旨又多矣，因寄往遠處，將略重要之事大加刪減，觀爾此奏，思路消息均顯雜亂。

[14] 胤禎奏請入藏或取吐魯番事由摺（康熙五十八年正月十九日）

[1]-3324

臣胤禎謹奏。

臣同平王訥爾蘇，前鋒統領阿哥弘曙，議政大臣等，謹閱欽交之議政所議事務。萬一衆聞，恐心懈怠，故爲激勉衆人勇氣冒昧〔註51〕懇皇父訓諭，乃繕一摺，於大臣前悔恨淚告。後又思臣乃皇父之子，年紀甚幼，未曾經事，且應按皇父指教，盡力而已。爲何並未同衆臣商議，不細究其事，即亂奏，甚爲惶悚，二三日間輾轉反思，並無主意，心中有意，不奏聞皇父，不請示於皇父，則向何人請示，我無知之子前來遠疆，雖是有罪，皇父務予寬免教誨，皇父斷不至惱怒，方敢惶悚謹奏陳我之前摺未盡之意，切盼聖父仁恕。臣自幼在皇父宮內生長，諸處唯隨行皇父習之，似此單獨領兵行走，乃屬初次。臣出征前，蒙皇父訓旨，出來以後心內所慮者，皇父必將兒臣作爲志堅男子漢，率兵行走，人上體面，念皇父慈愛之恩，斷不行玷辱聖顏之事，果眞近敵，仍鼓衆勇，以圖爲主父盡効，兒其喜悅接受前來。白出征以來，惟念如何能盡微忱，每日鼓舞軍士，將皇父恩惠宣諭百姓。見途中色稜〔註52〕等所行失誤之事，心內思忖，此或係兒臣出力，能使皇父暢快之路，故甚喜悅，皇父必招我遣於軍中等情思之。後因旨到，內心不暢，恍惚毫無主意。思之我雖遵旨，能坐而建功，亦多

〔註51〕原文作冒昧，今改正。
〔註52〕《平定準噶爾方略》卷二頁二十二作一等侍衛色楞，授爲副都統。

羞恥，萬一不能遵行諭訓，又有何體面處，況爲子之人，亦惟能令皇父喜悅，無論如何，亦屬情願，若不能令父喜悅，雖有功名，超越古人，有何希罕，有何體面。臣不爲功名効力，故於皇父面前亦有奏處。再爲子之人，以父母之心爲心。故此臣猜疑父之心意者，雖皇父如此頒諭，斷非皇父原來原意〔註53〕，亦惟忍怒，以安撫人心，因此務派爲國捨己之大臣等出征，能消皇父之氣等情思之。再臣之本領，皇父自幼知者，倘長大成人，我尚可能不辱皇父，若坐享其成，繼承榮華富貴之事，我今世斷不承受。況且果能仰副皇父之旨効力，令皇父稍有愉悅，亦可稍盡爲子之道矣。蓋論自己，徒居日久，自身過錯，以至有辱皇父。能打探軍情，不失殲敵之機，不誤皇上之事，且不致整年滋生事端，凡事毫不隱瞞皇父，辦事有條不紊，確非臣之能事，臣今不能，明知要事，事前未奏聞皇父，後日臣陷罪，皇父雖保我，亦不能保矣。臣我獲罪者，有何希罕，惟令皇父稍有惱怒，則死不瞑目矣，伏乞皇父聖念。臣之內心惟思於今年親率兵入藏，甚屬美差，而奉諭旨稱，藏地氣候惡劣，欽此。又詢問行人，亦無不云甚惡劣。然仰蒙皇父之福，衆人之誠，天又豈能不助焉。再皇父之旨內禁止茶布，坐待其力竭者，實屬穩固之策，惟臣標下之衆不能按旨遵行，或不能禁止，或青海人衆任此間私自運貨，或日久士氣減弱，敵甚知曉我方軍情，標下衆人又不承擔此等罪責，且又致皇父憂勞。再青海衆人無事時尚且退縮，畏懼準噶爾兵也。今聞我等前兵失誤，以至益加膽碎，雖口頭承認懼我兵威，但未必能遣派眞正兵力，我等爲兒臣之人，向伊會盟時伊若心隨，內心可通，伊若心不隨，心內悶鬱並不能承受，以至無計撙節，若過於撙節，則又生事端，恐不符皇父懷柔之意等情思之。倘不撙節，心內過不去，惟親自進入，等情欲議，如此臣至此等地方，實不能忍受，若遇此等情形，祈皇父仁愛，另差遣大臣。倘照奏請准行，臣親率兵進入。我心內思，僅青海王台吉等親率領，各遣伊軍駐驛。伊効力若好，奏聞皇父賞功。伊若効力劣，奏聞皇父治罪，若有請旨不及之事，我等共議，即酌情辦理等情。若有飭臣此等率兵突進之事，臣喜悅盡力〔註54〕，以令皇父暢快。若非如此，臣確不能。再臣甚年幼，又值血氣方剛，思慮偏頗亦不可料定。皇父若決定今年斷然不准入藏，伏乞皇父速遣我至富寧安前，我等共取吐魯番，欲稍暢皇父之心，若取吐魯番鎮守，我等一面鎮守，一面奏聞皇父，若不可鎮守，我等復來原居之巴里坤駐紮，遵照皇父指

〔註53〕原文作勇意，今改正。
〔註54〕原文作進力，今改正。

示再行動。如此皇父聖心得以暢快，且天下聞知亦善。皇父遣我者亦可不虛矣。臣並非逃避艱難，無爭功名之意。惟臣實不能辦理坐等之事。若因我為皇父之子，名聲大，則平王訥爾蘇等亦足矣。況且皇父先前有令總管隆克多〔註55〕應為將軍之諭旨，臣先未向伊云，不知其能。皇父指示我出征後，向伊云時方讚歎皇父諭旨。若皇父命我今年不准入藏，於西寧防守相機行事時，若將伊遣派，似較我倍強等情思之。皇父特將伊專遣之，前鋒統領阿哥弘曙，平王訥爾蘇駐守，以揚軍威〔註56〕。臣僅率皇父賜遣之大臣侍衛等相會富寧安軍中，同伊商議，率兵取吐魯番，臣仰合皇父膝下之歡心，相會有期，否則臣照此二日之憂悶，必愁苦成疾，如何生活，臣稍編謊言，並非使皇父憐憫臣而遣至軍中，實乃胤禎肺腑之言。皇父自幼慈愛我，亟盼將臣胤禎施予完恩。倘聖父慈愛伏乞將我所請或准入藏或取吐魯番二事，批一件遣之。聖父倘對臣所請必不准行，我亦無奈，遵旨盡力効勞，豈敢稍有違旨而行。惟至彼時或我本身福淺而亡，念及辜負皇父慈愛之恩，死不瞑目。皇父仁愛，寬免我冒奏之罪，睿鑒周慮，不勝期盼訓諭，為此謹惶悚密奏。

　　硃批，爾之此論雜且冗，朕盡心籌謀三月餘，思慮數日方繕寫一字，議政處共議定遣之，降議政之諭旨又多矣，因發於遠外，稍有重要之處多減之，覽爾之此奏，心竟稍有混亂。

[15] 請安摺（康熙五十八年正月二十七日）[2]-《卷一》

　　恭請皇父萬安事。

　　正月十九日臣等恭請聖安摺件，奉批朕安，現正預備出行水圍，欽此。恭閱之下敬悉，現值春季，皇父如此巡幸，臣等欣慰，為此謹奏。

　　大將軍王臣允禵。

　　納欽王臣納爾蘇〔註57〕。

　　貝子臣祿斌。

　　前鋒統領臣弘書〔註58〕，臣弘治〔註59〕，臣弘禧〔註60〕，臣廣善〔註61〕，

〔註55〕應寫作隆科多，《清史稿》卷三〇一、《清史列傳》卷十三有傳。
〔註56〕原文作軍成，今改正為軍威。
〔註57〕《平定準噶爾方略》卷六頁十三作平郡王訥爾素。
〔註58〕應寫作弘曙，清聖祖第七子胤祐之子。
〔註59〕應寫作弘旺，清聖祖第五子胤祺之子。
〔註60〕應寫作弘曦，清聖祖第三子胤祉之子。
〔註61〕《平定準噶爾方略》卷七頁十九作和碩裕親王保泰子廣善，祖清聖祖兄福全。

臣永乾〔註62〕。

　　公臣諾安都呼。

　　公臣奎惠〔註63〕。

　　公臣三官保〔註64〕。

　　都統臣旺烏哩。

　　散秩大臣伯臣啓木拜〔註65〕。

　　散秩大臣臣拉新〔註66〕。

　　副都統臣阿林保。

　　副都統臣伊里布〔註67〕。

　　副都統臣徐國貴〔註68〕。

　　兵部左侍郎兼管內閣學士事務仍辦兵部事宜臣札克丹。

[16] 胤禎奏為於安邊定邊流水事叩恩摺（康熙五十八年二月初十日）

　[1]-3343

　　臣胤禎謹奏。

　　臣遵議二月初五日發上諭，謹領具奏之事，候都統閻欣〔註69〕差人到，即將咨行車凌敦多布〔註70〕之文鈐印咨行外。再臣於正月二十九日宿安邊定邊間之十井堡，為缺少井水憂愁。晚突聞自南邊向院流水，地方官民無不驚喜，翌日臣往叩時地方官民多次跪請臣書立碑之文，設立石碑，臣止之曰臣並非有古代將軍刺山湧泉叩井出水之奇事，此均乃皇父之福無盡，上天默佑我等軍民。古人云德無不報者，皇父恐勞我軍，如此殷切掛念，既然上天如此順佑，我等理應報答，臣留銀兩於爾等，爾等建阿玉希佛廟以祭之。爾等

〔註62〕《平定準噶爾方略》卷六頁十三作簡親王之子永謙，簡親王雅爾江阿第三子。

〔註63〕應寫作揆慧，清太宗皇太極長子豪格後裔。

〔註64〕鎮國襄毅公揚福子，清太祖努爾哈赤弟穆爾哈齊後裔。

〔註65〕《欽定八旗通志》卷三百二十四作蒙古鑲藍旗副都統欽拜，康熙五十三年十月任。

〔註66〕待考。

〔註67〕《欽定八旗通志》卷三百二十四作蒙古正紅旗副都統伊禮布。《平定準噶爾方略》卷六頁十三作伊禮布。

〔註68〕《欽定八旗通志》卷三二七作漢軍正黃旗副都統許國桂。

〔註69〕《平定準噶爾方略》卷六頁十二作都統延信，清太宗皇太極長子豪格後裔。

〔註70〕《平定準噶爾方略》卷四頁十八作策零敦多卜。《蒙古世系》表四十三作策凌端多布，其父布木。此人為大策凌端多布，以區別於小策凌端多布。

眾官民經常拈香，理應叩報皇父之恩，何必立碑石等因。次日宿安邊，該南沙岡內大河流淌，詢當地漢人，原來無水，自本月二十七日方流來，此實乃奇妙之事。自臣等出外，皇父每日懷念，又於臣外出之前，皇父賜阿玉希佛，頒降謹慎祭祀之旨，不勝讚念。為使皇父喜悅，謹具奏聞。

硃批，知道了。

[17] 胤禎奏謝皇父教誨事摺（康熙五十八年二月初十日）[1]-3344

臣胤禎謹奏。

臣二月初五日宿紅山堡〔註71〕之日謹收皇父手諭三張，火絨一匣，同子等共分，謝恩。皇父教誨之旨甚是，臣胤禎謹牢記於心，盡量悔改。惟見旨內稱爾所奏之二摺，如今朕內心不安，甚感憂愁等語。雖知為聖父之子臣，極盡慈愛之心，若論自身，臣原為皇父膝下使喚之一小兒，今派遣在外，不能使聖父愉悅，反勞聖心，不勝愧悔。伏乞聖父勿稍為我憂勞。臣誠如在皇父眼前，銘記不忘，勤奮效力，皇父訓諭所交付之事，若皇父稍能喜悅，天必賜福也。[若嗣後口如此言，而心不忠，則天必加罪。此福罪]既然均在臣一人，聖父為何過於焦慮，[何必如此惦念]。嗣後臣若有過失，皇父務必即刻責備教訓，臣欣悅接受，盡力改正。惟請聖父養身，切勿勞心，為此具文謹奏。

硃批，知道了，滿文謬誤之處均改正之。爾今觀之，今年有進兵之能力否，今我處明白也。凡有具奏之文，應乘事之便遣送，頻繁具奏，有勞驛站，且京城之人不知何事，不能停止其胡亂猜疑。

[18] 胤禎奏報甘肅等處獻牲畜食物等摺（康熙五十八年二月初十日）[1]-3345

臣胤禎謹奏，為奏聞事。

甘肅巡撫綽奇〔註72〕遣派家人獻馬四十五匹騾五匹及豬羊等食物。署理寧夏總兵官事務平羅營參將董玉祥〔註73〕獻馬十二匹駝六峰及豬羊等食物。花馬池副將蓋仁新〔註74〕獻馬四匹駝二峰。寧夏道員雷有成〔註75〕獻馬四匹

〔註71〕今寧夏靈武市臨河鎮橫山堡。
〔註72〕《清代職官年表》巡撫年表作甘肅巡撫綽奇。
〔註73〕《甘肅通志》卷二十九頁四十二作董玉祥。
〔註74〕《甘肅通志》卷二十九頁三十二作改日新。
〔註75〕《甘肅通志》卷二十八頁三十六作雷有成。

駝四峰。都司張文達獻馬二匹駝二峰。鞏昌府〔註76〕知府霍圖〔註77〕獻馬四匹駝二峰。興武營遊擊潘化〔註78〕獻馬四匹駝二峰。同知博諾獻馬四匹駝二峰。辦理莊浪〔註79〕驛站事務兵部郎中法爾薩獻馬二匹，涼州〔註80〕番營參將霍玉〔註81〕獻馬二匹。臣依前奏退還食物外，飭將馬駝騾送抵飼馬處。涼州總兵官李忠岳〔註82〕遣參將霍玉問臣好，告稱總兵官李忠岳駐地遠，不能離開，特差遣卑職獻馬五十匹迎大將軍王〔註83〕，留此馬力馱水茶，即如同總兵官親自出力，再抵達其管界後總兵官親獻馬駝來迎等情稟告時，臣云本應將爾等總兵官之馬均留用効力，惟現值軍機繁冗，用馬處多，爾之總兵官方接任，既然從如此遠處篤切獻馬，欲留二馬，不必獻馬駝迎臣等情。署理甘肅提督事務總兵官范時捷〔註84〕遣派參將杜如宣〔註85〕亦問臣好，呈獻備鞍之馬八匹，稱抵界後仍親來獻馬迎接等情，臣均收取。再鄂爾多斯貝勒諾依羅布札木蘇〔註86〕，其祖母福晉母福晉遣侍衛達爾瑪姬里迪獻馬七十匹駝三十峰。臣接受二馬二駝，以此折官價回報綢十疋，為此繕摺謹具奏聞。

　　硃批，知道了。

[19] 奏報寧夏起程情形摺（康熙五十八年二月初十日）[2]-《卷一》

　　臣等於二月初六日至恆城渡口〔註87〕，追及第二隊伍，於初十日一齊安抵寧夏，臣等擬將馬匹休息五六日，帶領第二隊至莊浪，由彼將第二隊派至涼州餵養馬匹，擬令第三隊在後留守，至莊浪餵養馬匹，擬令都統旺烏哩，副都統伊哩布帶領第三隊留守，臣等由莊浪帶領第一隊前往西寧，聞得糧草缺少，一切價值較昂，是以臣等一面咨交該督撫及侍郎色爾圖〔註88〕等與前

〔註76〕　今甘肅省隴西縣。
〔註77〕　《甘肅通志》卷二十八頁四十七作何圖。
〔註78〕　《甘肅通志》卷二十九頁八十二作潘華。
〔註79〕　清時期與平番縣同城，今甘肅省永登縣。
〔註80〕　今甘肅省武威市。
〔註81〕　《甘肅通志》卷二十九頁四十五作霍煜。
〔註82〕　《甘肅通志》卷二十九頁二十二作李中月。
〔註83〕　原文作大將軍、玉，今改正為大將軍王。
〔註84〕　《平定準噶爾方略》卷四頁四十作范時捷，清初重臣范文程之孫。
〔註85〕　《陝西通志》卷二十三頁六十有董如宣，雍正三年任波羅營副將，疑為此人。
〔註86〕　《蒙古世系》表十八作諾依囉布札木素。
〔註87〕　應為橫城渡口，位於寧夏銀川市興慶區臨河鎮橫城村，為入寧夏黃河重要渡口之一。
〔註88〕　《清代職官年表》部院滿侍郎年表作吏部滿左侍郎色爾圖。

往西寧人衆，預先囤積糧草火藥錢糧等因交諭，倘此間預備妥協，臣等即照所奏辦理，如未備妥，擬酌分軍隊，或派蘭州，或臨洮，擇糧草豐阜地方駐紮，於二月初十日自寧夏行營恭摺奏聞。

[20] 胤禎奏為青海官員請安獻物等摺（康熙五十八年二月二十日）
　[1]-3348

臣胤禎謹奏，爲奏聞事。

本月十九日宿於棗園堡〔註89〕，侍讀學士常壽〔註90〕攜青海親王羅卜藏丹津〔註91〕、貝勒阿喇布坦鄂木布〔註92〕、貝子羅卜藏達爾札〔註93〕、台吉敦多布旺札勒〔註94〕抵達，臣令伊等入營相會，羅卜藏丹津等皆跪請皇父安，獻哈達。我亦回贈哈達相報，飲茶，賜與皇父所賞之鹿尾餑果等物。爲此於石孔寺〔註95〕下榻處謹具奏聞。

硃批，知道了。

[21] 胤禎奏為抵寧夏地方官員獻牲畜物品事摺（康熙五十八年二月二十日）[1]-3349

臣胤禎謹奏，爲奏聞事。

臣等於本月初十日抵達寧夏，山東總兵官李琳〔註96〕獻馬四匹騾四匹，臣推辭云今爾身在軍營之人，臣尚欲捐賜爾，豈有受爾獻物之理乎，爾將此存留，捐賜爾之兵營內勤奮効力之人等語。甘肅參將董如宣〔註97〕獻馬四匹。寧夏遊擊彭雲龍〔註98〕、楊明禮〔註99〕各獻馬二匹。駐寧夏辦理蒙民事務理藩院員外郎札西獻馬二匹，臣均接收。寧夏總兵官范時捷之妻宗室龔振

〔註89〕 寧夏中寧縣石空鎮棗園堡火車站附近。
〔註90〕 《平定準噶爾方略》卷六頁二十九作侍讀學士常授，後陞爲理藩院額外侍郎。
〔註91〕 《蒙古世系》表三十七作羅卜藏丹津，顧實汗圖魯拜琥幼子即第十子達什巴圖爾之子。
〔註92〕 顧實汗圖魯拜琥長子達顏鄂齊爾汗孫，《蒙古世系》表三十八失載。《如意寶樹史》頁七九〇後表一載其父羅布藏彭措貝勒，其名博碩特拉布坦旺波。
〔註93〕 《蒙古世系》表三十六作羅卜藏達爾札，顧實汗圖魯拜琥第二子鄂木布之孫，其父卓哩克圖岱青。
〔註94〕 疑爲郡王察罕丹津之子，《蒙古世系》表三十八作惇多布旺札勒。
〔註95〕 多寫作石空寺，今寧夏中寧縣石空鎮石空寺。
〔註96〕 《平定準噶爾方略》卷七頁十九作總兵官李麟。
〔註97〕 《陝西通志》卷二十三頁六十有董如宣，雍正三年任波羅營副將，疑即此人。
〔註98〕 《甘肅通志》卷二十九頁七十六作寧夏鎮標右營遊擊彭雲隆。
〔註99〕 《甘肅通志》卷二十九頁五十三作固原提標右營遊擊楊明。

衡〔註100〕之女因病，未能出，差人獻豬羊鵝鴨雞等食物。臣云並未收沿途所獻之物，爾即爲宗室格格，若不取，恐病人思念等語，乃受一鵝一鴨。繼而又將造送之小荷包各樣餑小肴饌菜蔬等物，臣均留之，回贈皇父恩賞之果品鼻烟等物。厄魯特貝勒額駙阿保〔註101〕之妻和碩格格、阿保之母差侍衛達希車凌獻馬二十二匹駝五峰羊二百五十隻。臣云額駙阿保現在軍營，我尚欲捐賜額駙，豈有受格格等所獻物品之理乎，既念我送來物品，擬接受二羊等語，故受二羊。賜所差之侍衛達希車凌官綢一，爲此繕摺謹具奏聞。

硃批，知道了。

[22] 胤禎奏爲謁見呼畢勒罕事摺（康熙五十八年二月二十日）[1]-3350

臣胤禎謹奏，爲請旨事。

臣啓行前奏請皇父訓諭，臣順便相見或免見呼畢勒罕〔註102〕，及如何拜見之處請旨等因具奏。奉旨爾宜謁見等情，今聞得古木布木廟〔註103〕距西寧五十餘里。臣親抵西寧後既然不便往古木布木廟，或專程前往或免往之處，祈皇父訓示。再據聞青海之衆前來問好，此等來謝皇父之恩，呈獻方物，臣收受或罷收，或收受何樣物件，回賜何樣物件之處，祈皇父指教，爲此謹奏請旨。

硃批，順便前往方妥，伊等若來見爾，斷不准來。青海人甚貪婪，一旦多賜成習，則無寧日。若獻爾等物，則受數件，依內庫之定例折價賜之，此亦同朕等所轄之衆商議賜之。

[23] 胤禎奏於山陝寧夏查視兵民盛迎情形摺（康熙五十八年二月二十日）[1]-3351

臣胤禎謹奏，爲奏聞事。

臣沿途經宣府大同神木榆林等處，查看兵丁，確依皇父諭旨整兵，且男丁強健，騎射優長，臣等愉悅讚賞。再民衆亦感激皇父鴻恩，臣抵各處均掛

〔註100〕《欽定八旗通志》卷三百十八載康熙五十五年內大臣有公振衡，疑即此人。

〔註101〕《平定準噶爾方略》卷一頁十作阿寶，《蒙古世系》表三十六作阿寶，顧實汗圖魯拜琥第三子巴延阿布該阿玉什之孫，父和囉理。

〔註102〕即七世達賴喇嘛，清廷初封其爲弘法覺衆第六輩達賴喇嘛，後默認爲第七世。《欽定西域同文志》卷二十三頁二載，羅布藏噶勒藏佳木磋，蒼揚佳木磋之呼畢勒汗，出於里塘，至衛座布達拉、布賴賁、色拉寺牀，賜冊印爲第六世達賴喇嘛。

〔註103〕即塔爾寺，位於青海省湟中縣魯沙爾鎮。

彩子，成群結隊獻物品來迎，雖禁而不止，門街仍照常掛彩子喜迎之。以此，臣依照皇父對眾兵民之教誨降諭，朕於山西陝西省施兵民之恩慕重，此數年山西陝西兵民為軍機事務効力者亦屬不易等情曉諭後，兵民益加喜悅謝恩。抵達寧夏之日兵民喜悅歡迎者益多，均稱聖主先前來時甚仁愛我之小民，施以鴻恩，我等何等盼望朝見聖主天顏，今見到王，不勝喜悅。臣告知眾兵民，我出之前皇父曾諭曰，先朕至寧夏駐蹕多日，兵民並非相同，然如同赤子眷戀父母，均和睦相處，如同好似親戚，朕返回時尚不忍離開。爾至彼處務將此旨傳諭伊等，降諭後眾民人益不勝歡忭，亦眷戀臣，於馬前馬後奔隨，懇請務於彼處多駐幾日，臣即告稱我亦懇祈仰副皇父仁愛爾等之心，有多駐數日之意，惟既有軍機事務，故不可多駐。順迎爾等請求，我等駐五日即啟程等語，著官兵試射，均齊整熟練。軍內四人騎射更佳，每人各獎賞銀二兩，為此繕摺謹具奏聞。

　　硃批，知道了。

[24] 撫遠大將軍胤禎奏為賞賜陣亡病歿官兵摺（康熙五十八年二月二十日〔註104〕）[1]-4115

　　奉兵部咨文傳旨，查明西路兵陣亡病歿人等，著大將軍王即行賞賜，欽此欽遵。臣抵西寧後除查陣亡病歿官兵，照例施恩賞賜外，往弔額倫特派誰去，如何賞賜之處請旨。

　　硃批，弔將軍，爾應親自前往，至陣亡官兵，應大做道場，爾親自前往，總為奠酒，毋以此為諭旨，著即隨爾意行。

[25] 胤禎奏賀萬壽摺（康熙五十八年三月初一日）[1]-3354

　　臣胤禎謹奏。

　　皇父聖誕吉日，臣不能與阿哥等同班行禮，惟皇父有旨斷不准貢獻，臣在府中所繕阿玉希佛經及享物，未敢奏請進獻。惟西地麥麪皇父曾品嘗之，故此做萬條龍鬚麵，祝皇父萬歲，以敬獻兒臣之微忱，祈皇父笑納，為此遣頭等侍衛佛保柱並臣近侍太監捧奏書遣送。再沿途遣辦草料者內，看不體面者，臣揀選侍衛內佛保柱、喜良、四明等，同辦理草料之章京等兼辦草料，觀之此等均甚體面，行之，為此一併謹具奏聞。

〔註104〕時間據《撫遠大將軍允禵奏稿》第十二號文檔補。

硃批，朕體安，奏文知道，乘爾之太監返回，將朕閑悶時親自監製之小物品數件攜送之。

[26] 胤禎奏報甘肅青海駐兵調防情形摺（康熙五十八年三月初五日）
[1]-3355

臣胤禎謹奏，爲奏聞事。

駐西寧都統閻欣等選送車凌敦多布，差遣主事胡畢圖〔註105〕等八人，通事二人，於二月十六日抵至寧夏之玉泉營後，臣揀選主事胡畢圖、護軍校札木蘇、船之護軍〔註106〕委護軍校錫伯綽奔泰、領催伊薩海、希薩納，以主事胡畢圖爲首，暫佩孔雀翎，每人各賞銀二十兩裘服一件新貂皮帽各一頂。再差遣之通事韓德亦賞之。餘之佐領諾爾木、護軍額林臣、披甲納木爾、通事申進等四人已遣返西寧。臣於三月初一日抵至莊浪衛後，將軍富寧安處來送使臣之筆帖式喇特納呈報，據云使臣等於初二日來至涼州，約計初四日來至莊浪衛。臣觀之我等從西安路來之首隊兵，臣率行之二隊兵，後行之三隊兵，再由西寧往涼州之兵，由蘭州往甘州之兵，並未約定，而均於莊浪衛會師。署理甘州提督事務總兵官范時捷，涼州總兵官李中岳〔註107〕，西寧總兵官王義前〔註108〕等各自攜綠營兵來迎，亦會於莊浪衛。因兵甚多，由使者來路相迎，至臣大營，各旗立營整齊，施放槍炮，兵丁均佩帶軍器，列隊示威，導引之侍衛官員等，指沿途軍營列隊之兵看時羅卜藏、納木奇驚歎曰，原我等聞得阿穆呼朗〔註109〕汗行軍，則兵不勝數，鋪天蓋地，今日觀此衆營兵，我等原聞之語果然無誤。此安營於路兩旁，且將近有二十里，若引而宿之，何遠之有等語。聞槍炮之聲大爲震動。使者羅卜藏，納木奇等至，著入臣營，與我等使臣胡畢圖等相互認識，將咨行車凌敦多布之文〔註110〕於伊等面前交我等使臣胡畢圖等。賞羅卜藏、納木奇新貂皮帽蟒緞袍帶靴〔註111〕等物各一件，給與飯茶。羅卜藏，納木奇等甚喜悅，稱我等蒙受此恩，務盡力報効郡王。言畢令此等即啓程，遣往西寧，爲此繕摺自莊浪衛下榻處謹具奏聞。

硃批，知道了，辦理得好。

〔註105〕《平定準噶爾方略》卷六頁二十七作瑚必圖。
〔註106〕船之護軍意不通，船疑爲船廠之誤譯，船廠即今之吉林省吉林市。
〔註107〕《甘肅通志》卷二十九頁二十二作李中月。
〔註108〕《平定準噶爾方略》卷三頁三十七作西寧總兵王以謙。
〔註109〕譯者註，阿穆呼朗蒙古語義爲太平、安寧、康樂。
〔註110〕原文作咨行車凌敦多布之義，今改正爲咨行車凌敦多布之文。
〔註111〕原文作靰，今改爲靴。

[27] 胤禎奏報甘肅等地方官員獻牲畜物品摺（康熙五十八年三月初五日）[1]-3356

臣胤禎謹奏，爲奏聞事。

署理甘肅提督事務總兵官范時捷向臣獻駝四十峰。涼州總兵官李中岳獻馬十二匹駝八峰及豬羊等食物。西寧總兵官王義前獻馬二十匹及備鞍馬十匹駝二十峰。甘肅布政使覺羅折爾金〔註112〕獻馬二十匹駝二十峰銀二千兩及豬羊等食物。甘肅按察使巴錫〔註113〕獻馬四匹駝十峰。西安按察使永太〔註114〕獻馬四匹駝十峰。涼莊道員何廷貴〔註115〕差人獻馬十二匹駝六峰。新任涼莊道員王光實〔註116〕獻馬六匹駝六峰及豬羊等食物。臨洮道員蔣吉泰〔註117〕獻馬四匹駝四峰。西寧道員趙士喜〔註118〕獻馬十匹駝六峰。中衛營副將李山〔註119〕獻馬四匹駝二峰及米等食物，參將張家翰〔註120〕獻馬二匹。涼州參將趙國喜〔註121〕獻馬二匹。西寧遊擊袁吉印〔註122〕獻馬四匹。涼州遊擊武志進〔註123〕獻馬二匹。西寧都司吳瑞獻馬二匹。北川營守備馬成福獻馬二匹。蘭州同知申廷鎮獻馬四匹駝二峰。涼州同知范士家獻馬四匹駝四峰。鞏昌府同知金仁旺獻食物。臣依前奏將銀兩食物退回之外，將馬駝均著送至飼馬處，以待需用時收徵，爲此繕摺謹具奏聞。

硃批，知道了。

[28] 胤禎請安摺（康熙五十八年三月初五日）[1]-3357

臣胤禎等謹請皇父萬安。

〔註112〕《清代職官年表》布政使年表作甘肅布政使折爾金。
〔註113〕《清代職官年表》按察使年表作甘肅按察使巴襲。《平定準噶爾方略》卷九頁二十七作甘肅按察使巴襲。
〔註114〕《清代職官年表》按察使年表作陝西按察使永太。《平定準噶爾方略》卷九頁三十二作陝西按察使永泰。
〔註115〕《甘肅通志》卷二十八頁三十四作何廷圭。
〔註116〕《甘肅通志》卷二十八頁三十五作王光奭。
〔註117〕《甘肅通志》卷二十八頁二十八作江際泰。
〔註118〕《甘肅通志》卷二十八頁三十八作趙世錫。
〔註119〕《甘肅通志》卷二十九頁三十作李山。
〔註120〕《甘肅通志》卷二十九頁四十作鎮海營參將張嘉翰。
〔註121〕《甘肅通志》卷二十九頁八十二有涼州鎮標中營遊擊趙國璽，疑後陞任參將。
〔註122〕《甘肅通志》卷二十九頁六十二作西寧鎮標中營遊擊袁繼蔭。
〔註123〕《甘肅通志》卷二十九頁八十五作涼州鎮標後營遊擊吳之晉。

　　正月二十七日奏報，二月二十七日宿三眼井〔註124〕地方，恭閱請安摺內奉硃批諭旨，朕體安，春季水獵照常進行等因，官兵聞之，衆皆喜悅，爲此繕文謹奏。

　　大將軍臣胤禎。

　　平王臣訥爾蘇。

　　貝子臣魯賓〔註125〕。

　　前鋒統領臣弘曙，臣弘智〔註126〕，臣弘曦〔註127〕，臣廣善，臣永前〔註128〕。

　　公臣諾托和〔註129〕。

　　公臣奎惠。

　　公臣三官保。

　　都統臣王古利〔註130〕。

　　閒散大臣伯臣齊木拜〔註131〕。

　　閒散大臣臣拉忻〔註132〕。

　　護軍統領臣五十八。

　　委護軍統領臣噶勒弼〔註133〕。

　　副都統臣阿林保。

　　副都統臣宗室赫世亨〔註134〕。

　　副都統臣覺羅伊里布。

〔註124〕今甘肅省景泰縣三眼井村。

〔註125〕《平定準噶爾方略》卷七頁十九作固山貝子魯賓。

〔註126〕應寫作弘旺，清聖祖第五子胤祺之子。

〔註127〕弘曦，清聖祖第三子胤祉之子。

〔註128〕《平定準噶爾方略》卷六頁十三作簡親王之子永謙，簡親王雅爾江阿第三子。

〔註129〕《平定準噶爾方略》卷六頁十三作公諾音托和，清太祖努爾哈赤次子代善子岳託後裔。

〔註130〕《欽定八旗通志》卷三百二十七作漢軍正黃旗都統汪悟禮。《平定準噶爾方略》卷六頁十三作都統汪悟禮。

〔註131〕《欽定八旗通志》卷三百二十四作蒙古鑲藍旗副都統欽拜，康熙五十三年十月任。

〔註132〕第十五號文檔作拉新。

〔註133〕《欽定八旗通志》卷三百十八作護軍統領噶爾弼。《平定準噶爾方略》卷六頁六作護軍統領噶爾弼，後爲自四川率軍入藏之統帥，佩定西將軍印，《清史稿》卷二九八，《欽定八旗通志》卷一七三有傳。

〔註134〕《欽定八旗通志》卷三百二十一作滿洲正黃旗副都統宗室赫世亨。《平定準噶爾方略》卷六頁十三作副都統宗室赫世亨，清太祖努爾哈赤長子褚英後裔。

副都統臣保色〔註135〕。

副都統臣宗札布〔註136〕。

副都統臣徐國貴。

兵部侍郎臣札克丹。

山東總兵官臣李琳。

硃批，朕體安。

[29] 胤禛奏於西寧會見呼畢勒罕使者事摺（康熙五十八年三月十三日）[1]-3362

臣胤禛謹奏，爲奏聞事。

臣至西寧衛所屬冰溝驛〔註137〕，住古木布木廟之小呼畢勒罕〔註138〕遣嘎布楚阿旺班珠爾獻上哈達，告稱王親至西寧後，呼畢勒罕欲親來西寧獻哈達等情，臣受哈達，回贈哈達，對使臣阿旺班珠爾曰，呼畢勒罕斷勿親來西寧，我得暇後往見呼畢勒罕，賜使臣飯茶遣之。抵西寧衛之日呼畢勒罕遣其父索諾木達爾札〔註139〕來獻哈達佛備鞍馬一匹，臣著索諾木達爾札與察罕諾門汗〔註140〕等共同進茶，收呼畢勒罕之佛，備鞍馬一匹。均賜相等大綢二疋官綢四疋，又囑呼畢勒罕生身〔註141〕斷勿來西寧，務必聽我之言等語遣之，爲此繕摺謹具奏聞。

硃批，知道了。

〔註135〕《欽定八旗通志》卷三百二十一作滿洲正白旗副都統保塞。《平定準噶爾方略》卷六頁十三作副都統寶色。

〔註136〕《欽定八旗通志》卷三百二十四作蒙古鑲黃旗副都統宗查布。《平定準噶爾方略》卷五頁二十一作副都統宗扎卜，後陞任西安將軍。

〔註137〕該地有冰溝城，在今青海省海東市樂都區蘆花鄉城背後村。

〔註138〕即七世達賴喇嘛，清廷初封其爲弘法覺衆第六輩達賴喇嘛，後默認爲第七世。《欽定西域同文志》卷二十三頁二載，羅布藏噶勒藏佳木磋，蒼揚佳木磋之呼畢勒汗，出於里塘，至衛座布達拉、布賴賁、色拉寺牀，賜冊印爲第六世達賴喇嘛。

〔註139〕七世達賴喇嘛之父，《欽定西域同文志》卷二十四頁十載，索特納木達爾結，達賴喇嘛羅布藏噶勒藏佳木磋之父，轉音爲索諾木達爾扎，封輔國公。此人初爲哲蚌寺一普通僧人，於傳大召期間協助鐵棒喇嘛糾察僧儀，後隨一貴族去理塘，還俗成家，生七世達賴喇嘛。

〔註140〕指第三世拉穆活佛羅桑丹貝堅贊，曾學經於哲蚌寺郭莽扎倉，清康熙二十一年於今青海省尖扎縣建德千寺，爲七世達賴在塔爾寺出家時之堪布與經師。

〔註141〕譯者註，指未出過天花，出過天花的人稱熟身。

[30] 胤禛奏甘肅地方呼圖克圖喇嘛獻牲畜物品摺（康熙五十八年三月十三日）[1]-3363

臣胤禛謹奏，爲奏聞事。

臣來至寬溝〔註142〕，住松山報恩寺之達克隆呼圖克圖之呼畢勒罕〔註143〕獻上哈達佛香馬匹。臣受哈達，回贈哈達，餘均卻之。次日達克隆呼圖克圖之呼畢勒罕感念皇父之恩，又率一百七十名喇嘛，路旁列隊，擊鼓吹螺迎之，以此贈達克隆呼圖克圖之呼畢勒罕、大喇嘛羅洛依丹達爾喇木札木巴綢各一疋，每名喇嘛各賜一金銀錁。西寧衛屬紅山寺西勒圖呼圖克圖〔註144〕等諸寺廟之喇嘛囊蘇等均獻哈達馬匹，臣收受哈達，均回賜哈達。收靜寧寺喇嘛索諾木林臣之馬二匹，賜相當之綢二疋。因其餘馬匹均瘦未取卻之。哈密達爾漢伯克額敏〔註145〕遣佐領噶岱等獻馬槍刀瓜。臣受瓜，賜額敏伯克綢棉服一件，賞來使綢二疋遣之。郭隆廟之吹布宗呼圖克圖〔註146〕，貝勒色布騰札勒〔註147〕、額爾德尼台吉桑巴札布〔註148〕、車臣台吉阿布吉〔註149〕、台吉阿喇布坦〔註150〕等均獻哈達馬香等物，臣令貝勒色布騰札勒等進見，均回賜哈達，飲茶遣之。受台吉桑巴札布一匹馬，賜相當之綢一疋，其餘馬香等物均

〔註142〕今甘肅省天祝縣松山鎮寬溝村。

〔註143〕今甘肅省天祝縣達隆寺。

〔註144〕紅山寺又名弘善寺，原址在青海省民和縣西溝鄉西南四公里處，今在青海省民和縣西溝鄉白家藏村。

〔註145〕《平定準噶爾方略》卷一頁十二作哈密扎薩克達爾汗伯克額敏。

〔註146〕郭隆廟今漢名佑寧寺，爲羅卜藏丹津之亂被毀重建後清世宗御賜名，位於青海省互助縣五十鎮寺灘村。吹布宗呼圖克圖今作松布呼圖克圖。

〔註147〕準噶爾部遊牧於青海者，《蒙古世系》表四十三作色布騰札勒，準噶爾部巴圖爾渾台吉孫，其父卓特巴巴特爾。

〔註148〕顧始汗第六子多爾濟之孫，其父畢嚕咱納，《蒙古世系》表三十七失載，《如意寶樹史》頁七九〇後表五作額爾德尼台吉策旺札布，其父畢塔咱那。

〔註149〕顧始汗第六子多爾濟之孫，其父畢嚕咱納，《蒙古世系》表三十七失載，《如意寶樹史》頁七九〇後表五作阿布吉齊欽台吉，額爾德尼台吉策旺札布之弟，其父畢塔咱那。

〔註150〕遊牧於青海名阿喇布坦者有三，一爲貝子阿喇布坦，顧實汗圖魯拜琥第二子鄂木布曾孫，父額琳沁達什，祖墨爾根台吉，《蒙古世系》表三十六失載。一爲爲準噶爾部遊牧青海者，爲郡王察罕丹津之婿，《蒙古世系》表四十三作阿喇布坦，父納木奇札木禪，祖卓哩克圖和碩齊，曾祖巴圖爾渾台吉。一爲貝勒納木札勒之弟，《蒙古世系》表三十六作阿喇布坦，父墨爾根台吉，祖顧實汗圖魯拜琥第二子鄂木布。後二者皆爲台吉，易混淆。

卻之。希勒圖達賴諾門汗〔註151〕、察罕諾門汗、貝子拉查布〔註152〕、公達西敦多布〔註153〕、台吉達木林色布騰〔註154〕等獻哈達香佛馬氆氌等物。臣均令進見，回贈哈達，飲茶遣之。受達賴諾門汗佛一尊香二束，察罕諾門汗馬一匹香四束，均賜相當之綢四疋，其餘馬駝氆氌等物均未收卻之，爲此繕摺謹具奏聞。

　　硃批，知道了。

[31] 胤禛奏為巴里坤等地方官獻牲畜物品摺（康熙五十八年三月十三日）[1]-3364

　　臣胤禛謹奏，爲奏聞事。

　　甘肅提督路振聲〔註155〕於巴里坤遣人問臣好，獻馬四匹駝二峰騾四頭及食物等。肅州總兵官楊昌泰〔註156〕於巴里坤遣人問臣好，獻馬八匹駝二峰。臣對提督總兵官曰，爾身現皆在軍營，我尚欲捐賜，豈有受禮物之理等語卻之。甘肅巡撫綽奇遣人獻駝四十峰及食物。西安布政使薩睦哈〔註157〕遣人獻馬三十匹。鎮海營參將馬衛品〔註158〕獻馬四匹。西寧遊擊金明安〔註159〕獻馬二匹。原提督馬進良〔註160〕之妻遣其子獻果品等食物，臣云既然凡沿途之人所獻食物均未受，亦不受爾之物，爾等返回，問提督之妻好，賜綢一疋。臣依照前奏，將食物卻之外，馬駝均於用時收取，爲此繕摺謹具奏聞。

　　硃批，知道了。

〔註151〕此人爲察罕丹津之任，《蒙古世系》表三十九失載，《如意寶樹史》頁七九〇後表四載其名阿其圖諾門罕，父名巴布，亦可參見《乾隆朝內府鈔本《理藩院則例》》頁一二八。
〔註152〕《蒙古世系》表三十九作喇察布，顧實汗圖魯拜琥第五子伊勒都齊曾孫，其父墨爾根諾顏，祖博碩克濟農。
〔註153〕《蒙古世系》表三十七作達什敦多布，顧實汗圖魯拜琥第七子瑚嚕木什之孫，其父哈坦巴圖爾。
〔註154〕《蒙古世系》表三十六作達瑪璘色布騰，顧實汗圖魯拜琥第二子曾孫，父額璘沁達什。
〔註155〕《平定準噶爾方略》卷一頁十三作肅州總兵官路振聲，後陞任甘肅提督。
〔註156〕《甘肅通志》卷二十九頁二十三作楊長泰。
〔註157〕《清代職官年表》布政使年表作陝西布政使薩睦哈。
〔註158〕《甘肅通志》卷二十九頁四十作馬維品。
〔註159〕《甘肅通志》卷二十九頁六十三作西寧鎮標左營遊擊金民安。
〔註160〕《康熙朝漢文硃批奏摺彙編》一九一六號文檔自署名原任直隸古北口提督馬進良。

[32] 奏報阿拉布坦屬下人投誠並抵西寧日期摺（康熙五十八年三月十三日）[2]-《卷一》

奏爲阿拉布坦〔註161〕屬下人投誠事。

竊康熙五十八年三月初六日大通行營准兵部咨開，派護軍統領噶爾弼即行起行，前往四川，會同總督年羹堯〔註162〕會辦軍務，欽此欽遵。於次日該護軍統領噶爾弼即行起程前往四川，本月初十日據靖逆將軍富寧安報稱，藏王阿拉布坦屬下之烏拉特衛隊等計男女十四名口前來投誠，願服王化，當即派員解京等語。臣伏思藏王阿喇布坦〔註163〕，違背天道，抗拒我軍，致將全蒙感戴之達賴喇嘛〔註164〕監禁，搶掠西藏，擾害唐古特人民，既獲罪於天，嗣後彼處發生內亂，伊之屬下人民，思必陸續來歸順，臣帶兵於十一日一齊安抵西寧，依照與青海台吉等會議，今準噶爾兵佔居藏地，所有裡塘、巴塘〔註165〕等地方，皆屬達賴喇嘛、拉藏〔註166〕、爾青海地方奴僕，致有準噶爾人民佔據，現既大軍前進取藏，先由打箭鑪令第一隊滿洲綠營官兵進駐裡塘、巴塘噶木〔註167〕等處，爾等各派屬下人民照料，迅即派人前往住守，其達賴喇嘛、拉藏之所屬人等，由本軍前往查明照料，俟軍務完竣再議等因，繕寫蒙文告示。再臣沿途所見，由莊浪至西寧等處均得雨深透，麥苗已長四五寸餘，爲此由西寧行營恭摺奏聞。

〔註161〕《平定準噶爾方略》卷一頁一作策妄阿喇布坦。

〔註162〕年羹堯時爲四川總督。

〔註163〕《平定準噶爾方略》卷一頁一作策妄阿喇布坦。

〔註164〕指爲拉藏汗所立且爲清廷冊封之六世達賴喇嘛阿旺伊西佳木磋。《欽定西域同文志》卷二十三頁三載，阿旺伊西佳木磋，爲拉藏汗所奉者十四年，殆蒼揚佳木磋之呼畢勒罕受封始送之京師，亦不入世次。實此拉藏汗所立之六世達賴喇嘛，其之達賴喇嘛地位亦爲清廷冊封，及至清軍定藏，發回京師廢之，生死不明，然此喇嘛不爲藏人所認，今一般列達賴喇嘛世系者不列之，清代官書於其之冊封亦諱提之。

〔註165〕裡塘今四川省理塘縣，巴塘今四川省巴塘縣。

〔註166〕即拉藏汗，和碩特蒙古統治西藏之第四代汗，顧實汗圖魯拜琥長子達延鄂齊爾汗之孫，父達賴汗。

〔註167〕常寫作喀木，清時期西藏分衛、藏、喀木、阿里四部，喀木亦名巴爾喀木，《大清一統志》（嘉慶）卷五百四十七載，喀木，在衛東南八百三十二里，近雲南麗江府之北，東自鴉龍江西岸，西至努卜公拉嶺衛界，一千四百里，南自噶克拉岡里山，北至木魯烏蘇南岸，一千七百里，東南自雲南塔城關，西北至索克宗城西海部落界，一千八百五十里，東北自西海部落界阿克多穆拉山，西南至塞勒麻岡里山，一千五百里。

[33] 參劾都統瑚什圖貽誤戎機摺（康熙五十八年三月十三日）

[2]-《卷一》

奏爲揭參事。

竊都統瑚什圖〔註168〕前年帶兵來時沿途任意訛詐地方官員，擾害人民，所有經過地方無不怨讟。去年進藏時毫無紀律，不知節儉兵丁餉糈，愛惜馬匹，以致人馬一時受傷。撤兵之時理宜公同收束，而伊並不同行照料，致將衆兵拋棄，祇一人先行進口。此等情節，應即懲處，仰蒙皇父寬宥，未加處分，令隨臣効力。該瑚什圖所遺隊伍，迄今尙有陸續來者，當令與瑚什圖對質。該瑚什圖既不知愧懼，斷難任其留任，擬請革去都統，作爲閒散効力，謹此恭摺奏聞，請旨。

[34] 參劾吏部侍郎色爾圖督餉失職摺（康熙五十八年三月十三日）

[2]-《卷一》

奏爲揭參事。

竊臣於三月十一日行抵西寧，奉旨迅即前往，欽此。惟色爾圖尙未令使臣等起程，臣曾於二月二十一日行文查詢，因何延遲至今，據色爾圖稟稱一切物品先未預備，使臣到日始行辦理，是以延遲等語。再色爾圖去年延誤大軍糧餉，當奏請寬宥，俟會議事竣再行議處，當蒙高厚鴻慈，依議施行，該色爾圖當感激恩施，捐軀報稱，於一切事務竭誠効力，且奉旨特派辦理西寧軍用糧餉，及去年進藏兵丁並未解送馬匹，糧餉亦未能送到，貽誤軍機。嗣後派出兵丁，陸續來至西寧，又未即供給糧餉，候至隊伍齊到，始行供給。至派出之兵不能得食，困苦實多，蒙特降恩旨，瑚什圖〔註169〕、英珠〔註170〕隊伍到西寧後著將馬匹餵養一二月，再赴肅州等因，伊預先屯積草料不足，因之不能供給，兵丁受苦，擬起程前往涼州餵養馬匹，當告都統延新（信）即行起程，臣於途中遇見此項兵丁，器械不齊，衣服殘破，馬匹饑瘦，甚爲勞苦。且侍郎李禧〔註171〕等皆爲重罪之人，蒙恩寬免，特派前往西寧辦理軍

〔註168〕《欽定八旗通志》卷三百二十四作蒙古鑲紅旗都統瑚錫圖。《平定準噶爾方略》卷四頁四十六作都統瑚錫圖。

〔註169〕《欽定八旗通志》卷三百二十四作蒙古鑲紅旗都統瑚錫圖。《平定準噶爾方略》卷四頁四十六作都統瑚錫圖。

〔註170〕《欽定八旗通志》卷三百二十一作滿洲正藍旗副都統覺羅英柱。《平定準噶爾方略》卷四頁四十六作副都統英柱，卷八頁八作副都統覺羅英柱。

〔註171〕《清代職官年表》部院漢侍郎年表作工部右侍郎李錫，康熙五十六年九月革。

務，而色爾圖並不派李禧等幫辦，以便有裨軍士，反與李禧等交相宴飲，於李禧等之簡略從事，貽誤機宜之官員，礙於情面，一員亦未參究。臣帶兵進駐西寧餵養馬匹，曾早經行文，令其多備草料，及臣抵西寧後詢問色爾圖屯積草料若干，色爾圖云現在祇購得豆三千石草六十萬捆，臣當派員往查，據稱現在運到豆四百石，動用正餉購豆六百石，草十萬捆等語，此草祇敷二三日之用。當詢之色爾圖則推諉與伊無涉，皆係地方官之事，復令其將在陣受傷之滿洲綠營官兵數目查明，預備臣到時即行頒賞，而臣到時尚未查明。現在西寧人民對於色爾圖怨聲載道，臣在外安撫二三日始行進城。再臣來時據西寧衛千總楊世榮訴稱，筆帖式戴圖恩及色爾圖家人承辦運米事項，共同尅扣銀兩等因，控訴前來，當令色爾圖將此家人交出，而伊隱匿二日不交。該色爾圖領餉百萬餘兩，仍貽誤一切軍機，違背諭旨，有傷皇父撫養之滿洲綠營兵丁，情殊可惡，是以一面奏參，一面將色爾圖拏辦，茲逢萬壽之期，未便嚴訊，俟過萬壽日後嚴行審訊，擬定罪名，再行奏聞。現將管理錢糧關防交按察使八十〔註172〕暫行辦理，查色爾圖兩次奏領各項銀兩一百四十四萬八千餘兩，除用現在庫僅存十三萬餘兩，又虧欠豆一萬九千餘石，草一百八十萬捆，事關糧餉重要，伏乞另簡賢能大臣一員前往辦理，再現在運送草料，均已飭交効力官員，令其迅速輸運，此次輸運，不准擾民，而迅速者當分別議敘，如餉運不能及時，草料限內不到，定行奏參，從重治罪等因，各簡飭矣，謹此恭摺奏聞。

[35] 參劾甘州守備胡文維擾害人民嚴責巡撫綽啟摺（康熙五十八年三月十三日）[2]-《卷一》

奏為揭參事。

竊臣自寧夏微聞有甘州守備胡文維居官惡劣，人民被迫，眾心浮動等事，嗣因所聞未能明確，未敢奏聞。乃於三月初五日據總督鄂海將此案呈報，始知其確，臣當即咨行巡撫綽啟〔註173〕云，本爵出都之際，曾奉諭旨，至陝省安撫人民，勿得騷擾等因，一再訓示。本爵亦迭經飭知爾等，據總督報稱本年二月初四日有甘州人民成群結夥，雲集城外，聲稱購買軍需物品，因民力

〔註172〕《清代職官年表》按察使年表作甘肅按察使巴襲。《平定準噶爾方略》卷九頁二十七作甘肅按察使巴襲。

〔註173〕《清代職官年表》巡撫年表作甘肅巡撫綽奇。《平定準噶爾方略》卷二頁八作甘肅巡撫綽奇。

未逮而衛守備胡文維重刑嚴催，任用衙役擾累人民，是以聚衆來轅，陳訴困苦，蜂擁而進，致將該守備墜馬，實屬有玷官箴，擾害人民，斷難留任，該巡撫綽啓詳察審明具奏，且爾身爲地方大員，並不仰體皇父高厚仁懷，未能撫恤人民，反令劣員任意放肆，假軍需之名，滋生此等事端，殊屬不合。況此案距爾較近，距總督地方較遠，而總督尙一面奏聞皇父，一面報知本爵，爾竟置若罔聞，並不奏聞皇父，亦不報知本爵，理應將爾即行奏參，嚴加議處，惟念現在辦理軍務之際，暫行寬免，嗣後於不恤人民之劣員，礙於情面，不即行參處，再有此等情事，定將爾奏參嚴行處分等因，除咨行外，謹此恭摺奏聞。

[36] 胤禎奏為皇父賞物謝恩摺（康熙五十八年三月二十三日）[1]-3365

臣胤禎謹奏，爲謝恩事。

三月十三日內務府郎中牛倫，戶部郎中策林等至，皇父仁愛，特降諭旨，大將軍王啓程時朕曾欲賞銀綢，同時攜往，因事務繁雜而未遣送，今遣送之，若能估計於大將軍王抵達西寧時送至爲好等情奉諭旨，謹受領銀十萬兩，綢五百疋，復轉謝恩。臣出征前，蒙皇父仁愛，諸項食用物品均賞足遣送。今皇父又施鴻恩，專差官員，臣感激恩賞之外，無奏言表達，嗣後惟勿存私心，仰合聖心，與効力之官員〔註174〕兵丁並肩圖報皇父之恩，爲此繕摺謹具奏聞。

硃批，知道了。

[37] 胤禎奏報會見古木布木寺呼畢勒罕情形摺（康熙五十八年三月二十三日）[1]-3366

臣胤禎謹奏，爲奏聞事。

臣爲增皇父萬壽事，以古木布木廟小呼畢勒罕爲首，集喇嘛四千五百名，自三月十五日至二十一日誦經七日，贈銀一千五百兩。二十一日收經之日拜佛，順便禮拜小呼畢勒罕。故臣親率子弘曙、弘智、弘曦前往古木布木廟。小呼畢勒罕於五里處支起涼棚，全廟喇嘛來迎，兩旁列隊，敲擊金鼓，吹喇叭嗩吶，舉傘迎之。臣拜佛完竣，往呼畢勒罕坐之禪房，呼畢勒罕親迎出大門，叩請皇上安，獻哈達。繼而大臣等相互問好，謙恭執手，進入其禪房。臣向小呼畢勒罕曰，我來之時皇父命我拜會於爾，我不曉呼畢勒罕本身與達賴喇嘛呼畢勒罕之眞僞，衆既然皆稱爾爲達賴喇嘛呼畢勒罕，呼畢勒罕升座，

〔註174〕原文作賢員，今改爲官員。

我即以禮會見。呼畢勒罕語，大將軍王乃文殊菩薩大皇帝之子，亦菩薩也，我乃一小兒，豈敢受禮，請王坐牀等語後。臣云爾呼畢勒罕為黃教披戴袈裟，履行佛禮，遵旨向爾致禮，我務以禮待爾。小呼畢勒罕語大將軍王乃主人，我本不應受禮，惟大聖主既有旨，我欲站立而言，臣率子弘曙，弘智，弘曦禮拜，獻哈達，小呼畢勒罕合掌躬腰受之。於呼畢勒罕坐牀旁陪置一牀讓坐。小呼畢勒罕詢曰，荷蒙文殊菩薩大皇帝之旨，大將軍王沿途好行否，抵至西寧，水土適應否。臣云仰皇父之福，沿途我本人以至兵丁均行走安好，抵至西寧，水土均適宜。呼畢勒罕爾至古木布木廟以來水土適應否。呼畢勒罕曰仰賴大聖皇帝之福、三寶佛之恩，身安無恙。臣又詢問呼畢勒罕，皇父為弘揚黃教，俾眾生安居樂業，命我為大將軍遣之，我之來事，如何為之。呼畢勒罕云我乃一小兒，並無教養，何以知曉，我思之大將軍王蒙大聖主重旨，既臨邊疆，黃教自此即可速定，眾生自此永獲安居樂業。言後敬茶果品等物。呼畢勒罕獻禮表忠，再三告稱，為增大聖皇帝萬萬歲之壽，大將軍王成就大業之喜，獻釋迦牟尼利瑪佛一尊，阿玉希利瑪佛一尊，及舍利，額爾德尼利魯，念珠，馬一百匹駝十峰。獻三位阿哥釋迦牟尼利瑪佛各一尊、舍利、額爾德尼利魯、馬各十匹，以做為禮物等因，臣為增皇父萬歲之壽，既已獻禮，僅將佛受領之。出來之時小呼畢勒罕陪同送出，翌日臣以黃紅蟒緞各一疋綢七疋，著侍衛等賷送小呼畢勒罕。謹此奏聞。

硃批，知道了，自西方來叩請此呼畢勒罕之眾甚多，勿忘勤奮打聽消息以奏聞，惟恐有欠詢問。

[38] 胤禛奏於尹馨寺祈禱皇帝萬壽情形摺（康熙五十八年三月二十三日）[1]-3367

臣胤禛謹奏，為奏聞事。

臣率兵於三月十一日抵至西寧，沿路看得雨水均透。自三月十五日始，於尚書赫壽〔註175〕為皇上萬歲所建尹馨寺內，為皇父萬歲誦經。西寧本地民眾及外來商人集會，十七日晨集於廟門跪稱，我等眾小民，蒙聖主之恩，享太平福，安居樂業，今逢聖主誕辰，既然王親至廟為萬歲誦經，我等小民盡以微忱，獻萬壽果菜等方物等語。臣言今為皇上萬壽誦經，將皇上龍牌亦供獻廟內，爾等如此誠心誠意，天佛知曉，必憐愛爾等施福，諸事順遂等情，

〔註175〕《平定準噶爾方略》卷四頁十八作理藩院尚書赫壽。

勸言離散。再自十八日丑時至未時又降雨，衆民等會集，拴搭臺閣，以各色粉飾，前來誦經之廟燒香。爲皇父萬壽禮儀開始拈香之時臣出廟觀之，於此衆民共跪告稱，此處去年乾旱，王親蒙諭旨，進入我等地界即有得雨，且聖主萬壽之日又如此充足得雨，今年豐收，生活豐足有望，我等衆小民，供獻何物，報効聖主深厚之恩，惟晝夜祈禱天佛，願減我等衆人之齡，以求加增聖主萬萬歲等語。紛紛歡忭以告，臣四方差人，查視雨情，西寧週圍二三百里，雨水霑足，小麥青稞生長暢茂，豌豆亦萌芽。此皆皇父之恩惠，遍及天下，得雨應時，各地百姓皆誠心感激，爲此繕摺謹具奏聞。

硃批，知道了，今年京城雨水益加充足，現小麥生長茂盛，一齊吐穗。

[39] 胤禛等請安摺（康熙五十八年三月二十三日）[1]-3368

臣胤禛等恭請皇父萬安，爲此具文謹奏。

大將軍王胤禛。

平王臣訥爾蘇。

貝子臣盧彬〔註176〕。

前鋒統領臣弘曙，臣弘智，臣弘曦，臣廣善，臣永前。

公臣嫩托和〔註177〕。

公臣奎惠。

公臣三官保。

公臣策旺諾爾布。

都統臣閆欽〔註178〕。

硃批，嗣後具此二名，海山〔註179〕，普奇〔註180〕。

都統臣王古利。

閑散大臣伯臣欽拜〔註181〕。

〔註176〕《平定準噶爾方略》卷七頁十九作固山貝子魯賓。
〔註177〕《平定準噶爾方略》卷六頁十三作公諾音托和，清太祖努爾哈赤次子代善子岳託後裔。
〔註178〕《平定準噶爾方略》卷六頁十二作都統延信。清太宗皇太極長子豪格後裔。
〔註179〕應寫作海善，清聖祖弟常寧子。
〔註180〕《欽定八旗通志》卷三百二十一作滿洲正白旗都統普琦，康熙五十五年前任職。清太祖努爾哈赤長子褚英後裔。
〔註181〕《欽定八旗通志》卷三百二十四作蒙古鑲藍旗副都統欽拜，康熙五十三年十月任。

閒散大臣臣喇欣〔註182〕。

護軍統領臣五十八。

副都統臣阿林保。

副都統臣宗室赫世亨。

副都統臣覺羅伊里布。

副都統臣包色〔註183〕。

副都統臣唐色〔註184〕。

副都統臣宗札布。

副都統臣徐國貴。

兵部侍郎臣札克丹。

山東總兵官臣李林〔註185〕。

硃批，朕體安，四月十一日往熱河。

[40] 胤禛等奏索洛木駐軍平定準噶爾備戰情形摺（康熙五十八年三月二十三日）[1]-3369

撫遠大將軍王臣胤禛等謹奏，為欽遵上諭事。

康熙五十八年三月初一日接准理藩院咨開，議政大臣等議奏，大將軍王抵達西寧後命青海衆台吉之兵各使馬畜肥壯，整修兵器，予以備用。青草綠時大將軍王率兵駐於邊外較近博羅和碩等水草豐茂之地，命一二支兵駐索洛木〔註186〕週圍水草豐盛形勢之地，將卡倫後衛派往較遠處瞭望，妥善餵養牲畜，仍備大軍進兵等情。索洛木等處出兵多少，遣何大臣為首，如何固守之處，大將軍王酌情辦理。大將軍王會青海衆台吉後向伊等曉示，爾等將去年盜我等軍馬，劫掠行搶者，務查出送來，以軍法處置，懲戒衆民。公策旺諾爾布、都統胡希圖〔註187〕等，既曉此等為首作惡之人，問明伊等，查實後，

〔註182〕第十五號文檔作拉新，第二十八號文檔作拉忻。

〔註183〕《欽定八旗通志》卷三百二十一作滿洲正白旗副都統保塞。《平定準噶爾方略》卷六頁十三作副都統寶色。

〔註184〕《欽定八旗通志》卷三百二十一作滿洲鑲紅旗副都統唐塞。

〔註185〕《平定準噶爾方略》卷七頁十九作總兵官李麟。

〔註186〕《清代唐代青海拉薩間的道程》言肖力麻即為索羅木，三岔口之意，即黃河源，實三岔口與河源文意無涉，因此地當黃河源附近，故名三岔口即黃河源，即青海省瑪多縣附近。

〔註187〕《欽定八旗通志》卷三百二十四作蒙古鑲紅旗都統瑚錫圖。《平定準噶爾方略》卷四頁四十六作都統瑚錫圖。

親王羅卜藏丹津等，務必催取正法，以懲惡等情奏入。奉旨依議。此事重大，爾等所議之事咨行大將軍王，即稱我等此處大臣如此議之，爾等彼處大臣亦盡可會議具奏，欽此欽遵，咨行前來。曉諭青海王貝勒貝子公台吉等，將爾等所點派之兵皆於各自牧場準備，整修軍用武器以待，視我調動即進兵等情交付執行外。爲黃教與車凌敦多布約定一處會議，故适纔已遣使，青草綠後臣親率兵，自四月二十日出邊，選水草豐盛處牧放馬匹，酌情每牛錄遣一鳥槍巴雅喇，再者駐寧夏、喀喇沁、翁牛特、土默特、鄂爾多斯之兵由都統楚宗〔註188〕，副都統保色率往索洛木週圍水草豐盛之地，設較遠之卡倫瞭望，候取消息。公策旺諾爾布迎臣告稱，我乃獲罪應殺之人，得皇上不殺寬免之恩，跪請一起拼死報効，遣策旺諾爾布亦至索洛木等處，同都統楚宗等督軍以駐，九月進兵以秣馬。既然索洛木距博羅和碩處不遠，攜帶五月米糧，停止運米。臣等謹思皇帝統治天下，並不分內外，繼絕興亡，蓋以仁德教化。頃因準噶爾兵於招地叛亂，我等封疆大臣欲滅準噶爾之兵，弘揚黃教，故率兵攻進。青海人藉故不遣其兵，反而侵奪我軍之馬畜，理應將作惡之人查拏正法。公策旺諾爾布告稱去年曾劫掠我軍馬、驛馬及前站人員之墨爾根戴青納木札勒、台吉衛徵、多勒堆等臣僕內，拏獲爲首之巴圖、鄂欽、烏蘭扣等，經審供認盜情屬實。此等本應即斬，惟聖主撫衆好生，視其王面，未斬巴圖、鄂欽等人而送回。兵復來時至車勒德木河處，馬又被盜，已咨文親王羅卜藏丹津之母福晉，命將被盜之馬，盜賊查送等情。據回稟得十一匹馬，均我等人於山內收取者，因瘦弱，不能前來。惟一自稱色爾吉稜之人，乘其中一匹白馬逃遁，既已拏獲，將色爾古稜〔註189〕作爲盜馬賊等情。將巴圖、鄂欽、烏蘭扣既已由公策旺諾爾布辦理完結，不議之外，親王羅卜藏丹津前來後，咨文命務將色爾古稜拏獲押送前來，於蒙古人前正法示衆。對青海民衆曉諭皇上之仁化，我軍將於今年攻取招地，嚴加約束爾之屬民，若有盜馬之人，務加查拏，正法示衆，對所轄之衆亦一併治罪等語。嚴加宣諭遵行，倘又有侵法行盜者，務拏獲正法懲處。現索洛木等處既然駐兵，隨兵尾設驛站，共設多少驛站，每驛站需多少馬匹，酌情辦理，不動用官備之馬，用沿途地方官員大臣等所獻之馬。再都統延信等共告稱，奴才等竊思準噶爾青海相互結

〔註188〕《欽定八旗通志》卷三百三十一作歸化城都統楚宗。《平定準噶爾方略》卷六頁十三作都統楚宗。
〔註189〕本文檔上文作吉稜。

親年久，大將軍王率兵出邊，我等出兵多少，青海之人若知，準噶爾之賊即可獲聞，大將軍王乃皇上之子，親率兵出邊，且祇率數千兵，國家之聲威攸關，既然今年暫不進兵，置放奴才我等之身，斷不至皇上之子駐於邊外。奴才等思，免大將軍王親自出邊，留足近衛兵。餘兵內每牛錄鳥槍巴雅喇各一名，巴雅喇各一名，駐寧夏之喀喇沁、翁牛特、土默特、鄂爾多斯之兵遣往索洛木等處，駐防較遠處瞭望、九月復歸秣馬。奴才我等內遣誰為首之處，按大將軍王指示遵行。此前往之大臣等會青海之衆後，我等大將軍王率三十餘萬兵，處處秣馬以駐。差我等此數千兵往前打探消息等情，以揚兵威。若不使青海、準噶爾之賊知曉我軍兵額，則於我等遣使之事甚有益，西寧蘭州莊浪涼州等地均有牧馬處，長青草者，較邊外早，水草不次於博羅和碩，留下官兵之馬匹各遣至生青草處牧場，於水草豐盛處牧放肥壯，待應進攻之時餵飼以便進攻，如此糧餉亦有餘。詢問去年自喀喇烏蘇〔註190〕出來之官兵，參將舒明〔註191〕等告稱，準噶爾賊向我等交戰亦多有恐懼，土伯特〔註192〕之衆被賊逼迫向我等交戰，且於賊前舉鳥槍高放，於賊之背後則向我營施放空槍。由此看來可知土伯特之衆，誠心誠意感激皇上之恩。今依聖主深謀，揚三十萬軍威，遣使明確曉諭，大將軍王率軍出邊，想必能成大事，將奴才我等所思再三請告，乞奏皇上。奉旨，此事重大，亦同爾處總管大臣等相會議奏，欽此。故此將此等所告之事，一併繕摺謹具奏聞請旨。

　　大將軍王臣胤禎。

　　議政大臣平郡王臣訥爾蘇。

　　議政大臣前鋒統領臣弘曙。

　　議政大臣都統臣宗室閻欣。

　　議政大臣副都統臣阿林保。

　　議政大臣總兵官臣李林。

　　公臣策旺諾爾布。

　　護軍統領臣五十八。

〔註190〕此蒙古語為同名河與地名，喀喇蒙古語黑色之意，烏蘇河流之意，水色發黑，故名，指河流則為今怒江上流之那曲。作地名，《欽定理藩院則例》（道光）卷六十二作哈拉烏蘇，為達賴喇嘛所屬十四邊境宗之一，為青海入藏後藏內第一重鎮，即今西藏那曲縣。

〔註191〕《平定準噶爾方略》卷六頁十二作參將述明。

〔註192〕蒙古人於西藏之稱謂。

副都統臣唐色。

副都統臣徐國貴。

兵部侍郎臣札克丹。

硃批，商議遣之。

[41] 胤禵奏報海山謝恩摺（康熙五十八年四月十六日）[1]-3378

臣胤禵謹奏，爲奏聞事。

據正藍旗閒散宗室海山告稱，自我家寄信內開，聖主施鴻恩，將我之子魯木拜〔註193〕、舍楞〔註194〕以頭等侍衛名義於哈哈珠塞〔註195〕上行走，且又施殊恩，將我供養之外甥女，領入宮內養育之。我聞此息，不勝喜悅，難以奏言表述，祈叩聖主之恩等語，稟告臣後，臣命海山望闕叩恩，爲此謹繕摺奏聞。

硃批，知道了。

[42] 胤禵奏報西寧等處官員獻物情形摺（康熙五十八年四月十六日）[1]-3379

臣胤禵謹奏，爲奏聞事。

臣至西寧後青海王羅卜藏丹津之二母福晉均遣使，進獻哈達，獻馬駝退毛羊牛肉奶油等物，臣回獻哈達，接受牛肉奶油，各給綢一疋，將馬駝羊等物均卻之。王戴青和碩齊察罕丹津〔註196〕親來，進獻哈達，獻馬九匹金五兩氆氌香鳥槍小刀等物，臣令察罕丹津進見，回獻哈達，飲茶遣之。接受香鳥槍小刀等物，相應賜給緞二疋綢八疋，將馬金氆氌卻之。貝勒羅卜藏察罕〔註197〕、盆蘇克汪札勒〔註198〕、貝子巴勒珠爾喇布坦〔註199〕、策旺多爾

〔註193〕應寫作祿穆布。

〔註194〕海善有二子，一子名祿穆布，一子名隆霭，無舍楞名者，待考。

〔註195〕亦寫作哈哈朱子，滿語外府隨侍之稱。

〔註196〕《蒙古世系》表三十九作察罕丹津，顧實汗圖魯拜琥第五子伊勒都齊之孫，其父博碩克濟農。《欽定西域同文志》卷十七頁五作戴青和碩齊察罕丹津，戴青和碩齊爲其號，察罕丹津爲其名，史籍有以名稱者，有以號稱者，或號與名全稱者，實爲一人。

〔註197〕《蒙古世系》表三十六作羅卜藏察罕，顧實汗圖魯拜琥第二子鄂木布曾孫，父納木扎勒，祖墨爾根台吉。

〔註198〕《蒙古世系》表三十七作朋素克汪札勒，顧實汗圖魯拜琥第六子多爾濟曾孫，父額爾克巴勒珠爾，祖策旺喇布坦。

〔註199〕顧實汗圖魯拜琥第二子鄂木布孫，其父納木扎勒。《蒙古世系》表三十六失載。

濟〔註200〕、公敦多布達希〔註201〕、噶爾丹達希〔註202〕、車凌〔註203〕、諾爾布盆蘇克〔註204〕、扎薩克台吉格勒克濟農〔註205〕、盟長台吉吹喇克諾木齊〔註206〕、土爾扈特台吉額爾德尼濟農丹鍾〔註207〕、台吉博碩克圖色布騰〔註208〕、達希盆蘇克〔註209〕等均親來，進獻哈達，獻馬駝氆氌香鳥槍小刀等物，臣令此等均前來進見，回獻哈達，飲茶遣之。接受貝勒羅卜藏察罕馬一匹，鳥槍香等物，相應賜給綢三疋。接受貝勒盆蘇克汪札勒鳥槍一支，相應賜給綢一疋。接受貝子巴勒珠爾喇布坦之喇古爾碗、劣素珠各一件，相應賜給綢一疋。受貝子策旺多爾濟鳥槍一支香小刀等物，相應賜給綢二疋。接受公敦多布達希香四束，賜給綢一疋。公噶爾丹達希所獻之喇古爾碗一件收受之，賜給綢一疋。接受公車凌之鳥槍一支小刀一把，相應賜給綢二疋。接受盟長台吉吹喇克諾木齊鳥槍一支、腰刀一把、扎布扎布牙碗、小刀等物，相應賜給綢三疋。接受扎薩克台吉格勒克濟農之小刀一把，賜給綢一疋。接受土爾扈特台吉額爾德尼濟農鳥槍一支，賜給綢一疋。其餘馬駝氆氌香等物均卻之，為此謹繕摺奏聞。

　　硃批，知道了。

〔註200〕《安多政教史》頁四十六載顧實汗第三子阿玉什達賴烏巴什後妻生八子，長子羅卜藏曲派之孫名策旺多爾濟，疑即此人，是否封貝子待考。

〔註201〕《蒙古世系》表三十七作惇多布達什，顧實汗圖魯拜琥第九子桑噶爾札之孫，其父塔薩博羅特。

〔註202〕《蒙古世系》表三十八作噶勒丹達什，顧實汗圖魯拜琥長子達顏鄂齊爾汗曾孫，其父垂庫爾，祖多爾濟。

〔註203〕《蒙古世系》表三十八作車凌，顧實汗圖魯拜琥長子達顏鄂齊爾汗孫，其父墨爾根諾顏。

〔註204〕《蒙古世系》表三十八作諾爾布朋素克，顧實汗圖魯拜琥長子達顏鄂齊爾汗孫，其父索諾木達什。

〔註205〕親王羅卜藏丹津之父達什巴圖爾養子，又娶妻達什巴圖爾之女阿寶。

〔註206〕此人為右翼盟長，顧實汗圖魯拜琥第七子瑚嚕木什之孫，《蒙古世系》表三十七失載，《如意寶樹史》頁七九〇後表五載其父名旺欽，己名曲扎諾木齊台吉。

〔註207〕屬土爾扈特部遊牧於青海者，《蒙古世系》表四十六作丹忠，號額爾德尼濟農，父拜博。

〔註208〕《蒙古世系》表三十七作色布騰博碩克圖，顧實汗圖魯拜琥第七子瑚嚕木什之孫，父秉圖。

〔註209〕《安多政教史》頁四十七載顧實汗第四子達蘭泰與第七子瑚魯木什額爾德尼岱青各有一子名朋素克，疑為二人中一人。

[43] 胤禎奏聞陝西省等官員獻畜數目摺（康熙五十八年四月十六日） [1]-3380

臣胤禎謹奏，爲奏聞事。

陝西省提督學政覺羅封泰〔註210〕差人進獻馬十二匹駝四峰。甘陝道員傅哲雲〔註211〕差人進獻駝十六峰。甘州同知彭鎮義遣人獻駝八峰。臣照前所奏，交付馬駝均於需用時收取等情，爲此謹繕摺奏聞。

硃批，知道了。

[44] 胤禎為蒙賞等事謝恩摺（康熙五十八年四月十六日）[1]-3381

臣胤禎謹奏，爲謝恩事。

臣三月初五日之請安摺，於四月初二日到，臣所差請安之侍衛太監等初七日到。皇父訓諭及皇父設計之火鐮荷包鼻烟壺諸式荷包筆墨，皇父佩戴之千里眼鏡〔註212〕等物，恭謹接受，至日落詳細欣賞。從臣家信內悉皇父又屢施鴻恩，臣之長子弘春〔註213〕婚娶之時筵席服飾等項均照弘昇〔註214〕婚娶之例賞之。賞三座房子，挨次整修，皇父均盡心施恩。又將大女逾格封爲縣主，不止臣之子女每日蒙受皇父仁恩，又陸續聞臣所差之太監，均蒙受皇父恩賞等語。身尙未効力，且蒙皇父如此高厚之恩，奏言無以表感激之情，望闕謝恩，嗣後唯益加忠心謹愼，奮勉効力，遵行皇父之訓諭，爲此謹繕摺奏聞。

硃批，爾奏摺內應議之事，交發會議之外，其他均批之。爾今所言諸事甚好，惟嗣後更應勤奮。

[45] 胤禎等請安摺（康熙五十八年四月十六日）[1]-3382

臣胤禎等恭請皇父萬安。

臣三月二十三日請安摺於四月初十日到。奉硃諭，朕體安，四月十一日前往熱河，欽此。聞旨臣等甚喜悅，爲此繕摺謹奏。

大將軍王胤禎。

平王臣訥爾蘇。

〔註210〕《陝西通志》卷二十三頁九作覺羅逢泰。
〔註211〕《甘肅通志》卷二十八頁三十三有分巡甘山道傅澤澐。
〔註212〕譯者註，千里眼鏡即望遠鏡。
〔註213〕弘春，胤禎長子。
〔註214〕弘昇，清聖祖第五子胤祺之子。

貝子臣魯彬〔註215〕。

前鋒統領臣弘曙，臣弘智，臣弘曦，臣廣善，臣永前。

公臣諾托和。

公臣奎惠。

公臣三官保。

公臣策旺諾爾布。

都統臣宗室閣欣，宗室海山，宗室普奇。

都統臣汪古利〔註216〕。

閒散大臣臣拉忻。

護軍統領臣五十八。

副都統臣阿林保。

副都統臣宗室赫世亨。

副都統臣覺羅伊里布。

副都統臣包色。

副都統臣唐色。

副都統臣宗札布。

副都統臣徐國貴。

兵部侍郎臣札克丹。

山東總兵官臣李琳。

硃批，朕體安，此摺已於四月二十六日自熱河批發。

[46] 派員赴藏探詢信息回報各種情形摺（康熙五十八年四月十六日） [2]-《卷一》

奏為派員探詢藏情事。

竊於四月十四日據青海王岱青和碩齊察罕丹金〔註217〕派伊子〔註218〕、齋桑詳稱，去年十二月間駐紮西寧都統延信派侍衛飭交本王察罕丹金云，奉旨

〔註215〕《平定準噶爾方略》卷七頁十九作固山貝子魯賓。

〔註216〕《欽定八旗通志》卷三百二十七作漢軍正黃旗都統汪悟禮。《平定準噶爾方略》卷六頁十三作都統汪悟禮。

〔註217〕《蒙古世系》表三十九作察罕丹津，顧實汗圖魯拜琥第五子伊勒都齊之孫，其父博碩克濟農。《欽定西域同文志》卷十七頁五作戴青和碩齊察罕丹津，戴青和碩齊為其號，察罕丹津為其名，史籍有以名稱者，有以號稱者，或號與名全稱者，實為一人。

〔註218〕察罕丹津僅有一子，《蒙古世系》表三十八作惇多布旺札勒。

進藏兵丁音信毫無，令自木魯烏蘇〔註219〕以下由察罕丹金處派番人喇嘛等設
法赴藏哨探呈報等因，當經本王察罕丹金於去年十二月二十九日差派特木爾
烏他蘇等四人前往西方哨探，於本年四月初三日旋回，派赴巴塘喀木〔註220〕
地方之霍托昂，於三月二十七日旋回，伊攜來唐古忒文〔註221〕一件，內稱與
特木爾烏他蘇之言無異，茲將文件存留本處，現在霍扎托昂無處可派，其特
木爾烏他蘇人尚明白，令在西藏附近地方往來，專備詢問一切信息等語。當
詢之特木爾烏他蘇，爾由西方何處回來，準噶爾信息如何，彼唐古忒形勢又
如何。據稱於去年十二月二十九日自本王府起程，自噶順〔註222〕經玉樹部落
〔註223〕察罕蘇巴爾罕津口〔註224〕，渡木魯烏蘇河，走吉魯肯〔註225〕野地，
於正月二十五日至都克巴達爾魯克部落，唐古忒居住之特莫圖庫庫烏蘇地
方，欲再前進，因沙克〔註226〕地方有準噶爾人五十餘名，馬百餘匹放卡，予
即在特莫圖庫庫烏蘇地方住宿，正月二十八日派本唐古忒達得木奇二人分路
赴藏，詳探準噶爾一切信息，於三月初一日據唐古忒達得木奇來稱，伊行十
餘日至西方第巴達克咱〔註227〕地方，即在第巴達克咱處伊姻親家內居住十餘
日，化裝唐古忒乞討之人，在各處哨探，詢得車凌端多布〔註228〕並未在藏，

〔註219〕蒙古人於金沙江之稱謂。《水道提綱》卷八頁八載，金沙江即古麗水，亦曰繩
水，亦曰犁牛河，番名木魯烏蘇，亦曰母藟烏素，音之轉也，岷江最上源也，
出西藏衛地之巴薩通拉木山東麓，山形高大類乳牛，即古犁石山也。

〔註220〕巴塘即今四川省巴塘縣，西藏舊分衛藏喀木阿里四大區，巴塘屬喀木，故將
巴塘喀木連寫。

〔註221〕唐古忒文即藏文。

〔註222〕亦作噶斯，《欽定西域同文志》卷十四頁十一載，噶斯蒙古語味之苦者也，其
地水苦，故名。

〔註223〕今名玉樹，但為玉樹部落，非今青海省玉樹縣所在地結古鎮，清代玉樹部落
位於金沙江之上源，當青海入藏大道渡口，今青海省治多縣一帶地區。

〔註224〕察罕為蒙古語白色之意，蘇巴爾罕為滿語塔之意，此渡口即白塔渡口，在青
海省稱多縣拉布鄉蘭達村旁。

〔註225〕亦作濟魯肯，《欽定西域同文志》卷十四頁十三，蒙古語濟魯肯謂心也，四
山環繞，中有平甸之意。此為青海入藏之要道，此地為瀾滄江二源之一，《衛
藏通志》卷三頁二載，瀾滄江有二源，一源於喀木之格爾機雜噶爾山，名
雜楮河。一源於喀木之濟魯肯他拉，名敖木楮河，二水會於察木多廟之南，
名拉克楮河，流入雲南境為瀾滄江，南流至車里宣撫司為九龍江，流入緬
國。

〔註226〕地因河而名，沙克河今西藏下秋曲，怒江上游支流之一。

〔註227〕《平定準噶爾方略》卷六頁九作第巴達克咱。

〔註228〕《平定準噶爾方略》卷四頁十八作策零敦多卜。《蒙古世系》表四十三作策凌
端多布，其父布木。此人為大策凌端多布，以區別於小策凌端多布。

前往扎什倫布〔註229〕與班禪〔註230〕叩頭，七八日後車凌端多布方能回藏。二月十五日由策旺阿喇布坦〔註231〕處帶領和碩齊六十餘人，為車凌端多布所差，復詢其因何事所差，則並無知悉之人。聞得眾唐古忒人民及準噶爾人之姻親云，車凌端多布赴扎什倫布，係迎請班禪回策旺阿喇布坦地方，據云皇子大將軍王親領萬萬兵丁，暨青海台吉兵丁前來征討，查看原帶來六千兵丁，今衹剩兵丁四千二百二十六名，有在杜噶爾梅分地方受傷已死者，有在阿勒達爾和齊巴圖爾呼琿地方受傷氣息尚存者，惟餘我與托布齊〔註232〕、喇木占巴吹木泊勒〔註233〕、三吉〔註234〕，此項兵丁如何能當。既將我派出，成就我名，迎請班禪，預備一切物品，因馬瘦弱，未定起程日期，現馱載行李，帶兵一千四五百名，均往特恩格哩諾爾〔註235〕之北沙漠齊欽地方駐紮。派兵一千餘名由三吉帶在達木〔註236〕駐紮。又由車凌端多布、多布齊〔註237〕帶兵一千餘名在藏駐紮。聞在諾莫歡烏巴什〔註238〕、穆魯烏蘇、布克〔註239〕、沙克等處，或二十三十五十餘人放卡駐守。回至沙克地方，卡倫無人，又聞此等地方卡倫均已撤回，不知是何辦法。又聞唐古忒人云，準噶爾人民將我等逐至舒喜烏馬哈地方，霸佔子女，荼毒生靈，實難忍受，惟望皇帝兵隊、固什汗〔註240〕之子孫兵隊，前來剿滅逆匪，我等重見天日等語。前

〔註229〕 即扎什倫布寺，《大清一統志》（嘉慶）卷五百四十七載，札什倫布廟，在日喀則城西二里都布山前，相傳昔宗喀巴大弟子根敦卓巴所建，至今班禪喇嘛居此。

〔註230〕 指第五世班禪，《欽定西域同文志》卷二十三頁五載其名班臣羅布藏葉攝巴勒藏博。

〔註231〕 《平定準噶爾方略》卷一頁一作策妄阿喇布坦

〔註232〕 《平定準噶爾方略》卷四頁十八作托卜齊。

〔註233〕 《平定準噶爾方略》卷六頁二十一作左哨頭目春丕勒。

〔註234〕 《平定準噶爾方略》卷六頁二十一作三濟。

〔註235〕 即騰格里諾爾，《大清一統志》（嘉慶）卷五百四十七載名騰格里池，蒙古語騰格里諾爾，騰格里蒙語天之意，水色如天青也，諾爾即湖之意，今西藏納木錯。

〔註236〕 達木蒙古語沼澤之意，今西藏當雄縣一帶。

〔註237〕 《平定準噶爾方略》卷四頁十八作托卜齊。

〔註238〕 《大清一統志》（嘉慶）卷五百四十七作諾莫渾烏巴什山，在喇薩東北八百九十里，近布喀山東，山之西南為怒江源，山之西北近金沙江源，遠近大山，連延不斷，自此界兩江而東南，直抵雲南之境。今名唐古拉山，藏名當拉嶺。

〔註239〕 地因河而名，布克河今西藏麥若曲，下秋曲支流之一。

〔註240〕 《平定準噶爾方略》卷一頁十一作顧實汗。

準噶爾人民安居藏地，近聞大將軍親率無數重兵前來征討，始知畏懼，其達賴喇嘛〔註241〕無從探詢。再本處所派之唐古忒得木奇，於二月十三日旋回，伊未到藏，至喀喇烏蘇地方折回，伊言所聞均皆相同。又我至特莫圖庫庫烏蘇地方居住月餘，詢之由藏向喀木前往之喇嘛商民人等，亦皆照此相告。與我同往之色楞他爾、阿布里諾爾布等來至吉路肯野地，因馬瘦弱，不能同來，是以我先回稟報。又聞策旺阿喇布坦地方去年春間山雪融化氾溢，將窪地所居二百餘戶人民沖歿，秋間哈薩克兵來，將一部落人民搶劫。我在特莫圖時有自哩倭齊廟〔註242〕來之喇嘛鄂木布棍占對我云，今年由藏出來二百餘人，在廟住宿一夜，令唐古忒人五名引路，前往打箭鑪〔註243〕，所過城池，皆供給盤費等語。臣自抵西寧以來，擬將所得西方探報奏聞，因各處雖有緊急探報，而未得確實信息，正焦灼間，仰蒙訓示，於奉旨次日來有烏喇特台吉車凌扎布〔註244〕之下人塔爾蘇海者，自西方逃出，去年奉旨我軍派赴藏地哨探之王察罕丹金之特木爾烏他蘇等來報告此信，此等事項，皆仰賴皇父燭照機先，臣等不勝歡忭之至，謹恭摺奏聞。

[47] 由藏逃出塔爾蘇海稟告西藏情況摺（康熙五十八年四月十六日）
　[2]-《卷一》

奏為探得西藏消息事。

竊臣至西寧即以探詢西方消息為懷，凡來見臣之青海人士，無不詢問，即隨來之下人，亦派人暗探消息，但未得確信。至四月初十日奉硃批，此次西地來之人士，雖至京城幾人，所云皆不一致，著爾詳細詢問，一一詢明奏聞，欽此。因見小呼弼勒罕繕摺具奏，奉旨知道了，西地來見呼弼勒罕者甚眾，可探詢消息奏聞，惟所詢語言，恐有遺漏，欽此欽遵。臣當派侍衛扎什、

〔註241〕指為拉藏汗所立且為清廷冊封之六世達賴喇嘛阿旺伊西佳木磋。《欽定西域同文志》卷二十三頁三載，阿旺伊西佳木磋，為拉藏汗所奉者十四年，殆蒼揚佳木磋之呼畢勒罕受封始送之京師，亦不入世次。實此拉藏汗所立之六世達賴喇嘛，其之達賴喇嘛地位亦為清廷冊封，及至清軍定藏，發回京師廢之，生死不明，然此喇嘛不為藏人所認，今一般列達賴喇嘛世系者不列之，清代官書於其之冊封亦諱提之。
〔註242〕哩倭齊清代常寫作類烏齊，清時期此地為類烏齊呼圖克圖管轄，統屬於達賴喇嘛與駐藏大臣，此廟即西藏類烏齊縣類烏齊鎮類烏齊寺。
〔註243〕今四川省康定縣。
〔註244〕此人後受封為散秩大臣，疑為《蒙古世系》表三十八所載顧實汗圖魯拜琥長子達延鄂齊爾汗之孫車凌，其父索諾木袞布。

雅圖〔註245〕輪赴布木古木廟〔註246〕，凡來叩見小呼弼勒罕之人，即向其暗詢消息等因遣派去後。嗣於四月十一日經貝勒色普特恩扎勒〔註247〕帶領西地逃出之塔爾蘇海見臣，塔爾蘇海係西海〔註248〕所屬之人。當問其如何逃出及來往情形，及所見所聞消息，全行詢問。據稱我本係台吉車凌扎布之僕人，前年準噶爾賊匪取藏時搶劫拉藏汗〔註249〕所屬五百戶計一千餘口，車凌端多布續派班第阿勒達爾和碩齊等帶領三百餘兵，於五月初九日由藏遷移，自啓里野路輸送，經騰格里諾爾〔註250〕地方，酌將第一隊拉藏汗之阿沙吹濟特之百戶噶克察巴圖爾等三十戶人，較呼專等衆可靠，作爲第二隊，其一百六十七十戶編設不一，陸續引往本隊，至布哈扎托羅海、希倫希喇等處，瀚海地方甚多，因水缺準噶爾人疲乏，趁此時機於九月初三日夜我與噶克察巴圖爾等二人帶領三十餘戶人逃出，奔木魯烏蘇而來。於十月初一日有先逃出之拉藏汗〔註251〕岱青巴圖魯〔註252〕來到，於途中問其逃出原委，據云岱青巴圖魯內，有一名回子桑布者，自河口地方逃往藏地，言車凌端多布帶領呢瑪藏布兵五百名，約在本月初六七日前來擊襲岱青巴圖魯，將我家婦孺及馬匹盡行擄去，將本身並一名額爾克者二人逐走。嗣後旋回看視，我家婦孺盡爲擄去，我二人立於高處，見有賊匪六七人來向我二人聲言，爾等婦孺均被擄去，爾等前來藏匿於山灣，次日瞭望賊之去向，潛伏隨行，夜深盜賊馬五匹，我二

〔註245〕此二侍衛爲胤禎留於索諾木達爾札處傳事者，後文多處提及。

〔註246〕即塔爾寺，位於青海省湟中縣魯沙爾鎮。

〔註247〕準噶爾部遊牧於青海者，《蒙古世系》表四十三作色布騰札勒，準噶爾部巴圖爾渾台吉孫，其父卓特巴巴特爾。

〔註248〕原文作西衛，今改爲西海。

〔註249〕和碩特蒙古統治西藏之第四代汗，顧實汗圖魯拜琥長子達延鄂齊爾汗之孫，父達賴汗。

〔註250〕《大清一統志》（嘉慶）卷五百四十七載名騰格里池，蒙古語騰格里諾爾，騰格里蒙語天之意，水色如天青也，諾爾即湖之意，今西藏納木錯。

〔註251〕原文作拉藏隊，今改爲拉藏汗。

〔註252〕即頗羅鼐，《欽定西域同文志》卷二十四載，坡拉鼐索特納木多布皆，轉音爲頗羅鼐索諾木多布皆，原官第巴，授扎薩克頭等台吉，辦噶卜倫事，累封至郡王，賜印信，按坡拉鼐爲索特納木多布皆所居室名，漢字相沿止從轉音稱頗羅鼐。康熙五十九年清兵定藏，封頗羅鼐一等噶布倫，辦理達賴喇嘛商上事務，旋封爲一等台吉，管理後藏扎什倫布一帶地方兵馬事務。雍正五年西藏噶倫阿爾布巴等作亂，殺總理西藏事務貝子康濟鼐，頗羅鼐舉後藏兵與之戰，俘阿爾布巴等，查朗阿率清軍入藏，誅阿爾布巴等十七人，遷七世達賴喇嘛至泰寧。清廷封頗羅鼐爲固山貝子，總理藏務，成爲事實上甘丹頗章之領袖，雍正九年晉封多羅貝勒，乾隆四年晉封多羅郡王，乾隆十二年卒。

人騎走，順木魯烏蘇至唐古特玉樹部落，住息一月。當住息時有原隨拉藏之蘭占巴三吉等九人亦來至玉樹，詢之來由，伊等僅云前往青海，別無所云。嗣蘭占巴三吉與他人言，我聞車凌端多布二人，第巴台吉〔註253〕二人，此四人各處傳佈云，我將漢兵打敗，在自木魯烏蘇此邊，爲本達賴所屬地方，自木魯烏蘇彼邊，皆爲青海所屬地方，嗣後凡有兵來，爾等毋許經過，亦勿供給，俟青草萌芽時我等前往木魯烏蘇地方傳佈等語。我得聞後即於是年二月二十日與蘭占巴三吉九人，由玉樹起身北上，蘭占巴三吉等皆駐於台吉吹喇克諾木齊地方，我在青海尋獲台吉蘇爾啞〔註254〕之妻，於上月二十八日始到。後遇台吉巴爾楚海告予曰，聞得爾主人車凌扎布蒙大將軍王恩施，優予待遇，故特造詣等語。塔爾蘇海係藏地派人自啓里野路送往，由啓里野地方逃至木魯烏蘇河地方，於十月初一日始到。並問自木魯烏蘇至啓里野，此間道路遠近，水草如何，有無瀚海及大嶺，兵丁是否能行，爾逃出二人，其一名額爾克者逃往何處，現住何處，車凌端多布等一切消息，有所聞否。答稱我自逃出地方至木魯烏蘇河，走三十餘日，路上駝馱可行，砂石片片，水多草缺，兵數在四五百尙可行，多則草不濟矣，我經過之路，有一錫訥嶺，往上雖險，馱尙可行，木柴尙可易得。我自布哈扎托羅海〔註255〕至玉樹，由玉樹北上時均小路行走，路上並無遇一人，並未聞準噶爾賊匪車凌端多布等之消息，我與額爾克至玉樹地方，我二人分住，嗣至台吉吹拉克諾木齊屬下玉樹人名烏拉岱者，遇見額爾克始知烏拉岱逃出，以額爾克作跟役，我至蘇爾啞之妻家，經蘇爾啞之下人齋桑托喬等告予云，烏拉岱自玉樹地方將額爾克帶來，路上令額爾克隨從蘇爾啞之人前往，適已令照看額爾克之親屬等語，額爾克現在蘇爾啞之妻家，故將額爾克帶來。

　　侍衛扎什前往古木布木廟，向小呼弼勒罕之父索諾木達爾扎詢問西方消息，據索諾木達爾扎聲稱，鄙意崇布色爾扎〔註256〕地方，住有貝子默爾根岱青拉察布〔註257〕之所屬唐古特人七八千戶人，擬請差派在彼之蘭占巴功額色布坦、噶布楚雲端諾爾布、桑魯布等三人乘馬前往，探取準噶爾消息等因，

〔註253〕《平定準噶爾方略》卷六頁九作第巴達克咱。

〔註254〕《平定準噶爾方略》卷三頁五作台吉蘇爾扎，拉藏汗次子。

〔註255〕原文作布哈扎托羅，據本文檔前文改作布哈扎托羅海。

〔註256〕青海省玉樹縣仲達鄉拉娘寺一帶地區。

〔註257〕《蒙古世系》表三十九作喇察布，顧實汗圖魯拜琥第五子伊勒都齊曾孫，其父墨爾根諾顏，祖博碩克濟農。

告知。臣當派侍衛扎什告知索諾木達爾扎，派此三人迅探準噶爾消息，速來回報等因交諭。俟帶來之蘭占巴三吉、額爾克及所派之蘭占巴功額色布坦等到時，詢問明晰，得有確實消息，另行奏聞。

[48] 與親王察罕丹津晤面並由呼弼勒罕派員赴巴塘等處曉諭摺（康熙五十八年四月十六日）[2]-《卷一》

奏爲與親王察罕丹津〔註258〕會晤事。

三月二十三日察罕丹津謁臣，請皇父安，呈遞哈達，臣回給哈達，臣與察罕丹津曰，聞得派兵會盟，衆皆恐惶疑慮，惟王爾奮欲派兵，聞之不勝歡喜。並問本王親帶兵來，王有何得聞，察罕丹津對曰，去年我在木蘭〔註259〕時奉聖主諭旨，爲爾祖振興黃教，故朕擬派皇子並王多爾濟〔註260〕帶兵前往，欽此。及回時將此告諸兄弟，有信者有不信者，今聞大將軍王已帶兵來，衆始皆信，鄙意甚快。當詢爾既處生人，西地消息及地方利益必然知曉，應即呈明實在利益，予酌量行事，事成後皇父必重予恩施，天佛洞鑒，亦賜爾福等語。察罕丹津對曰王言甚善，鄙仰蒙恩主厚恩，敬聽王命，專心報効，滅盡準噶爾，再大將軍王派使赴藏，鄙亦派予之婿阿喇布坦〔註261〕，大將軍王如有交諭，請致書阿喇坦，令其暫停起程等語。當云竊維國之大法，惟有一君，軍中惟有一將，一切語言，皆載在使臣所持書內，況黃教爲爾祖所振興，拉藏汗爲爾之兄弟骨肉，是以關於黃教之利益，應一致訓導等語。察罕丹津亦復云然，臣復云前令青海台吉等速遣人赴裡塘〔註262〕，約束所屬駐守，若有達賴喇嘛、拉藏汗所屬人等，令由本軍大臣查明，照章約束等文，爾曾見否。察罕丹津對曰予在途中曾遇此文，回時即行派人，惟裡塘地方本所屬人民較少，達賴喇嘛商上〔註263〕人較多，本屬人可以前往，臣以呼弼勒罕既由裡塘所來，呼弼勒罕若派人，於事頗利。是以臣云本大軍由打箭鑪早經起身前往，現在已到，亦未可定，爾速派人，若謂呼弼勒罕之人前往，於事

〔註258〕應爲郡王，雍正元年察罕丹津因議入藏功晉爵親王，此時爲郡王。
〔註259〕即木蘭圍場，今河北省圍場縣一帶地區。
〔註260〕《蒙古世系》表二十九作敦多布多爾濟，土謝圖汗察琿多爾濟之孫。
〔註261〕原文作阿喇坦，今改爲阿喇布坦。《蒙古世系》表四十三作阿喇布坦，父納木奇札木禪，祖卓哩克圖和碩齊，曾祖巴圖爾渾台吉。
〔註262〕今四川省理塘縣。
〔註263〕清代文獻指爲達賴喇嘛管理庫藏及財政收支之機構，主管曰商卓特巴，這裡代指達賴喇嘛所屬之人。

有益，即令呼弼勒罕派人。察罕丹津曰予至家即行差人等語。臣派公策旺諾爾布、郎中衆佛保〔註264〕前往喀木等處，飭知小呼弼勒罕，小呼弼勒罕曰杜伯特〔註265〕人本極愚頑，不明教法，今竟無理肇亂，不聽教化，是福薄自棄耳，今聖上佛主推廣黃教，保護杜伯特生靈，使衆太平安生，特以王爲大將軍，帶領大軍，分路進討，以殄除準噶爾之悖逆，天佛亦必體恤君上之仁懷，以成大事，王復爲衆生靈籌畫，喀木裡塘、巴塘等處所駐之兵，勇勢強壯，喀木人民不曉情由，必生畏懼，思避患難，務必預先曉諭，使其安堵如恒，予承此差，皆王深仁厚澤之意也，小人即仰承王之仁懷，竭力繕文，派使前往，以便曉諭喀木各處之首領，於上一路之碩板多〔註266〕、丹宗、達宗〔註267〕等處以達喇嘛哈文布率領，中一路之察木道〔註268〕、里雅克〔註269〕等處以多尼爾噶布楚〔註270〕率領，下一路之裡塘等處以噶克巴羅布藏率領，各夥共五十名，此三路全行到達，使彼等速知，茲起程期近，令派首領使臣等前往西寧，在王前請訓，以便起程，並將告示一併咨行。於四月十二日小呼弼勒罕之使臣達喇嘛哈文布等三人到時臣先將使臣交諭完竣，再令爾等前往，若能成功，此即爾呼弼勒罕不惟仰體聖主普救天下衆生之仁，竊副爾衆蒙信仰呼弼勒罕之意也，勉之，特諭，每人各賞緞一疋，爲此繕譯呼弼勒罕告示，另行繕摺，一併呈覽。

[49] 譯小呼弼勒罕告示（康熙五十八年四月十六日）[2]-《卷一》

駐錫古木布木廟小呼弼勒罕諭，傳知巴爾喀木地方首領等，現在準噶爾人悖逆無道，混亂佛教，貽害杜伯特〔註271〕生靈，上天聖主目不忍睹，掃除準噶爾人，收復藏地，以興黃教，使杜伯特衆生太平如恒，特派皇子封爲大將軍，不分畛域，率領大兵至西寧駐紮，不日大軍由各路進討，鄙自駐錫古

〔註264〕《平定準噶爾方略》卷一頁十一作主事衆佛保，疑即此人。
〔註265〕又作土伯特、圖伯特，爲蒙古人於西藏之稱謂。
〔註266〕《大清一統志》（嘉慶）卷五百四十七作舒班多城，《欽定理藩院則例》（道光）卷六十二作碩板多，清時期達賴所轄中等宗之一，今西藏洛隆縣碩督鎮。
〔註267〕此處譯作丹宗、達宗，似應爲丹達宗，即今西藏邊壩縣丹達村。
〔註268〕常寫作察木多，清時期此地屬察木多帕克巴拉呼圖克圖所轄，統屬於達賴喇嘛與駐藏大臣，今西藏昌都縣。
〔註269〕疑爲乍丫，清時期此地屬乍丫呼圖克圖所轄，統屬於達賴喇嘛與駐藏大臣，今西藏察雅縣香堆鎮。
〔註270〕多尼爾常作卓尼爾，西藏大喇嘛屬下傳事之僧職。
〔註271〕即土伯特。

木布木廟以來，仰蒙聖主重視黃教，舉凡衣服飲食，無不受恩甚重，今大將軍王欽奉上諭，來至西寧，不日親臨本廟會見，受恩尤深，況皇上振興黃教，普濟杜伯特眾生，溯念厚恩，尤當盡力報効聖主軍事，再以雄壯兵一隊，由打箭鑪前進，駐紮喀木裡塘、巴塘等處，此軍之舉，藉期仰副聖主振興黃教普救天下眾生深仁之至意，大軍所到之處，凡杜伯特人眾，皆一致順從，妥為輔助，仍舊安居，斷不至有所騷擾，此舉確為杜伯特眾生，爾等尚不知此中情節，茲恐爾等畏懼，以致妄行躲避天兵，故特遣使速為曉諭爾眾，勉之勉之。

[50] 遵旨派兵進駐索羅木等處摺（康熙五十八年四月十六日）

[2]-《卷一》

奏為遵旨暫駐西寧事。

准兵部咨開，據議政王大臣等議奏，勿令臣出口，駐紮西寧，王阿格等及大臣等所部之軍，應如何撥駐，酌留若干，所留官兵馬匹應在何處放牧等事，酌量辦理等因具奏，奉旨依議，欽此欽遵，咨行前來。是以臣遵旨不出口，駐紮西寧相機而行，茲擬每佐領各派鳥槍護軍一名，歸公策旺諾爾布節制，駐紮涼州之護軍每佐領各派一名，歸副都統寶色節制，駐紮寧夏之喀喇沁等扎薩克之蒙兵，歸都統楚宗節制，皆派往索羅木〔註272〕駐紮。據由西地逃出之塔爾蘇海稟稱，我在玉樹地方住時聞得彼處人云，有車凌端多布二人，第巴〔註273〕二人在各處傳說，自木魯烏蘇彼邊皆為青海地方，自木魯烏蘇此邊皆為本屬地方，爾等妥為駐防，凡有兵來，爾等毋得供給，俟青草萌芽時我至木魯烏蘇地方，派兵一支駐守等語。虛實雖不確知，在索羅木地方應續派兵，在博羅和碩地方再派兵一隊駐紮，由莊浪駐紮之馬甲每佐領各派一名，歸都統旺烏哩、副都統伊里布節制。其涼州所餘之鳥槍馬甲每佐領各派一名，歸副都統和什和恩、宗扎布節制，派往博羅和碩駐守，以壯軍威。並派訥欽王訥爾蘇（素）〔註274〕，公諾安都呼、奎惠、克蒙額王子永謙〔註275〕、鎮國

〔註272〕《清代唐代青海拉薩間的道程》言肖力麻即為索羅木，三岔口之意，即黃河源，實三岔口與河源文意無涉，因此地當黃河源附近，故名三岔口即黃河源，即青海省瑪多縣附近。

〔註273〕《平定準噶爾方略》卷六頁九作第巴達克咱。

〔註274〕豐培按，《清實錄》作訥爾素，今加括注。輯者注《平定準噶爾方略》卷六頁十三作平郡王訥爾素。

〔註275〕《平定準噶爾方略》卷六頁十三作簡親王之子永謙，簡親王雅爾江阿第三子。

將軍敬順〔註276〕、舒爾臣〔註277〕，奉恩將軍華斌〔註278〕、閒散宗室烏勒琿〔註279〕等，前往博羅和碩駐紮。至所調之兵均由各駐地點，照例發給五個月行營錢糧。查據西寧道趙世錫〔註280〕呈稱，現有上年由噶順運到米石，經回子等看守，撥給派往索羅木兵食，尚可敷二十日之需等語。且此項米石若發給兵食則不至霉變，而看守之回子等亦可早歸，是以前往索羅木之兵，尚欠二十日口糧，俟到索羅木時則將噶順所存之米補領。其各處兵丁均令於四月二十日起程，擬俟此項兵丁到時再令本處之兵一併起程。上年自阿什罕站〔註281〕至索羅木，計共十一站，兵進後迅速前往。因每站遠近不一，上年公策旺諾爾布深入，經過地方均甚熟悉，辦站章京筆帖式等隨營前往，自阿什罕站至索羅木由公策旺諾爾布指示地點，分十五站駐紮，每站設馬二十匹。由索羅木斜對之路亦照上年分五站駐紮，分站事務較簡，設馬十五匹，每站派固原綠營兵各十五名，青海兵各十名駐紮，並不動用官馬，由中途地方官員貢用馬匹內撥用。由固原提督屬下派馬兵二百名，酌派官員撥給五個月米糧，行營餉糈騎駄馬匹等項，迅速起程，青海亦准照此派兵。再據公策旺諾爾布稟稱，我軍既派兵駐紮索羅木，再由青海派兵六百名在我營左近駐紮，則於堆撥卡倫等事裨益甚多等語，爲此咨請青海盟長等，左右翼各派兵三百名，所餘蘭州護軍一百二十九名，馬甲八百七十一名，均請帶往西寧訓練駐守。再西寧存留臣之拴養馬匹，三子等各五匹，貝子三匹，公二匹，臣等既無出力之處，應請停領行營之錢糧，其宗室大臣侍衛官員等每月應得行營錢糧亦請減半，每人各准拴馬一匹，其餘馬兵之馬匹均於四月十五日出群，爲此恭摺奏聞。

[51] 胤禛奏青海等官員獻物情形摺（康熙五十八年五月十二日）[1]-3396

臣胤禛謹奏，爲奏聞事。

〔註276〕《平定準噶爾方略》卷六頁十三作鎮國將軍敬順，簡親王雅爾江阿之弟。

〔註277〕《平定準噶爾方略》卷六頁十三作鎮國將軍蘇爾臣。

〔註278〕《平定準噶爾方略》卷六頁十三作奉恩將軍華玢，清太祖努爾哈赤第七子阿巴泰後裔。

〔註279〕《平定準噶爾方略》卷六頁十三作閒散宗室吳爾琿。

〔註280〕《甘肅通志》卷二十八頁三十八作趙世錫。

〔註281〕《欽定大清會典事例》（嘉慶）卷五百六十載名哈什哈水。《寧海紀行》記有阿什汗水城，在黑城子東南，城稍大，此城距倒淌河四里餘，即今青海省共和縣倒淌河鎮附近。

青海貝勒額爾德尼厄爾克托克托鼐〔註282〕率其子台吉阿喇布濟〔註283〕獻馬五匹氆氌香喇古爾碗小刀等物。臣令額爾德尼厄爾克托克托鼐、阿喇布濟進見，回報哈達，飲茶遣之，接受喇古爾碗小刀，相應賜給綢一疋。台吉阿喇布濟〔註284〕告稱去年於伊等備辦軍營之處行走，臣賜小荷包鼻烟壺一件，馬氆氌等物卻之。

再原貝勒達彥〔註285〕之妻育木楚木、察罕達喇差伊等侍衛衝和岱獻駝一峰馬二匹鳥槍一支劣素珠、札布札布牙碗、小刀等物。臣對差遣之侍衛衝和岱等云爾等原貝勒在時曾為聖主之事誠心効力，今病故尚未滿百日，不忍接受二寡婦福晉之物，所獻之物均攜還，作為我收受之數等情，將物均未接受，回報哈達，特發給旌表大綢四疋。

再郭隆、果莽二廟〔註286〕坐禪之喇嘛吹布宗呼圖克圖派遣鄂木布阿旺多羅布進獻利瑪諾渾達喇厄克佛一尊劣素珠一條，駝二峰馬四匹薰牛皮香氆氌等物。臣接受佛尊劣素珠，回報綢一疋，駝馬薰牛皮等物均卻之。洮州禪鼎寺〔註287〕之崇番經覺國師阿旺尺連加木措〔註288〕進獻利瑪阿玉希佛一尊馬二匹氆氌香等物。臣接受阿玉希佛，回報大綢一疋，馬氆氌等物卻之，臣等親與國帥阿旺尺連加木措飲茶，回賜哈達遣之，為此謹具摺奏聞。

硃批，知道了。

[52] 胤禎奏陝西臨洮府等官員獻物摺（康熙五十八年五月十二日）

[1]-3397

臣胤禎謹奏，為奏聞事。

陝西臨洮府知府王景豪〔註289〕差人獻馬八匹駝四峰。西寧遊擊陳景倫〔註290〕

〔註282〕《蒙古世系》表三十六作額爾德尼額爾克托克托鼐，顧實汗圖魯拜琥第四子達蘭泰之孫，其父衰布。

〔註283〕《蒙古世系》表三十六作阿拉布濟。

〔註284〕原文作阿喇布，從本文檔上文知，阿喇布應為上文之阿喇布濟，故改之。

〔註285〕《蒙古世系》表三十七作達顏，顧實汗圖魯拜琥第六子多爾濟之孫，父薩楚墨爾根台吉。

〔註286〕果莽廟今名廣惠寺，為羅卜藏丹津之亂被毀後清世宗御賜名，位於青海省大通縣東峽鎮。

〔註287〕清聖祖賜名禪定寺，亦稱卓尼大寺，位於甘肅省卓尼縣城北。

〔註288〕《乾隆朝內府鈔本《理藩院則例》》頁一三五作崇梵靜覺國師。另阿旺尺連加木措常作阿旺赤勒嘉措，土司楊如松之弟。

〔註289〕《甘肅通志》卷二十八頁四十五作王景灝。

〔註290〕《甘肅通志》卷二十九頁六十五作西寧鎮標前營遊擊陳經綸。

獻馬二匹及果品等食物。臣照前奏，將食物卻之外，接受馬駝，為此謹具摺奏聞。

硃批，知道了。

[53] 胤禎奏為祭奠陣亡之總督額倫特等摺（康熙五十八年五月十二日） [1]-3398

臣胤禎謹奏，為奏聞事。

於陣亡總督額倫特及眾官兵之屍骸前誦經，四月初三日晨臣親往，備豬羊餚之案奠酒。於此額倫特之子及眾官兵之妻子同跪告稱，我等父夫世代蒙受國之重恩，從戎效力者，官兵應分之事也，交戰陣亡，因病而亡者，亦在各自之命。在此王親蒙諭旨，率領大軍，為使生者心暢，亡魂欣慰，前來消滅逆賊，又我等父夫於戰場陣亡，亡於蒙古塔拉者，乃因可憫，故誦經七日，王親奠酒祭者，實屬自古無有，聖主如此之殊恩，奴才等不敢擔戴，且即我等亡父亡夫之魂亦不敢擔戴，不勝感激涕零，紛紛望闕合掌謝恩，為此謹具摺奏聞。

硃批，議政大臣閱之。

[54] 胤禎為受賞等事謝恩摺（康熙五十八年五月十二日）[1]-3399

臣胤禎謹奏，為謝恩事。

五月初四日晚皇父恩賞式樣新穎之香袋八件乳餅一匣烤鱒魚片細鱗白魚片二匣五種棗子一匣，恭謹受領。翌日恰逢端午節，同子共品御賞之克什〔註291〕，將麝香袋賜諸子各一件，均愉悅佩帶，謝皇父仁厚之恩。將食物均與王貝勒公宗室以至大臣等品嘗之。再自臣家寄信內開，皇父仁愛臣子弘明〔註292〕、弘楷〔註293〕攜往熱河，諸項食用之物均次第賜給〔註294〕。又將臣之妻兄羅蔭泰〔註295〕之女許嫁弘明，對臣女嫁妝又施恩賞，臣聞之不勝喜悅。惟謹遵皇父訓諭，益加誠篤效力。再羅蔭泰女年幼之時臣常同妻戲笑弘明，今觀皇父即降諭指婚，恰符臣等戲笑之語。再臣暫未能喜聚皇父膝下，念臣

〔註291〕克食 kesi，滿語本義為恩惠之義，轉義為皇帝、太后等恩賞臣工的點心等食品。
〔註292〕弘明，允禵第二子。
〔註293〕弘暟，允禵第四子。
〔註294〕此處補給字。
〔註295〕應為布政使羅延泰。

之二子常在皇祖父前，若能稍令皇祖父心悅，即如同臣親在皇父前，益加不勝喜悅。此皆皇父之殊恩也，爲此謹具摺奏聞。

　　硃批，知道了。

[55] 胤禛奏聞撫恤陣亡病故官兵情形摺（康熙五十八年五月十二日）

　　[1]-3400

　　臣胤禛謹奏，爲奏聞事。

　　奉皇父諭旨，進入西路之軍陣亡病故者，予以查明，命臣即賞之，欽此欽遵。查得陣亡病故之京城滿洲官兵有跟役者，有無跟役者，若將賞銀交此等領取，則不可靠。滿洲官兵之妻孥既然均在京城，爲使確蒙聖主之鴻恩，故著京城率兵之副都統英柱〔註296〕、宗札布等查，將所呈之檔咨行兵部，查明賞賜外，原總督額倫特、西安佐領札木蘇、固原副將陳吉番〔註297〕、參將封秀〔註298〕、遊擊郭林〔註299〕、延綏遊擊郭友林〔註300〕等之子弟均在西寧，臣觀此等子弟在此處，西寧總兵官下屬營陣亡傷口復發病故之官兵，同由此處依例賞之。

　　又查得定例內載，八旗披甲之人因前往遠方從征而病故者各賜銀二十兩。恩詔內開，前往從軍病故之文武盧衛三四品官賜銀五十兩，五六品官賜銀四十兩，七品以下賜銀三十兩等情，綠營官兵並無區別。故此仰副皇父仁恤之至意，比照在旗官兵之賞例減等，病故之遊擊賞銀四十兩，把總二十兩，騎兵十兩，步兵五兩。此賞之時遣都統閻欣、公策旺諾爾布、閒散大臣欽拜，副都統徐國貴，總兵官李林會同西寧總兵官王義前，令五營之官員各自將本營陣亡病故官兵之婦孺分設五處，逐一爲綠營官兵辨認。總兵官王義前及五營之遊擊守備稱，並無欺僞之處，倘有弊端，查出後我等甘願領罪，取鈐印保結，以二十人之家口爲一隊，自賞銀二十包內，隨手抽出二三包，當衆稱量，言並無缺欠後，將賞銀各賜與本人，以此賞銀二萬二千七百八十五兩。返回之理藩院領催郝商及西寧官兵內受傷者六十一名，將此差副都統唐色、兵部翼長托希等審看傷勢，編排等次，依例賞之，以此賞銀一千四百六十兩。

〔註296〕《欽定八旗通志》卷三百二十一作滿洲正藍旗副都統覺羅英柱。《平定準噶爾方略》卷四頁四十六作副都統英柱，卷八頁八作副都統覺羅英柱。

〔註297〕《甘肅通志》卷二十九頁四十八載甘州城守營參將陳紀範，蓋州人，康熙四十六年任。疑即此人陞任副將者。

〔註298〕《甘肅通志》卷二十九頁三十九作下馬關營參將馮琇。

〔註299〕《甘肅通志》卷二十九頁五十九作紅德城營遊擊郭麟。

〔註300〕《陝西通志》卷二十三頁五十九作延綏鎮右營遊擊郭遊麟。

　　再署理糧餉事務按察使巴襲〔註301〕、總兵官王義前、道員趙士喜共同呈稱，西寧總兵官屬營兵丁內迷途尚未抵至之騎兵一百四十四名，步兵三百七十四名。此等自啓程之日至今年正月二十五日將原領取之錢糧及從外發之錢糧銷算，仍尚未發四月六月七月錢糧，應補發此等月錢、鹽菜銀、羊價銀，共九千八百九十餘兩，米三百二十三石二斗餘等情。若對此等依病故之例賞之，祇需銀三千三百一十兩。因此臣仰合皇父仁愛西路兵丁之至意以養家口，故依病故之例，賜騎兵各銀十兩，步兵各銀五兩。兵丁本人返回之時尚未發糧餉者，按月補發。倘有病故，將此賜銀即爲恩賞之銀相抵。以上因陣亡病故受傷及迷途未至之人撫養家口，共賞銀十萬七千五百五十五兩。賞賜完竣，衆婦孺齊跪告稱，我等父夫受國重恩，平素食俸祿糧餉，並無報効之處，逆賊策妄喇布坦〔註302〕違悖天理，肆意妄行，逢天征伐，剿滅逆賤，以報効聖主多年養育之恩，故紛紛發奮從軍。此往之時除月餉外，口糧鹽菜銀馬畜盡賞之，且於去年八月又施殊恩每人各賞銀五兩。不料我等父夫不幸，並未明顯効力，或陣亡或病故，聖主又爲辦理病故者殮屍及撫養家口事逾格施賞者，實乃自古未有之殊恩，奴才等亡故者不僅九泉之下感激，今生存者仰皇上之恩，能養老育幼。因聖主之恩益深，奴才等益難報答，惟晝夜拈香，祈祝聖壽萬萬年，各自盡忠，於合適之地盡力効勞等語，不勝感激，紛紛望闕謝恩。臣將由此處所賞之銀數、官兵名銜造冊，諸營所呈印結一併送往該部銷算外，陣亡病故之土司官兵及革職者，前往効力之武舉人等衆，應否賞賜之處咨文兵部查例，待部查例送來後遵行。

　　再西安之滿洲綠營，固原涼州所遣綠營官兵均返回原處，且陣亡病故者之子弟，既又不在此處，將此由各該處查明，依例賞之等情，均已咨行陝西總督、西安副都統、固原提督、涼州總兵官。

　　再除總兵官康海〔註303〕之數額外，所攜涼州之兵，除參將舒明等數額外，所攜固原之兵，既然並未具奏未報部，對陣亡病故者雖不可動正項錢糧賞之，惟此等受其該管官脅迫，跟隨前往，陣亡病故者，其由可憐，將此飭該省總督等，著原率領發遣之大臣官員等，依賞賜兵丁之例取銀，賜與此等家口。

〔註301〕　《清代職官年表》按察使年表作甘肅按察使巴襲。《平定準噶爾方略》卷九頁二十七作甘肅按察使巴襲。
〔註302〕　《平定準噶爾方略》卷一頁一作策妄阿喇布坦。
〔註303〕　《平定準噶爾方略》卷四頁四十八作陝西涼州總兵官康海。

又檔冊內將病故者書爲陣亡，將迷途未歸者書爲病故，亦未可料，該大臣親自率兵進入，同行之官兵均集合，復逐一詳問，將檔冊查實，將賞銀務交陣亡病故者父母妻子親生兄弟本人，以仰副皇父仁愛官兵之至意，獲得實惠。倘無父母妻子親生兄弟，如有造名冒領銀兩，或營員代領侵吞，或族人欺凌孤寡分之，或旁人稱有私債而扣取等項之弊端，一經拏獲，應懲者即懲，應參者即報臣，臣我參奏之等情，一併賷送，爲此恭謹具摺奏聞。

硃批，議政大臣閱。

[56] 胤禛等請安摺（康熙五十八年五月十二日）[1]-3401

臣胤禛等恭請皇父萬安。

臣四月十六日請安摺於五月初四日到來，奉諭批，朕體安，四月二十六日自熱河批之，欽此。謹歡忭閱之，爲此具摺謹奏。

大將軍王臣胤禛。

平王臣訥爾蘇。

貝子臣魯彬。

前鋒統領臣弘曙，臣弘智，臣弘曦，臣廣善，臣永前。

公臣諾托和。

公臣奎惠。

公臣三官保。

公臣策旺諾爾布。

都統臣宗室閣欣，宗室海山，宗室普齊〔註304〕。

都統臣王古利。

閒散大臣伯臣欽拜。

閒散大臣臣拉忻。

護軍統領臣五十八。

副都統臣阿林保。

副都統臣赫世亨。

副都統臣覺羅伊里布。

副都統臣包色。

副都統臣唐色。

〔註304〕《欽定八旗通志》卷三百二十一作滿洲正白旗都統普琦，康熙五十五年前任職。清太祖努爾哈赤長子褚英後裔。

副都統臣宗札布。

副都統臣徐國貴。

兵部侍郎臣札克丹。

陝西巡撫臣噶希圖〔註305〕。

山東總兵官臣李琳。

硃批，朕體今年較往年甚好，此連續三年不能寫文，今照常能寫。凡尚未給之匾聯等物，均已寫成給之。照常射中，七阿哥〔註306〕亦很好，故我等一處射之。

[57] 胤禎密奏額倫特陣亡之戰役詳情摺（康熙五十八年五月十二日）

[1]-3402

臣胤禎謹密奏，為奏聞事。

奉皇父敕諭，此次由西地所出之眾，雖來京城數人，但言者不一，爾詳加密訪，逐一查明，詳細具摺奏聞，欽此欽遵。招西地所出之眾詳問，據參將舒明告稱，將軍額倫特〔註307〕於五月初七日自青海率兵五十名啟程，六月初九口在木魯斯烏蘇〔註308〕追報色稜後，色稜率兵往南，等待額倫特駐於木魯斯烏蘇河此岸之兵至，造牛皮船，二千兵方渡一千餘，往色稜前送銀之知州王教，送米之達爾罕伯克，突然返回告稱，我等二人至多倫鄂洛木〔註309〕，未追見值班首領色稜。聞之，值班首領因彼處渡口水深，難於渡過，故自拜都路〔註310〕而往等語。將軍即率得渡一千二百兵往追。七月十六日至齊倫郭

〔註305〕《清代職官年表》巡撫年表作陝西巡撫噶什圖，《平定準噶爾方略》卷二頁二十一作西安巡撫噶什圖。

〔註306〕清聖祖第七子胤祐。

〔註307〕額倫特出征時為湖廣總督署理西安將軍，故曰將軍額倫特。

〔註308〕清代舊籍常作木魯烏蘇，即蒙人於金沙江之稱謂。《水道提綱》卷八頁八載，金沙江即古麗水，亦曰繩水，亦曰犁牛河，番名木魯烏蘇，亦曰母藟烏素，音之轉也，岷江最上源也，出西藏衛地之巴薩通拉木山東麓，山形高大類乳牛，即古犁石山也。

〔註309〕《大清一統志》卷五百四十七作多倫鄂羅穆渡，在木魯烏蘇自西折南流之處，其水至此，分為七歧，故名，水小宜涉，水發難行。此渡口漢名七渡口，在青海省治多縣扎河鄉瑪賽村（《青海省地圖》標註在木魯烏蘇南岸，作碼賽），該村立有七渡口碑。另對岸即為曲麻萊縣曲麻河鄉昂拉村，該村亦立有七渡口碑，此渡口為自青海入藏重要渡口之一。

〔註310〕此路因河而名，拜都河即今青海省布曲，為金沙江上源之一，亦自青海入藏要道之一。

勒〔註311〕，當夜賊來，將我等馬匹截掠百餘。十九日夜賊兵來二千餘攻擊我營，由四更戰至中午，賊退之。此戰賊方無炮，惟有鳥槍長槍弓箭。七月二十六日值班首領色稜遣侍衛諾里勒達來請額倫特後，將軍率兵四百名於二十八日渡喀喇烏蘇，往追值班首領色稜之軍，餘兵均留於齊倫郭勒。二十九日向賊交戰，令舒明我留營掘壕，未往戰場。八月初五日賊見留後之軍至，自北山而往，橫截交戰，參將鳳秀〔註312〕、守備李右寧陣亡，廩餼馱子大半被奪。因此將軍命我率兵二百渡河往迎，擊退賊舉藍纛之一支軍，將廩餼馱子多數奪回。此次戰鬥賊兵約有一千六七百。自此賊每日攻擊營地，在山上壘牆垛，向我營放鳥槍，至二十日後賊皆退卻。閏八月初一日賊突然自兩山而下，於營外十數里處驅趕所放之馬匹，將看馬之跟役等亦一併攜之。自此我等兵畜完竭，米廩餼均不濟，因饑餓不能守，九月二十八日夜自營地出，欲撤退迎米，渡喀喇烏蘇，行之不遠，翌日中午，大群賊追來，放鳥槍相戰時額倫特陣亡。由與準噶爾〔註313〕賊多次相戰看來，雖不知伊等牧場，兵有幾何，交戰時所遣出之兵總數不足三千，軍器鳥槍有三四百支，其中雜木喇鳥槍三十支，此鳥槍之彈丸可達二三百步遠，此外弓箭槍均不行。先爭戰時不見土伯特眾，自閏八月二十日以來，我軍之畜已盡，斷廩餼後準噶爾之賊方遣土伯特眾，每日向我營放鳥槍。土伯特人於準噶爾賊前則高舉鳥槍亂放，若無準噶爾之賊，則向我營放空槍。觀其情形，多數人在我一方，被準噶爾賊逼迫無奈而屈服。再班禪所差之呼圖克圖喇嘛，來我營議事時密向色稜語，爾等為何不齊來，因逐漸而至致受準噶爾人〔註314〕傷害等情抱怨之，由此看來喇嘛土伯特眾人均誠意感激聖主之恩等語。侍衛王廷梅〔註315〕亦照舒明一體稟告。

據西寧千總馬右仁、兵丁閆興邦共同告稱，我等均在額倫特隊。去年七月二十九日交戰時賊兵於對面山上舉豎白纛，觀之有兵四五百。色稜、額倫特晨率兵出營，與賊對列陣，後色稜曰賊匪尚遠，兵士尚未食飯者往營取飯，於是兵丁紛紛往營取飯，色稜亦隨之返回營寨。此時賊見我方兵亂，派出埋

〔註311〕恰那尼和羅《清代唐代青海拉薩間的道程》將其對應為《衛藏圖識》之綽諾果爾，為那曲的支流，此河疑疑即因門曲，此地疑即《中國分省系列地圖集 西藏》標註之西藏嘉榮縣尼瑪鄉因門曲河邊窮扎村附近。
〔註312〕《甘肅通志》卷二十九頁三十九作下馬關營參將馮琇。
〔註313〕原文作噶爾，今改正為準噶爾。
〔註314〕原文作唯噶爾，今改正為準噶爾。
〔註315〕廣東提督王文雄之子。

伏於山後面之七八百餘兵，自山而下，截擊將軍額倫特。將軍額倫特見賊兵多，招色稜二三次來援，色稜並未來，久戰之後攻入侍衛達克巴藏布孤身阻擋之處，來至將軍前，此次攻入，達克巴藏布之脖頸被賊箭〔註316〕射中，面見將軍，拔取箭隻，將脖頸以手巾包扎，向賊戰鬥。日斜後西寧把總陳吉率鳥槍兵二十餘，從堵擊處外放鳥槍奪路突圍，救出將軍，陳吉身亡。額倫特出後會同色稜所率兵歸營等語。據理藩院領催多爾濟、舒德依告稱，我等在色稜之隊，他情均與馬右仁等稟告一致。又據西寧兵丁馬朝群告稱，我在將軍額倫特隊，九月二十八日夜出營寨，欲撤迎米糧，渡喀喇烏蘇，行之不遠，天放亮後賊追來，以鳥槍攻戰，額倫特陣亡。兵士抱將軍屍體，車凌敦多布聞眾哭之聲，差人來問時我等告之我將軍已陣亡〔註317〕，遣回。續又招來曉事之人，我本人同通事前往，我等抵達後車凌敦多布向我等云我本欲圖爾色稜，不料一位好將軍陣亡，爾等返回辦理將軍之屍體事，我不與爾等交戰等語。我等返回之途中見色稜、達克巴藏布前往，車凌敦多布又差人攜回我等二人，立於旁側，讓辨認是否色稜時我等答稱是。看得車凌敦多布坐於中，三吉坐於旁，令色稜跪時色稜不跪，二人按壓強迫跪時色稜被迫尋刀欲自殺，因刀鞘無刀，抽出一鐵片，已刺向脖頸。於是車凌敦多布之人拴住色稜之手，數次鞭打其頭，強壓使坐。車凌敦多布對色稜曰，大國之主阿穆呼朗汗令爾率兵駐木魯斯烏蘇而已，並未令爾率兵征伐我等，爾違悖諭旨，輕視我等，率少數兵深入者何意。今被我等俘獲，爾又有何言以對等語，色稜一聲不吭。達克巴藏布立於色稜之後，並未問伊。車凌敦多布令將色稜等拉出押往另處，將我等二人照常遣返等語。再今年四月二十四日據藏地而出之西安領催在野委正藍旗營長巴彥圖告稱，我曾在色稜之隊，去年六月初九日額倫特輕裝簡從，於庫庫賽〔註318〕處追上色稜，額倫特於庫庫賽候其兵，色稜於十一日啟進。七月十九日渡喀喇烏蘇駐紮，二十日晚土伯特人來報，據聞準噶爾眾遇爾等將軍額倫特交戰，今往此方而來，先差人令我等備羊隻等物送之，色稜翌日五更時分，遣侍衛達克巴藏布，二營長率兵一百將車凌敦多布派往土伯特之人抓獲，拏獲準噶爾人達木巴，攜來問之，告稱我兵於齊倫郭勒遇爾等

〔註316〕原文作賊前，今改為賊箭。
〔註317〕此處補亡字。
〔註318〕《大清一統志》（嘉慶）卷五百四十七作巴漢苦苦賽爾渡，即小苦苦賽爾渡。《欽定西域同文志》解庫克賽郭勒，庫克賽青石也，河中積有青石，故名。此小庫庫賽渡口為清代青海入藏官道之渡口。即今青海省治多縣治曲鄉浪宗青所在之小河注入木魯烏蘇處之渡口，《軍民兩用分省系列交通地圖冊 青海省》。

將軍之兵，二次交戰，爾方兵力甚強，我兵被擊敗，我等今回返達木，據稱今日喫飯時至此等語。色稜即率兵一千四百名，往迎賊匪，抵達察罕額博圖〔註319〕處，遇賊列隊交戰時一連奪回賊所佔領之三座山，抵至第四座山，賊未對我等開戰即敗擊。觀賊之兵大約有三千，從兵器觀之，撒袋多於鳥槍，當日我受傷，因天色已晚收兵，欲翌日黎明後再戰，即留彼山一夜。天破曉差人瞭望賊情，賊業已逃去，因無踪跡，色稜率兵返回營，二十三日移營扎哈蘇托洛海。二十八日額倫特率兵追來，二十九日二將軍會商賊兵來之事，色稜遣兵五百，額倫特亦遣兵，自營出列隊於二三里處，良久不知何故色稜歸營。色稜歸營後賊兵即逼近，色稜聞之又乘馬而往，我因受傷未往戰場。八月初五日賊見額倫特留後之兵至，橫截交戰，二將軍遣兵迎擊，我傷未愈而未往，九月二十八日夜我兵渡喀喇烏蘇返歸，二十九日賊追來交戰，我旗之營長克希特陣亡。色稜往賊營時參將查里琿委我爲營長。翌日車凌敦多布差人將參將查里琿、侍衛布達里、遊擊石安泰〔註320〕、守備馬嘯及營長等招來，相商事宜，執馬來迎，我亦親往。至賊營觀之，車凌敦多布居中，三吉居旁，參將查里琿、侍衛布達里列前，營長等列後，相對而坐。車凌敦多布問我等，我兵爲黃教而來，因不知情而斬拉藏，爾等若亦爲黃教而來，理應遣人，我等爲尋理商議。阿穆呼朗汗並無令爾等征討之諭旨，爾色稜等違旨，輕視我等，率少數兵來征我等，此是非在誰，爾等今言之。而後查里琿等曰，聞爾兵來藏斬殺拉藏，囚禁達賴喇嘛〔註321〕，百般折磨唐古特人眾，我等爲保護黃教，忍無可忍，率兵前來，無聖主之旨屬實等語。車凌敦多布云我等原並無對抗大國之處，均因色稜爾等所作所爲以致如此，因色稜率兵直接攻入〔註322〕，無奈而交戰。如今乘爾等兵饑，我等不戰，困守均可致爾於死地，我等斷不如此而行。查里琿、布達里、石安泰、馬嘯既然均爲率兵之人，留於此處。營長等爾等均返回，將爾等兵均遣返等情言之，令我等遣返。將查里琿、布達里、石安泰、馬嘯留之。旋即派遣喇嘛，點計我等所有之數額，給糜餼牛羊，遣兵令我等自拜都路送回。抵至索洛木等處，因我不可行，靠一蒙古包而居。頃聞大將軍王所差使臣前往，我尋見告之情由後，使臣等賜

〔註319〕《欽定西域同文志》卷十五有察罕鄂博圖鄂拉，蒙古語察罕白色，鄂博圖有壘石處，鄂拉山也，山多白石，故名。
〔註320〕《甘肅通志》卷二十九頁八十四作涼州鎮標前營遊擊史安泰。
〔註321〕指爲拉藏汗所立且爲清廷冊封之六世達賴喇嘛阿旺伊西佳木磋。
〔註322〕原文作收入，今改爲攻入。

我馬匹，騎乘前來等語。再舒明、巴彥圖等共告稱，先前交戰時賊並未用炮，逾閏八月初五日後，賊始往我營放炮，伊等有五六門炮，從彈藥觀察，有三十幾兩四十兩等語。又問額倫特、色稜不睦之緣由，皆稱伊等二人表面甚好，暗里不睦，究爲何故，乃有不知，等情告之。臣於此訪查，伊等二人均自稱爲首，互不相讓，導致不睦，爲此謹密摺奏聞。

[58] 大兵赴藏傳知青海八盟聽候調遣摺（康熙五十八年五月十二日） [2]-《卷二》

奏爲大兵赴藏事。

竊准兵部咨開，會議具奏，今調兵出口駐紮，仍令大隊即行前進，大將軍王隨後帶領大隊起程。此次前行之前鋒兵丁及駐噶斯〔註 323〕兵丁由啓哩野路前進，自雲南達打箭鑪之大隊分兩路前進，以張聲勢等因具奏，奉旨依議，欽此欽遵，咨行前來。臣除咨行前往博羅和碩之訥欽王訥爾素〔註 324〕及前往索羅木之公策旺諾爾布，駐紮柴達木之都統阿爾那〔註 325〕等均飭知外。並傳知青海八盟〔註 326〕長，曾令由爾青海派兵六百名與內地兵丁前往索羅木等處，嗣聞分派兵隊，或有尚未起程者，特以前往索羅木之前鋒兵隊甚爲重要，如有尚未起程者，爾即迅速起程，擬令在索羅木之公策旺諾爾布等前往。況派赴策凌端多布〔註 327〕之使到後，看其形勢，本大軍即宜進剿，本處之先行前鋒兵隊暨駐噶斯之兵隊，由啓哩野路前進，其雲南打箭鑪等處大隊，分兩路一齊進剿，續由本爵帶領大隊，會合爾等預備兵隊，一同進藏，本處所派之使，不久即來，本內地大隊，已將馬匹軍械均備妥協，爾等應將所備兵隊馬匹軍械盤費治理整齊，妥爲預備，聽候調遣，並將此等情事一體曉諭兵丁人等，不得有誤等因，已傳知矣，謹此恭摺奏聞。

〔註 323〕亦作嘎斯，《欽定西域同文志》卷十四頁十一載，嘎斯，蒙古語味之苦者也，其地水苦，故名，清代青海數地均名嘎斯。此處噶斯爲今青海省芒崖鎮稍東之嘎斯湖，此地爲青海入新疆塔里木盆地之要道口。

〔註 324〕《平定準噶爾方略》卷六頁十三作郡王訥爾素。

〔註 325〕原文作駐紮差達木之都統阿爾那，今改正爲駐紮柴達木之都統阿爾那，阿爾那《欽定八旗通志》卷三百二十一作滿洲鑲黃旗都統阿勒納。《平定準噶爾方略》卷五頁二十作都統阿爾納。

〔註 326〕此時期青海蒙古並未編旗設盟，故八盟之說不確。顧實汗圖魯拜琥十子，長子世掌西藏，第八子袞布察琿無嗣，居青海者爲顧實汗圖魯拜琥八子之後裔，故稱和碩特八台吉，非八盟。

〔註 327〕《平定準噶爾方略》卷四頁十八作策零敦多卜。《蒙古世系》表四十三作策凌端多布，其父布木。此人爲大策凌端多布，以區別於小策凌端多布。

[59] 探聞準噶爾在藏戕害唐古忒人情形摺（康熙五十八年五月十二日）
　　　[2]-《卷二》

　　奏爲探聞準噶爾在藏情形事。

　　竊四月二十一日詢據自西方尋訪小呼弼勒罕來至古木布木廟之唐古忒噶布楚佳木贊藏布聲稱，我本達賴商上之人，隨同佳木贊堪布，因於前年準噶爾取藏之後，知伊行止暴虐，不可久居，值小呼弼勒罕在聖主界內，擬來尋訪，於去年十一月二十一日乘車凌端多布赴扎什倫布之際，我即逃出，繞過喀木，由崇布色爾扎地方，於本月十五日來至青海，聞得準噶爾賊匪將在藏之唐古忒人等戕害擄掠，以致男女離散，並將扎克布里、扎雅凌、古舒克扎藏、烏爾格扎藏、日迪扎藏等五處黃教廟之喇嘛等令入紅教，剝去拉藏汗之喇嘛等衣服，並將多爾濟扎布〔註328〕、曼珠拉凌〔註329〕、桑阿江楚布凌、黨楚布凌、扎克拉烏克巴凌、桑阿凌、珠拉瑪、普克寧里、呼布喇克、多木楚木凌等十廟之紅帽喇嘛之戒牒註銷，作爲白人。並將多爾濟扎布、曼珠拉凌等二廟拆毀，其在噶勒丹、色喇、布寶蚌〔註330〕等大廟之喇嘛等，解散十之七八，策凌端多布、托布齊、三吉、藍占巴吹木丕勒〔註331〕帶兵五百餘名居住藏地，哈喇烏蘇〔註332〕、達木等處有三千五百餘兵駐守。再去年十一月間有準噶爾一名阿旺洛羅依藍占巴者手上生瘡，令我畫符，適有一準噶爾人來告藍占巴曰，策凌端多布前往扎什倫布迎請班襌赴準噶爾，班襌若往則郭孟喇嘛〔註333〕先跑。又聞在伊犁左近之海努克地方建蓋

〔註328〕多爾濟扎布今名多傑扎寺，位於西藏貢嘎縣昌果鄉多吉扎村。
〔註329〕曼珠拉凌今名敏珠林寺，位於今西藏扎囊縣扎其鄉塔巴林村。
〔註330〕指格魯派甘丹寺、哲蚌寺、色拉寺三大寺，《大清一統志》（嘉慶）卷五百四
　　　　十七頁二十八載三寺名分別爲噶爾丹廟、色喇廟、布雷峰廟。
〔註331〕《平定準噶爾方略》卷六頁二十一作左哨頭目春丕勒。
〔註332〕此蒙古語爲同名河與地名，哈喇蒙古語黑色之意，烏蘇河流之意，水色發黑，
　　　　故名，指河流則爲今怒江上流之那曲。作地名，《欽定理藩院則例》（道光）
　　　　卷六十二作哈拉烏蘇，爲達賴喇嘛所屬十四邊境宗之一，爲青海入藏後藏內
　　　　第一重鎮，即今西藏那曲縣。
〔註333〕此喇嘛爲哲蚌寺郭莽札倉之堪布喇嘛，非青海廣惠寺之敏珠爾呼圖克圖，亦
　　　　非察罕丹津所奉祀之郭莽喇嘛甘肅拉卜楞寺第一世嘉木樣活佛阿旺宗哲。《東
　　　　噶藏學大辭典 歷史人物類》上冊頁七〇言此郭莽喇嘛爲巴圖爾洪台吉第七
　　　　子，然年歲相差太大，應非此人。《如意寶樹史》頁七八五後表一載噶爾丹有
　　　　一子名郭莽洛卜藏朋素克，然當噶爾丹之敗，噶爾丹之女尚爲清聖祖強索至
　　　　京，噶爾丹之子似不可存於西藏，《康熙朝滿文硃批奏摺彙編》第三二三九號
　　　　文檔《理藩院寄密旨與署理將軍事務額倫特之咨文》清聖祖言西地果莽喇嘛
　　　　乃準噶爾人，爲車凌敦多布兄，當以此説爲確。

廟宇〔註334〕，請班禪駐錫，策凌端多布自達木回藏後，因烏什噶隆、貝咂木噶隆等貽誤兵丁口糧，致被拏問監禁，我來時至察罕蘇巴爾罕渡口，聞得唐古忒人等云，皇帝之子大將軍王帶領無數兵隊前來，現在喀木藏衛各處人士皆有所聞等語。

　　四月二十九日又詢據自西地所來蘇爾咂所屬之和碩齊台吉遜多布、特壘巴圖爾、羅布藏等三人聲稱，自前年準噶爾賊匪佔據西藏後，將我等擄來，是年夏間由那克藏〔註335〕路送往策旺阿喇布坦〔註336〕處，行將三月至特布克托羅蓋地方，我等十餘人偷得準噶爾馬四十餘匹逃跑，行走月餘，住在沙克綽諾河〔註337〕地方候信，嗣聞大軍撤退，遂自綽諾地方起身，於二月二十三日至布木巴部〔註338〕落之唐古忒地方，攜帶馬匹口糧，由察罕蘇巴爾罕渡口渡過木魯烏蘇河，越過瑪木巴彥哈喇嶺，於四月初二日至索羅木地方，與大將軍王之差員侍衛瑚畢圖〔註339〕等相遇。據瑚畢圖云，仰蒙王恩，本身與青海台吉使臣等及馬匹牲畜均各平安，約於四月以內到藏，五月底我信可以遞到，語畢即往。我等於本月二十四日至博羅崇柯克〔註340〕。再前年準噶爾人取藏時唐古忒人民雖經被獲，幸未屠戮，以好言誘之，始得釋放，於是唐古忒人民均甚相慶，厥後見唐古忒人之物件則搶，遇人則殺，致使父母妻子離散，拆毀寺廟，種種暴虐，唐古忒人惟有怨泣而已，今我等受準噶爾之欺辱，此罪何日逃出，惟有仰望聖主恩施，將來重覩天日之時。又我至布木巴地方，亦聞唐古忒人等云，今皇帝之子帶領十萬重兵，特來剿除準噶爾賊匪，重興黃教，以拯眾生云云，竊思此事迄今各處均有所聞等語。除將喇嘛佳木贊藏布暨遜多布等，交各該處外，謹此恭摺奏聞。

〔註334〕海努克即新疆察布查爾縣海努克鄉，寺名銀頂寺，遺址在今新疆察布查爾縣海努克鄉海努克村南五里處。

〔註335〕《欽定理藩院則例》（道光）卷六十二作納倉，清時期達賴喇嘛所屬十大宗之一，今西藏申扎縣。

〔註336〕《平定準噶爾方略》卷一頁一作策妄阿喇布坦。

〔註337〕疑即沙克河，今西藏下秋曲，怒江上游支流之一。

〔註338〕此處補部字。

〔註339〕《平定準噶爾方略》卷六頁二十七作瑚必圖。

〔註340〕同名河流名，《清史稿》卷五二二頁一四四四三作博囉充克克河，即湟水，作地名應在青海省海晏縣城一帶地區。

[60] 奏報鞏昌府屬被災人民撫卹謝恩摺（康熙五十八年五月十二日）

[2]-《卷二》

奏爲被災人民撫卹事。

竊於本年四月二十五日據鞏昌府屬隴西會寧通渭泰安四縣民人嚴邦本等百餘名，自鞏昌府來至臣署，呈稱本陝省人民迭蒙聖主恩施，減輕賦稅，豁免錢糧，實同仁父之養子孫，蒼天之覆萬物。且吾陝省人民較他省尤爲受恩深重，去年五月二十一日鞏昌府屬地忽連地震，城垣傾圮，壓毀房屋，人民被災，我聖上視民如傷，特派大員前往本處查看被災人民，按戶賞銀，計口散米，是以無穀者得食，無房者得棲，被壓斃者均給賞葬埋，聖主恩施普被生民，澤被枯骨，吾小民雖庸愚無知，而感此天高厚恩，惟有闔家老幼望闕焚香，叩祝我聖主萬萬歲。並擬赴京叩謝聖恩，惟因路途較遠，旅費維艱，事與願違，茲聞王駕臨西寧，特來叩謝，懇乞王鑒察小民等愚忱，代爲奏聞等因，呈遞前來。臣當與衆人民云，爾等感激皇父恩施，自遠方來至本轅，請轉奏等情，語深誠篤，我當代爾等奏聞，惟現在耕作之際，爾等速回，各安農業，勿得在此久留，致悞耕耘，至家後當各孝順父母，教育子弟，使之正直爲懷，守分安常，如是則上天不惟眷佑爾等，即爾世世亦當享受聖主鴻施，語畢將呈文接收，囑令衆民等回里，謹此恭摺奏聞。

[61] 胤禎奏聞秋禾長勢摺（康熙五十八年六月十三日）[1]-3416

臣胤禎謹奏。

臣聞西寧地方民人所告，今年仰蒙聖主洪福，雨水甚宜，田禾長勢好於以往任何年，秋季定有十二分收成等語。臣先前每年仰皇父之恩，見過熱河地方長勢茂盛之麥禾，觀此處田禾，甚看不夠，百姓稱好，爲使皇父喜悅，故將麥子青稞大麥豌豆豌豆等項，每樣取一勺，謹裝於桶，恭呈御覽。

硃批，現已秋季，雨水已過，朕此處不分高矮低窪，田禾暢茂，去年莊稼長勢極好，今年如何能稱較去年強，亦未必較去年差。

[62] 胤禎奏聞四川總督年羹堯等獻物摺（康熙五十八年六月十三日）

[1]-3417

臣胤禎謹奏，爲奏聞事。

四川總督年羹堯遣千總鄧國東向臣問好，獻銀一千兩稻米四石。臣對千總鄧國東云總督爲聖主之事忠誠辦理者甚佳，去年念及入藏之兵，往送火藥彈丸箭米銀，臣每念及，心喜悅之。今自遠方送來銀米理應接收，惟臣對地方諸物，既然未加取用，如何收總督之物，此物即如同臣已收之等語，將銀米均卻之，賜棉衣一套遣之。延綏總兵官李岳〔註341〕遣千總吳眞向臣問好，獻火箭三百二十支，以及藏香杏等物。臣對千總吳眞云總兵身亦任軍營，臣在此處火箭既無用處，將此火箭留於總兵處用之等語，將藏香杏等物均一併卻之。洮州土司楊如松〔註342〕親來向臣問好，獻馬一匹騾一匹及藏杏等物。臣對土司楊如松云爾去年往兵營，雖無効力卓著之處，亦在軍營整年効力，臣尙應賞賜與爾，何言受爾之物，爾乃世代蒙國重恩之人，不比他人，嗣後凡遇諸事，理應獻身圖報皇帝深恩〔註343〕等語，將馬騾食物均卻之。再興漢總兵官楊士昌〔註344〕遣千總姚欣向臣問好，獻馬二十匹騾四頭米等食物，臣除照前奏退還食物外，收取馬騾，爲此謹具摺奏聞。

硃批，知道了，楊如松朕原認識，亦曾隨行朕圍獵，甚屬好漢。其弟喇嘛亦有効力之心，甚爲可憫。爾甚得土司、回子等人之心，今後獲益者，多於漢人，朕之此言斷勿使漢人聞之。

[63] 胤禎奏報收受御賞物件及西寧鳥獸花類摺（康熙五十八年六月十三日）[1]-3418

臣胤禎謹奏，爲謝恩事。

六月十一日皇父恩賞御扇二把細白鱗魚鱒魚棗子畫扇，共二皮箱之物均妥送至，恭謹接受。又見皇父繕書諭旨，感激歡忭，無法表達具奏之言，望闕叩恩，將御物均已移賞。謹思臣蒙皇父之旨，自外出以來，仰賴皇父之福，所到之處即如同在宮，徒享安逸，並未多加効力，尙不能寬慰皇父，今連續承蒙皇父如此深厚之恩，每每思之既喜且羞，嗣後臣惟身心清正，遵皇父訓諭，謹愼効力。

再西寧地方甚凉爽，與諭旨所言相同，早晚尙著裘褂，惟中午稍熱，仍用扇子。本地人言稱喫穿尙好，自臣等到來，仰賴皇父之福甚好，並未覺察。糧內惟麥子青稞麥豌豆豌豆數種，尙未刈割。寧夏蘭州等處商民將各樣米西

〔註341〕《平定準噶爾方略》卷三頁二十八作總兵官李耀。《陝西通志》卷二十三頁五十八作延綏鎮總兵李耀。
〔註342〕《平定準噶爾方略》卷四頁四十六作楊如松。
〔註343〕原文作鳴恩，今改爲深恩。
〔註344〕《陝西通志》卷二十三頁六十四作楊世昌。

瓜果菜等項攜來。魚惟有一種無鱗重唇魚。鳥獸內麂梅花鹿馬鹿雉鶡火雞山雞鶡子烏鴉喜鵲等類均有。鳥類內還出產一種每更鳴叫之雀和鸚鵡鳥。因回子等愛花，數種花亦甚美麗，一種黃紅虞美人花，依次生者甚可愛，還有一種剪蓉花亦美麗。臣於此處見之，思念如何供皇父覽閱，花雖難攜至，若攜種子種植，必能長出也，故臣將花種現均收藏。再花水、金蓮花雖有，與熱河所產之花果相比，微不足道，謹此奏聞。

硃批，知道了。

[64] 西寧衛屬人民豁免正供代為謝恩摺（康熙五十八年六月十三日）[2]-《卷二》

奏為代西寧衛屬人民謝恩事。

據西寧衛屬人民陳萬年等呈稱，伏思聖主眷念民生，施恩萬戶，遐邇普被仁澤，眾民得生，歷年豁免正供，極邊之地皆受特恩，並豁免累年積欠錢糧，西寧地方盡成豐裕，邊地人民不勝感激慶幸，華山雖高難配聖主之勝德，黃河雖深難比聖主之厚恩，歷閱史冊，自古施恩未有及於今時皇帝恩澤優隆者，自五十六年以前歷年積欠糧草全行豁免，豈非小民意料所及，實難言喻，卑億萬戶老幼惟有焚香叩禱，歌頌太平，誠以朝廷相隔萬里，前往叩謝之忱雖篤，竟難遽至，幸王親奉諭旨，頒佈恩惠，蒞臨邊地，本愚民等即如親見聖主叩瞻天顏，不勝慶幸之至，謹將叩謝呈文呈上，請代奏聞等語。臣當告之眾人民云，爾等既叩謝聖恩呈件，本王當代奏聞，爾等皆係良民，生於盛世，既受厚恩，皆當各守正業，勿肇亂源，勤奮耕種，各自安生等語，謹此恭摺奏聞。

[65] 青海貝勒達彥病故遵旨派員致祭摺（康熙五十八年六月十三日）[2]-《卷二》

奏為致祭青海貝勒達彥事。

准理藩院咨開，已故貝勒達彥蒙恩賜祭，若由此處派遣侍衛官員，需用驛馬，既有侍衛扎什、員外郎常明珠現在西寧，即將祭品祭文一併咨送都統延信，飭交侍衛扎什、員外郎常明珠前往致祭等因議奏。奉旨依議，欽此欽遵，咨送前來。當派侍衛扎什、員外郎常明珠前往致祭在案。嗣於五月十九日據侍衛扎什等覆稱，職等於五月十一日在已故貝勒達彥靈前宣讀諭旨致祭，禮畢，據達彥之嫡妻育木楚木，妾察汗達拉〔註345〕，達彥之弟台吉噶拉

〔註345〕第五十一號文檔作察罕達喇。

丹岱青〔註346〕，屬下齋桑〔註347〕帶領護衛等跪稱，達彥生時曾言予並非善處弟兄，是皆仰賴聖主教育優榮，有以致之，何能報稱，惟於聖主所命，一切差使倍加奮勉，以期圖報於萬一等語，彼無福命終，本孀婦及屬下人等罔知所措，復蒙聖主派遣侍衛官員頒發特旨，恩施賜祭，本孀婦及屬下人等不但喜如復見天日，及已故達彥之靈有知，亦感聖恩，感激不盡，卑等惟有感謝恩施，叩祝聖主萬萬歲，此外何等報答，惟有率領眾人叩謝恩施。

復跪稱達彥去年十二月初九日病故，本月二十七日妾察汗達拉產生一子〔註348〕，今已五月，此外並無子嗣，惟有一弟噶拉丹岱青自幼啞疾，不能言語，此子達什車凌〔註349〕已十一歲矣。本青海弟兄內多不和，強者凌弱，相機侵掠之行，早在聖主洞鑒之中，屢蒙諭旨訓示，今達彥身故，難保不無欺凌孤寡，相機侵掠之人，本屬下人等亦知子幼，毫無主見，達彥在世依賴而生，現在惟有仰賴聖主恩施，叩請聖主憫恤孀婦孤子，准將達彥之孤子賞給伊父之職銜，不但俾孀婦孤子得以安生，則屬下人心亦可鎮定，雖有欺凌侵掠所屬之人〔註350〕，亦不敢為矣，如蒙聖主恩施，卑孀婦孤子得以保護所屬，仍照同故夫達彥生時訓飭屬下，於聖主所命一切事項矢慎矢勤，以期圖報於萬一，即請侍衛官員將此語稟聞大將軍王，轉請奏明聖主等因。謹此恭摺奏聞。

[66] 奏報會見羅布藏丹津等願服調遣摺（康熙五十八年六月十三日）[2]-《卷二》

奏為與羅布藏丹津會見情況事。

五月十四日青海盟長羅布藏丹津、貝勒阿拉布坦鄂木布〔註351〕、貝子羅布藏達爾扎〔註352〕、台吉端多布旺扎勒〔註353〕等來至西寧，臣與王羅布藏丹

〔註346〕《蒙古世系》表三十七作噶爾丹岱青諾爾布。
〔註347〕原文作齊桑，今改正為齋桑。
〔註348〕《蒙古世系》表三十七作旺舒克喇布坦。
〔註349〕《蒙古世系》表三十七作達什車凌。
〔註350〕原文作侵掠據屬之人，今改正為侵掠所屬之人。
〔註351〕貝勒阿拉布坦鄂木布，顧實汗圖魯拜琥長子達顏鄂齊爾汗孫，《蒙古世系》表三十八失載。《如意寶樹史》頁七九〇後表一載其父羅布藏彭措貝勒，其名博碩特拉布坦旺波。
〔註352〕《蒙古世系》表三十六作羅卜藏達爾扎，顧實汗圖魯拜琥第二子鄂木布之孫，其父卓哩克圖岱青。
〔註353〕疑為郡王察罕丹津之子，《蒙古世系》表三十八作惇多布旺扎勒。

津會見。據王羅布藏丹津等聲稱，前年準噶爾賊匪奪取藏時我聖主爲保護黃教衆生，特派官兵，青海亦派兵丁會盟，計左右兩翼共派兵萬名等因，具奏在案，嗣因兄弟互相失和，未能派兵，至誤軍機，殊甚惶愧，本年復會盟，躬親瞻仰天顏，叩請訓示，擬請仍照上年派兵萬名進討，除各處派出之齋桑護衛精兵外，並親自帶領前往，到京後仰瞻天顏，聖主降旨，爾兄弟並未同心戮力討敵，爾等及至失和互殺，似此何能討敵，且黃教甚爲重要，現在大將軍王帶領大兵駐守西寧，由此降旨，相隔甚遠，軍事當相機調遣，若均待奉訓示始行，則反誤軍機，大將軍王是我皇子，確係良將，帶領大軍，深知有帶兵才能，故令掌生殺重任，爾等軍務及鉅細事項，均應謹遵大將軍王指示，如能誠意奮勉，即與我當面訓示無異，爾等惟應和睦，身心如一，奮勉力行等因訓示。今親見大將軍王，有何訓示，當竭力遵行等語。臣當告知彼等，皇父訓示爾等諭旨皆備，爾等應謹遵此旨，共相和睦，務以爾祖父所遺禮法爲要，各將軍馬口糧器械備辦齊整，嗣後當竭力奮勉，方可嘉獎，再爾等受皇父厚恩多年，無分內外，予皆視同兄弟，惟此次受任以來，不敢存有私見，良者我必奏明皇父，如有惡劣不遵法者，當依法治之。再爾等預備兵卒，並無候我調遣同行之議，惟爾上年開去處分，情願另圖効力，計途而行，爾亦在我前聲明等語。該羅布藏丹津等所稱，嗣後會盟當謹遵聖主訓示及大將軍王交諭事件而行，惟我年幼，於兄弟間志向紛歧，稍存不睦意見。臣當云爾等皆皇父所封親王貝勒貝子盟長，果於能一切事宜持守中正，誰敢不遵，一切軍法，賞罪分明，現在我既親自來此，若如上年，斷難寬恕，爾言會盟，王貝勒貝子台吉等，何人前往會盟，何人看守遊牧，何人派兵若干名，共計若干名，所派數目之外，有兵若干名，並將管帶之齋桑護衛銜名，均皆開明造冊呈報，其中因有黃教不肯奮勉，及所派兵丁託故不前，阻撓軍務者，即以不遵聖旨暨背叛爾祖父之賊論，似此之人又何足愛惜，況爾祖顧什汗所定軍法，自台吉等以至民人，如派兵託故不前，則係身居軍旅，甘居禽獸等語，若有似此者，爾即拏獲呈報，必爲懲辦，將此一體曉諭爾衆等語。嗣羅布藏丹津等聲稱，大將軍王之言甚是，我等即於明日起程，即速前往叩見呼弼勒罕會盟，傳諭人衆，謹遵交諭事宜，並將所派之兵，造具清冊呈報，旋與羅布藏丹津等飯食，於十五日派大臣等在城外搭帳篷，備茶送行，謹此恭摺奏聞。

[67] 都統楚宗駐守索羅木地飭將駝馬補足摺（康熙五十八年六月十三日）[2]-《卷二》

奏為補足駝馬事。

臣前經奏請派都統楚宗帶領寧夏牧放馬匹之蒙古扎薩克兵丁駐守索羅木地方等因具奏在案。臣起程時皇父因喀喇沁、翁牛特、土默特三處兵丁強壯耐勞，鄂爾多斯兵丁甚為懦弱，除看守牧群外他無所用，亦經奉旨有案，今閱都統楚宗帶來之兵，誠如皇父所降諭旨，然蒙古馬匹損失甚多，如不按照缺乏數目全行補足，而欲將鄂爾多斯兵丁遣派索羅木地方亦無所用，除派博羅和碩訥親王看守牧群外，並將喀喇沁、翁牛特、土默特兵丁派赴索羅木地方。茲查得駝馬共欠駝四十隻，馬一千七百六十二匹，每遇冷時由口外所來馬匹多係缺殘，因至寧夏並不長久餵養，是以所欠馬匹完補不及，現將派往索羅木地方駐守卡倫，遇調即行前往，其未補馬匹駝隻，尚恐悞事，所欠駝四十隻之數，著交沿途官員及臣等將駝隻照數補交，其馬匹補交一半，共需八百八十一匹，由蘭州所帶京城之兵，暫令由西安兵內暫撥給八百八十一匹，蘭州所帶京城兵丁由諾木歡烏巴什〔註354〕等處調回缺殘馬匹，尚未足數，今照數合計，仍欠駝五十四隻，馬三千七百匹，除將所欠駝隻交沿途官員及臣等將駝隻撥給外，其所欠馬匹及蒙兵欠撥馬匹，共四千五百八十一匹，擬由西安固原等四處餵養馬匹，九月放入牧群時趕緊調取填補，謹慎餵養，所有此次調取馬匹數目，請仍由各處照例補足，謹此恭摺奏聞。

[68] 遵旨訓飭侍讀學士花色怠惰摺（康熙五十八年六月十三日）[2]-《卷二》

奏為遵旨訓飭花色事。

准參贊大臣咨開，康熙五十八年四月十四日乾清門頭等侍衛喇什〔註355〕面奉諭旨，看管拉藏汗之子蘇爾咱〔註356〕之妻等戶口之侍讀學士花色，去經二載並無奏陳事件，彼有無後嗣，拉藏之屬下人等有無由藏請求前來者，策旺

〔註354〕原文作諾木歡烏什，今改正為諾木歡烏巴什，《大清一統志》（嘉慶）卷五百四十七作諾莫渾烏巴什山，在喇薩東北八百九十里，近布喀山東，山之西南為怒江源，山之西北近金沙江源，遠近大山，連延不斷，自此界兩江而東南，直抵雲南之境。今名唐古拉山，藏名當拉嶺。

〔註355〕《欽定八旗通志》卷一百八十六作拉錫，有傳，曾與學士舒蘭往窮河源。

〔註356〕《平定準噶爾方略》卷三頁五作台吉蘇爾扎，拉藏汗次子。

阿拉布坦帶領千有餘戶人等由嘎斯路〔註357〕經過，回往藏地，且陸續前來者亦多，此等事件並不奏報，一切信息亦未奏聞，彼所司何事，著交大將軍王就近查辦，欽此欽遵，咨行等因。又准兵部咨開，會議具奏，前經侍讀學士長壽〔註358〕將台吉蘇爾咱〔註359〕之妻自藏前來，至伊所居之博羅崇那克〔註360〕地方等情奏聞。奉旨著將拉藏汗之屬下人等查明飭交蘇爾咱之妻，並將伊屬下人等有陸續來者查明一併飭交蘇爾咱之妻，其拉藏汗所屬人等，無論何人不得恃強欺壓，特派侍讀學士花色看管等因。該花色應將陸續所來之人查明交蘇爾咱之妻，問明來者緣由，即行奏報，邇來塔蘇爾海、鄂爾克〔註361〕等皆係逃出，請求蘇爾咱之妻而來者，該花色並不查明交於蘇爾咱之妻，亦未將所來之人信息詢問奏報，殊屬不合，請將侍讀學士花色交大將軍王查辦，具奏，奉旨依議，欽此欽遵，咨行前來。當詢侍讀學士花色，據稱有由西方逃出之塔爾蘇海等報稱，我等係台吉車凌扎布之叔父扎木巴拉之屬人，前年準噶爾賊犯取西藏，本處三十戶人口由啓里野路遷移，與有名之人盜馬五匹，將台吉車凌扎布請來等語〔註362〕。爾係奉旨特派看管蘇爾咱之妻戶口等之人，在彼二年並未具奏一事，現拉藏之屬下人等陸續亦有歸來之人，此項人等爾並不查明交於蘇爾咱之妻，於所來之人亦不詢問信息奏聞，係因何故。答以我到此地，由西藏出來人內聞有楚魯瑪人等，經辦理青海事宜都統延信等於上年九月初二日解送後，彼等前行具奏，嗣因信息相同，是以未行具奏。後來人等仍照先來之人同一報告，故收留交於蘇爾咱之妻，我理宜將所得一切信息，有所訪聞，另行具奏，而我並未具奏，及塔爾蘇海等到此，經大將軍王問明具奏，我尙不知，此皆花色庸愚之處，尙有何辭可答，嗣後惟有竭盡勤奮，得有聞知，即行呈報大將軍王等語。當飭侍讀學士花色，嗣後有由西方來者，務當詳詢查報，及聞有西方一切信息，即行詳細呈報，倘仍此怠惰，於一切事宜漫不經心，不加奮勉，定當奏參，從重懲處等因訓飭，仍將蘇爾咱之妻戶口責令看管，謹此恭摺奏聞。

〔註357〕亦作嘎斯，《欽定西域同文志》卷十四頁十一載，嘎斯，蒙古語味之苦者也，其地水苦，故名，清代青海數地均名嘎斯。此處嘎即今青海省芒崖鎮稍東之嘎斯湖，此地為青海入新疆塔里木盆地之要道口。

〔註358〕《平定準噶爾方略》卷六頁二十九作侍讀學士常授，後陞為理藩院額外侍郎。

〔註359〕《平定準噶爾方略》卷三頁五作台吉蘇爾扎，拉藏汗次子。

〔註360〕同名河流名，《清史稿》卷五二二頁一四四三作博囉充克克河，即湟水，作地名應在青海省海晏縣城一帶地區。

〔註361〕第四十七號文檔作額爾克。

〔註362〕此處翻譯不確，應為來台吉車凌扎布處請安，意為投奔台吉車凌扎布。

[69] 奏報由西來之喇嘛及蒙古等詢問藏情摺（康熙五十八年六月十三日）[2]-《卷二》

奏爲詢問西來喇嘛關於藏情事。

五月二十九日據青海預備兵隊之特派員外郎奈曼岱報稱，職至柴吉〔註363〕地方，由土司陸華凌〔註364〕送到西方所來之扎木楊沙木巴、羅布藏、羅布藏那木扎勒等喇嘛三名。當詢據扎木楊沙木巴等供稱，我等係洮州土司楊如松屬下之人，我三人曾於前年往西方請求命名，被準噶爾賊人所劫，未能得出，我等來時車凌端多布、吹木坡勒〔註365〕、三吉、托布齊領兵駐守拉藏地方，聞得令一支兵隊駐守哈喇烏蘇地方。彼等相稱，阿穆呼朗罕之阿哥王帶領重兵前來，於本年五六月間準噶爾人等即領兵折回等語。又本年正月間聞得由策旺阿拉布坦地方，策林端多布〔註366〕派使臣，因何事而來，竟不聞知，是以將喇嘛扎木楊沙木巴等交土司人解送西寧等語。是日公策旺諾拉布〔註367〕稟報稱，員外郎奈曼岱解送西寧扎木楊沙木巴等來至我前，訊問據供，策凌端多布、吹木坡勒、三吉、托布齊領兵駐守西藏，其中三吉於三月間往策旺阿拉布坦地方，不知去有何事。再聞得土伯特人等云，策凌端多布等之言，阿穆呼朗王之子大將軍王帶領無數大兵，沿途征來等因，此大兵之力，我們可敵否，各聚馬匹，即速餵養，五月間要回去領馬，唐古忒人等馬少，巴彥人等一二匹馬還有餘，準噶爾人等或有給幾兩銀拉去者，或有搶掠拉去者，他們原餵之馬還肥，現他們將好物及拉藏之金銀一切物件，解策旺阿拉布坦處，聞聽準噶爾兵來時有五六千，後陣亡病故，解送策旺阿拉布坦物件，現聞僅有二千有餘，將及三千，聽聞各唐古特之言，亦止有三千。現策凌端多布、托布齊、吹木坡勒、三吉四人居住拉藏房屋，下一千餘兵，亦有住西藏帳房支搭蒙古包者，亦有住房屋者，他們以下兵弁等，帶領將及一千兵，居住喀拉烏蘇河〔註368〕邊地方等語。班禪仍在扎什倫布地方，策凌端多布前往

〔註363〕青海省共和縣切吉水庫一帶地區。
〔註364〕《平定準噶爾方略》卷五頁二十八作陸華齡，應爲魯華齡，土司衙門在甘肅省永登縣連城鎮。
〔註365〕《平定準噶爾方略》卷六頁二十一作左哨頭目春丕勒。
〔註366〕《平定準噶爾方略》卷四頁十八作策零敦多卜。《蒙古世系》表四十三作策凌端多布，其父布木。此人爲大策凌端多布，以區別於小策凌端多布。
〔註367〕即公策旺諾爾布。
〔註368〕喀拉蒙古語黑色之意，烏蘇河流之意，水色發黑，故名，藏名那曲，今怒江上流之那曲河。

一次，聞亦甚恭敬，準噶爾等凡廟內供奉烏拉間哩木布齊佛、連紅帽佛，將頭身手足砍毀，處處拋撒，沉於河內。策凌端多布回西藏時他自己騎馬，別人步隨行走。是年二月間各唐古忒準噶爾等互相言及，今阿穆呼朗王之子大將軍王帶領無數兵丁由各路來討西方，我們二千餘兵，如何能敵，亦先藏避，五月間回去。見準噶爾等由各唐古忒湊馬，他們餵馬行走，見三吉趕緊餵馬，聞得將三吉差遣以前帶去西方寫經卷者二人，畫佛匠二人，描花匠二人，不知因何事領去，我所識之唐古忒等皆暗中怨恨，我們喇嘛被囚，拉藏汗被殺，今地方被準噶爾佔據，互云看此刑法，即如生在陰霧之中，何日纔得見天日。喀拉烏蘇等處有準噶爾之哨兵，我等出拉薩沿著嘎拉卓木蘭，順第巴達克贊城〔註369〕，由巴爾公路而來，並未見有哨兵。四月初七日穆魯烏蘇河〔註370〕之書塔渡口〔註371〕，告稱本處唐古忒，皆係大將軍王之使臣，呼畢勒罕之使臣，青海王貝勒貝子台吉等之使臣前往西方。又聞得內中一隊兵絕糧，由拉去之馬肥而不瘦，再先將其擎獲，策凌端多布問訊無供，令其跪則不跪，其云策凌端多布你係策旺阿拉布坦下地方一台吉，我係阿穆呼朗王欽差大臣，我比你尊貴，豈有在你前跪而對詞之理，並云將我速斬等語。在諾彥地方屢次拼命，他並不跪不供，但云將其斬殺，後見將其置於閑散，轉回西藏，我們要與其言，因厄魯特人等遠遠隨行，故此未言，此外並未見內地之人。上年有土伯特人得糧而食，衆喇嘛斷絕莽扎，非福，勒好茶，惟由喀木地方產出之茶，小包甚劣，有西拉茶，綢布手帕烟等物皆斷絕，第巴達克冊〔註372〕倡首辦理土伯特事宜等語。

六月初二日將扎木楊沙木巴、羅布藏那木扎爾解送前來，公策旺諾拉布，員外郎奈曼岱等訊問報稱外，扎木楊沙木巴等你們皆係內土司屬下人，準噶爾等未來以前你等在拉薩一處住將及二年，一切事宜未有不知，準噶爾大概如何，看班禪怎樣，將達賴喇嘛〔註373〕所賞物件，拉藏汗之物件，他們擄去

〔註369〕《平定準噶爾方略》卷六頁九作第巴達克咱，此爲第巴達克咱所居之宗堡，《大清一統志》（嘉慶）卷五百四十七作達克匝城，即今西藏林芝縣達孜鄉達孜村。
〔註370〕即蒙人於金沙江之稱謂。《水道提綱》卷八頁八載，金沙江即古麗水，亦曰繩水，亦曰犁牛河，番名木魯烏蘇，亦曰母薅烏素，音之轉也，岷江最上源也，出西藏衛地之巴薩通拉木山東麓，山形高大類乳牛，即古犁石山也。
〔註371〕疑爲白塔渡，《大清一統志》（嘉慶）卷五百四十七載白塔渡，達爾汗庫布渡，與西海部落接界。渡口在青海省稱多縣拉布鄉蘭達村旁。
〔註372〕《平定準噶爾方略》卷六頁九作第巴達克咱。
〔註373〕指爲拉藏汗所立且爲清廷冊封之六世達賴喇嘛阿旺伊西佳木磋。

如何辦理，準噶爾之兵大概有多少，皆駐守何處，由何處放哨，巴拉布〔註374〕、喀齊〔註375〕、布魯克巴〔註376〕、青海等處有無行走之人，策凌端多布在青海是否差人，內地兵有由裡塘前往打箭鑪地方，爾等見否，唐古忒人等意思大概如何，通共怎麼議論，爾等將見聞之處，全行稟告，不得遺漏，詳查訊問。據供稱，前年準噶爾等征討西藏時在扎什倫布，後來至西藏，在色拉廟〔註377〕住，上年夏間準噶爾等倡首一巴圖蒙克名人，帶領幾百兵，將拉藏汗所屬厄魯特婦孺搶出，達賴喇嘛所裡塘，尋往打箭鑪，告稱何處之兵，不知兵數。再前換防之巴拉布、喀齊人等被準噶爾兵所阻，無法駐守拉薩，由青海等處所去之人，竟未聞策凌端多布差派青海等處之人，別處皆照公策旺諾拉布等所報之言報告。扎木楊沙木巴、羅布藏那木扎爾等皆土司楊如松之人，遣回原處。

又五月二十二日駐守柴達木都統阿拉恩〔註378〕等稟報稱，五月十五日駐守本哨之侍衛呢布、齊拉罕等，帶領拉藏王下蒙丁二人婦女一人，訊問供稱，係拉藏汗之下人，名巴雅爾，前年準噶爾賊前往西藏，上年四月初五日將我等拏獲，被準噶爾遷去，七月初二日來至克哩業〔註379〕邊界地方，我岱青巴

〔註374〕 清代史料多作巴勒布，今尼泊爾加德滿都谷地三部落合稱巴勒布。《衛藏通志》卷十五頁十一載，藏之西南，計程兩月，有巴勒布部落，俗名別蚌子，其地時氣和暖，產稻穀、孔雀，其民分為三部，一曰布顏罕，一曰葉楞罕，一曰庫庫木罕，於雍正十年間遣使來藏，經駐藏大臣具奏，蒙聖旨恩允准內附，賞頒敕封三道，賜蟒緞玻璃瓷器等物，次年八月派員齎送至藏轉頒，十二年正月布顏罕等遣使來藏，請赴京進貢謝恩，又經具奏，奉旨准其來京，沿途供應。

〔註375〕 通常作卡契，藏人於週邊回教徒之統稱，此處似指克什米爾回教徒。《衛藏通志》卷十五頁九載，纏頭，一名克什米爾，西域回民，其部落在廓爾喀西南，往來藏中貿易，亦有在藏久住安有家室者，其人以白布纏頭，穿大領氈衣，不食豬肉，前藏設有大頭人三名，後藏大頭人一名管轄。

〔註376〕 即今不丹。《皇清職貢圖》卷二頁一六五載，布嚕克巴部落在藏地之西南，本西梵國所屬，西藏郡王頗羅鼐始招服之，今每歲遣人赴藏恭請聖安，其男子披髮裹白布如巾幘然，著長領褐衣，肩披白氈，手持素珠，婦女盤髮後垂，加以素冠，著紅衣，外繫花褐長裙，肩披青氈，項垂珠石纓絡圍繞至背，其俗知崇佛唪經，然皆紅教也。

〔註377〕 今名色拉寺，《大清一統志》（嘉慶）卷五百四十七作色喇廟，在喇薩北八里，亦宗喀巴弟子所建，有喇嘛三千餘。

〔註378〕 《欽定八旗通志》卷三百二十一作滿洲鑲黃旗都統阿勒納。《平定準噶爾方略》卷五頁二十作都統阿爾納。

〔註379〕 《平定準噶爾方略》卷六頁二十一作克勒底雅，今新疆克里雅河。準噶爾襲藏循克里雅河而入，故清初史料將阿里羌塘高原一帶誤稱作克哩野。

圖爾〔註380〕等將及四百戶，通共商議，我們雖死，請大皇上〔註381〕進內，出與賊相攻，來至哈拉詹胡查地方，撞著準噶爾防堵之賊，將岱青巴圖爾拏獲，捨命逃越山谷而行，本年五月十五日纔至柴達木地方，這婦女是我妻，這男人是我僕人，逃出時路上並被獲，未聞一切消息，是以將巴雅爾遣送西寧等語。六月初六日將巴雅爾夫妻送來後，男人巴雅爾，婦女霍圖王，爾等由何處逃，由何路而來此，與蘇拉唖〔註382〕之妻長瑪爾你們是否親戚，將所聞之消息皆當稟告。上年四月初五日準噶爾將我們將及四百戶人移送，解至策旺阿拉布坦前，準噶爾人名巴圖蒙克者帶領達瓦齋桑夫婦前行，名貝格者率領三百餘兵將我等擎走，行及三月，七月初二日數年賑給茶拉堪克哩業雪嶺地方，直至荒地邊界，岱青巴圖爾與眾相商，與賊相攻，出來至哈拉詹胡查地方，撞遇準噶爾策凌端多布遣派防堵之兵，將岱青巴圖爾等收穫，各自藏匿山谷，準噶爾去後，我們轉過山谷，處處尋食野獸，夜宿曉行，是年三月三十日來至柴達木查拉書歸地方，遇一親誼人家，住有月餘，五月初六日起行，十五日來至柴達木軍營，準噶爾等將我們遷去，路上聞得我們達民齋桑舊病復發身腫，至那克藏地方病故，我胞兄名巴彥泰，現蘇爾砸之妻長瑪爾，自柴達木而來，我僕人唐古忒因病來至哈瑪爾地方人家留住，我自己逃至克哩業邊界，未得大路，由雪山前轉由亂山谷尋來哈拉扎胡查〔註383〕道路，並未遇見人走，未聞別的消息等語。巴雅爾等皆上年七月間出來人，不知一切消息，將巴雅爾夫婦對明伊兄巴彥泰，送交蘇拉唖之妻外，謹此恭摺奏聞。

[70] 胤禛奏報甘肅巡撫綽奇等獻物摺（康熙五十八年七月初二日）

[1]-3424

臣胤禛謹奏，爲奏聞事。

甘肅巡撫綽奇遣人向臣問好，獻掛麨四匣草雞四隻。布政使覺羅折爾金遣人向臣問好，獻西瓜十五個甜瓜十個蘋果十五個龍骨素珠一串鸚鵡一隻生鹿一隻。臣受掛麨草雞西瓜甜瓜蘋果，他物均卻之，爲此謹具摺奏聞。

硃批，知道了。

〔註380〕即頗羅鼐。
〔註381〕原文作太上皇，今改爲大皇上。
〔註382〕《平定準噶爾方略》卷三頁五作台吉蘇爾扎，拉藏汗次子。
〔註383〕本文檔前文作哈拉詹胡查。

[71] 胤禎等請安摺（康熙五十八年七月初二日）[1]-3425

臣胤禎恭請皇父萬安，為此具摺謹奏。

臣胤禎、弘曙、弘智、弘曦。

硃批，朕體安，爾之太監來至，所送之物均妥善到達，留住數日仍照舊遣回，勿再向朕獻物，爾若有需用之物，務寄信。

附硃諭一道

朕原諭於二十六日自木蘭啟程，連日大雨，橋均沖毀，水並未退，八月初十日方修竣橋，啟程急行抵至大雁嶺，觀之，因興安方面大旱，獸無以停留，且興安寧古池皆乾涸，停止哨鹿，塵味甚劣，朕見情景差，急忙返回，逾烏里雅蘇台返回狩獵，獸異常豐富，於烏爾袞郭圍場圍鹿二三千隻，盡足取之，餘者均放之。眾阿哥均哨鹿，惟三阿哥〔註384〕哨得一隻，十六阿哥〔註385〕亦非入內而於外追捕者，此木蘭圍獵之概況也，御書知照。

[72] 胤禎奏聞四厄魯特內部情形摺（康熙五十八年七月初二日）[1]-3426

臣胤禎謹奏，為奏聞事。

六月二十八日青海郡王戴青和碩齊察罕丹津遣其子敦多布汪札勒〔註386〕來告，前年我父前往京城，具奏我等祭祀果莽喇嘛〔註387〕之情由，聖主慈封為額爾德尼諾門汗，賞部院之印文。今念大將軍王既臨，喇嘛親往謝聖主恩，恭請王安，叩拜活佛前來。抵至黃河此岸，阿勒泰卡吞〔註388〕、王羅卜藏丹津、貝勒阿喇布坦鄂木布、貝子策旺多爾濟、公達西敦多布等均稱老札西巴圖爾王〔註389〕在時曾有遺言，此果莽喇嘛與先世薩彥札木蘇〔註390〕為讐不睦，不准會見呼畢勒罕等因，乃止之。將謝聖主之恩，向王請安之事，一併止之。我父懼生事端，著果莽喇嘛留於哈爾哈圖處，先差我報聞情由。請大將軍王賞臉遣一領催，攜來果莽喇嘛，使其叩謝聖恩，向大將軍王請安，而後遣回。是否拜會靈童〔註391〕一事，我等兄弟後再行緩議等情來告。故此臣

〔註384〕清聖祖第三子胤祉。
〔註385〕清聖祖第十六子胤祿。
〔註386〕《蒙古世系》表三十八作惇多布旺札勒。
〔註387〕甘肅拉卜楞寺第一世嘉木樣活佛阿旺宗哲。
〔註388〕羅布藏丹津之母，卡吞蒙古語母親意。
〔註389〕《蒙古世系》表三十七作達什巴圖爾，顧實汗圖魯拜琥幼子，即第十子。
〔註390〕待考。
〔註391〕即七世達賴喇嘛羅布藏噶勒藏佳木磋。

遣領催博勒赫圖咨行王羅卜藏丹津等，果莽喇嘛為前來謝皇父恩惠之人，能禁止乎。爾差妥人員護送，勿禁止，果莽喇嘛抵至西寧，謝皇父恩後，仍差領催送出邊，是否拜會呼畢勒罕之事，爾等兄弟緩議了事等情。本月二十九日據青海親王羅卜藏丹津等密呈內開，前策妄喇布坦遣努和里為使，與老親王貝勒貝子公等共語，我等四厄魯特自古以來患難與共，今一心一意而行。老親王語，除大聖主慈恩外，我等並未同四厄魯特同心協力，今不可與之同心協力。貝勒貝子公眾台吉均照老親王之言復述，其後郡王戴青和碩齊〔註392〕語，四厄魯特乃為族親，我等確實親近，今老親王與其交惡，似投漢人為妥，故如此言，僅我為之親近，照策妄喇布坦語，凡言行迎合而行等情寄信，遣返努和里。伊續遣之克圖爾克依言稱，努和里來時我如此這般而言，今雖我在此處有備，爾等由彼處始取哈密。遣返時達克巴喇嘛前來言稱，我等對爾等語，取哈密令兵啓程，爾諸事有備，由我處取信等語。其後又復遣克圖爾克依，言先取哈密之事能成，今我同漢人既然近居，孤事難成，爾等自彼處派兵，前來西方，我亦從此處率兵前往，會合捕拉藏汗，取土伯特後，易於取漢地等語。克圖爾克依來後，特遣達克巴喇嘛來郡王戴青和碩齊前，聖主之大臣查問之時謊稱未來我處，而秘密返回，於是大聖主遣派大軍，而策妄喇布坦，郡王戴青和碩齊二人，堵截聖主大軍，各自不能差人取信，不能於西方會師，故大聖主向西方遣使時諭令我等青海王貝勒貝子公諸伯共同遣使，我等共遣可靠不失言之人，且郡王戴青和碩齊獨差其婿阿喇布坦〔註393〕者，一則可靠，二則乃策妄喇布坦弟輩。伊感大聖主之恩寵少，而叛逆聖主，會同策妄喇布坦，商定一切言行等情。再思軍旅之事若與此等人率兵而行，將會同征戰之人，以我等為讐矣。雖居於此，而不能知曉牧場情形，既然如此，凡事請大將軍王明鑒等語。來送文之車臣和碩齊吹告稱，據我主親王羅卜藏丹津密告，我父老親王札西巴圖爾往叩聖主以來，承蒙無疆之鴻恩，以至我本人又施以深重之恩，我惟仰報聖主仁育之恩，捨命効力外，我無異心。頃我往京城，聖主命我等備兵進攻之處，面奉諭旨，抵至西寧，大將軍王為我出兵盡力教誨，我自策旺多爾濟屬下寨桑、侍衛等詢訪核覆看來，郡王戴青和碩齊所行之事屬實，故不可不將此稟聞大將軍王，於是我本人與貝勒阿

〔註392〕即郡王戴青和碩齊察罕丹津。
〔註393〕《蒙古世系》表四十三作阿喇布坦，父納木奇札木禪，祖卓哩克圖和碩齊，曾祖巴圖爾渾台吉。

喇布坦鄂木布、盟長台吉吹喇克諾木齊、貝子巴勒朱爾阿喇布坦〔註394〕、拉查布〔註395〕、策旺多爾濟等共同商議，擬文鈐印以聞。郡王戴青和碩齊之品行，若往軍中，則不可靠，若留於家，則可憂慮，命眾台吉等均備兵，至行軍時酌情揀選妥員率兵，將困弱者留於遊牧處等情議定，故遵告之。故此臣與親王羅卜藏丹津之信使車臣和碩齊吹日，爾返回稟告爾等親王羅卜藏丹津等，爾等青海台吉皆世代蒙受皇父教養深重之恩，出以忠心，瀝陳見聞，呈書與我之情，我均已知悉。爾等眾台吉皆顧實汗〔註396〕之子孫，乃兄弟骨肉也。自顧實汗以來法度統一，因忠心恭順，舉止妥善，故皇父待爾等如同子孫，加封親王郡王貝勒貝子公，享榮華富貴。爾等兄弟內為小事，相互猜疑失睦，遂迭降諭旨，教誨爾等，直至此時方為周全。逆賊策旺阿喇布坦〔註397〕暗中遣兵，取招地，毀爾等祖父顧實汗所立之黃教，侵土伯特之眾，斬爾等骨肉拉藏汗，擄掠婦孺，特命我大軍管轄，保護爾等所有，清除逆賊，恢復爾等祖父顧實汗〔註398〕所立之黃教。爾等為進兵，往請訓諭，聖主制止爾等兄弟內相互猜疑，和睦一體，一心圖敵，爾等內若互相殘殺，如何外以圖敵，對爾等面訓遣之。以此爾等仰合皇父仁愛眾生之至意，念爾等祖父顧實汗所立之黃教，各自整兵，忠誠効力，上天自然保佑，福至本身，並及子孫，世代坐享榮華富貴。倘有不念祖父所創道統，背恩負義，尋倖妄為之人，本人以及子孫自然治罪，甚至毀滅，凡事安能出皇父神明大略。況我親率大軍駐此，孰敢胡亂造反，爾等眾台吉，惟各自備兵以待，不准妄啓釁端，大軍進攻之時我自有辦理之處。以此曉告發遣之外，為此繕摺將王羅卜藏丹津等所呈原蒙古文書，一併謹奏似聞。

[73] 胤禎奏聞唐古特三人所報消息摺（康熙五十八年七月初二日）
　　[1]-3427
　　臣胤禎謹奏，為奏聞事。
　　前小靈童之父索諾木達爾扎向侍衛札西〔註399〕告稱，我之意見，貝子拉

〔註394〕顧實汗圖魯拜琥第二子鄂木布孫，其父納木扎勒，《蒙古世系》表三十六失載。
〔註395〕《蒙古世系》表三十九作喇察布，顧實汗圖魯拜琥第五子伊勒都齊曾孫，其父墨爾根諾顏，祖博碩克濟農。
〔註396〕《平定準噶爾方略》卷一頁十一作顧實汗。
〔註397〕原文作旺喇布坦，據文意改為策旺阿喇布坦。
〔註398〕原文作碩實汗，今改正為顧實汗。
〔註399〕第四十七號文檔譯作扎什，胤禎留於塔爾寺與索諾木達爾扎傳事之二侍衛之一。

查布所屬唐古特人衆久居衝布色爾札〔註400〕地方。將我之喇木札木巴功格色布騰、噶布楚雲敦諾爾布、桑魯布〔註401〕等三人遣至伊等面前，欲取準噶爾消息等語。照伊所告於四月二十三日遣之。六月三十日喇木札木巴功格色布騰、噶布楚雲敦諾爾布、桑魯布抵至告稱，我等蒙大將軍王之教誨，受小靈童之父索諾木達爾扎文書，自西寧啓程，五月二十四日抵至衝布色爾札，會貝子拉查布屬下頭人韓多喇木札木巴、隆布希勒圖〔註402〕、察克布齊巴，致書探訊。伊等稱此處遠離招地，且無往返行走之人，故未聞任何消息，第巴達克察〔註403〕現差遣靈童之父索諾木達爾札之甥第巴阿爾布巴〔註404〕，於碩般多〔註405〕城收官賦前來。伊等商議，於此問之，以獲實信，於是派遣查克布齊巴，率隨從二人，前往碩般多城。六月初二日查克布齊巴歸來告稱，我至碩般多城會見第巴阿爾布巴，使閱索諾木達爾札之行文。我即言之，今由古木布木廟差遣三人，我若同攜之來，恐準噶爾人發覺，而未攜來，著將諸消息告我。第巴阿爾布巴向我告稱，我由招地啓程來後，據五月二十五日到來之第巴達克察咨文內開，今大聖主之子大將軍王之使者及小靈童、青海衆台吉等之使者，本月十八日抵至達木地方，聞得前來之事由均符我等意願，極大歡喜等情。續據二十七日所到之第巴達克察咨文內開，今大將軍王之使者及諸處使者，於五月二十五日抵至招地，衆使抵達後，既有用銀兩廩餼等項，爾速收此等物品，探明喀木衆人之心後急速啓程，於六月初十日內抵至

〔註400〕青海省玉樹縣仲達鄉拉娘寺附近地區。
〔註401〕第四十七號文檔此三人分別作蘭占巴功頟色布坦、噶布楚云端諾爾布、桑魯布。
〔註402〕隆布即《衛藏通志》卷十五頁五西寧辦事大臣所屬四十族之隆布族，牧地以青海省玉樹縣仲達鄉拉娘寺爲中心，隆布希勒圖即拉娘寺坐牀之喇嘛。
〔註403〕《平定準噶爾方略》卷六頁九作第巴達克咱。
〔註404〕《平定準噶爾方略》卷八頁二十二作阿爾布巴。《欽定西域同文志》卷二十四頁四載，阿坡特巴多爾濟佳勒博，轉音爲阿爾布巴多爾濟扎爾布，封貝子，辦噶卜倫事，後以叛誅，按阿坡特巴爲多爾濟佳勒博所居室名，漢字相沿止從轉音，稱阿爾布巴。藏史一般稱噶倫阿沛，西藏工布江達人，任拉藏汗噶倫，康熙五十九年清軍定藏，車凌端多布遣其率藏軍至察木多拒四川入藏清軍，其揚言身死，潛赴青海迎清軍入藏，告以藏中虛實，工布亦以二千軍護七世達賴入藏，受封貝子，任職噶倫，雍正元年康濟鼐受封總理藏事，忌之，雍正五年謀殺康濟鼐，遣軍赴後藏欲殺頗羅鼐，與頗羅鼐戰，及至頗羅鼐逼近拉薩，爲喇嘛擒獻頗羅鼐，查郎阿率清軍入藏，殊之。
〔註405〕《大清一統志》（嘉慶）卷五百四十七作舒班多城，《欽定理藩院則例》（道光）卷六十二作碩板多，清時期達賴所轄中等宗之一，今西藏洛隆縣碩督鎮。

招地等語。據前來之使者曰，著第巴達克察、班襌額爾德尼〔註406〕於六月十五日內抵至招地，已遣使往延，不曉為何事往延等語。再將我所曉之事，已用唐古特文，繕寫密書，咨行索諾木達爾札，諸情由消息均在文內。恐人知此消息，故文內未繕伊之名，亦未蓋印記，乃呈唐古特文書。

　　譯唐古特文觀之，文內所載，密咨，今準噶爾寨桑三吉於二月二十五日啟程前往策妄喇布坦處，第巴達克察、噶隆等共同商議，再三稟告策妄喇布坦咨稱，渾台吉〔註407〕爾若有弘揚土伯特佛教，安撫眾生之念，應將居古木布木廟小靈童盡力請至招地，此請之時皇上大聖主同我等青海之眾台吉一心聘請外，既然並無他策，皇上大聖主同青海眾台吉，以妥善相會為佳。若不能將此小靈童由古木布木廟請之，三年內土伯特人並無餘資，必將財盡庫虛等語。今若依大將軍王差遣之使者所言〔註408〕，聞皇上大聖主與青海眾台吉統一法規，一心欲封該小靈童，似逝者再生，不盡喜悅。準噶爾人祇一般稱呼達賴喇嘛，而甚忠於班襌額爾德尼。對達賴喇嘛之小靈童無誠意，亦無請其坐牀之意。今諸使於五月十八日抵至達木，對此來使，準噶爾人以好言相待罷。準噶爾人是否款待我等使者，有何言語，尚未聞之。據云金塔下有鎮準噶爾之法物，掘之時並無作法之物。惟掘出一人頭一磨，並無撼動〔註409〕金塔。共曰準噶爾人請攜派克巴魯克奇舒喇佛及所賞諸祭祀物，所言之事均謬。將諸物繕單一式兩張，一張著策妄喇布坦閱，故三吉攜帶，一張由第巴達克察收存。所賞細物準噶爾人未攜帶，若不能速請小靈童攜之，而最終導致事端，均不可料定。倘今年內凡善惡之事不能完結，則前五世達賴喇嘛所建之十三寺廟喇嘛解散，不可料定。今既然出現遣使相好，由沙爾貢拉嶺〔註410〕行走之眾僧俗與衛藏、達克布地方之所有僧俗意志統一，有利於事。對於衛藏諸事，第巴札西匝巴、魯木巴鼐〔註411〕二人亦裝做不曉，諸事承擔辦理。

〔註406〕指第五世班襌，《欽定西域同文志》卷二十三頁五載其名班臣羅布藏葉攝巴勒藏博。
〔註407〕《平定準噶爾方略》卷一頁一作策妄阿喇布坦
〔註408〕原文作聽言，今改為所言。
〔註409〕原文作憾動，今改為撼動。
〔註410〕常作沙貢拉山，又名丹達山，為自四川入藏途中著名之雪山，在今西藏邊壩縣。
〔註411〕即隆布鼐，《欽定西域同文志》卷二十四頁四載，魯木巴鼐扎什佳勒博，轉音為隆布鼐扎什扎爾布，封公，辦噶卜倫事，後以叛伏誅，按魯木巴鼐為扎什佳勒博所居室名，漢字相沿止從音，稱隆布鼐。據《西藏志》隆布鼐本藏人，昔為噶隆，因策冷敦多布侵藏，同札爾鼐赴木魯烏蘇迎接大兵，嚮導有功，封為公，管理西藏東北一帶地方兵馬事宜。後七世達賴之父索諾木達爾扎娶隆布鼐

小人我與察木多〔註412〕、札雅〔註413〕二處眾人傳話，喀木眾心一致，於招地自六月二十日遣使，準噶爾人倘不能請小靈童，我等土伯特僧俗三年內將財盡庫虛，並無餘資等情告之。今準噶爾兵於招地有三千外，無多。後又揚言增遣六千兵，大概誇大其詞罷。現內地兵與青海一心，遣派七八萬兵，準噶爾人無交戰之意逃遁耳。今年將小靈童請至招地，為使其立足穩定而誦經時，第巴札西匝巴、魯木巴鼐、小的我等三人各攤銀百兩，頭人、招地富裕戶共湊銀二千兩，於爾處亦照此誦經，今商上之財物均用盡，無供給準噶爾兵之廩餼。無奈小人我率貢布〔註414〕之三百兵，準噶爾之十八人，商上之十名蒙古人，由衛地之居民，三次斂取官賦，今除駐於喀木理塘、甲塘、巴塘等處之青海台吉屬眾外，商上屬眾一戶收銀一兩，五十戶收一騾，差派時第巴達克察令我前往，竊思我若不往，凡事大禍臨頭，故並未推脫，總有巧計可施，好言斂取，以使小靈童立足穩定，今抵至碩般多城，八月抵洛隆宗〔註415〕城駐紮。今使者前往西方之事務必妥善，倘事不符，內地兵與青海之眾一心，遣派五六萬兵，必能敗敵，向率全軍前來之為首大臣明報此等情由，洞鑒仁義之心。閱此文後切盼撕碎棄之，為此密咨等語。

對喇木扎木巴功格色布騰、噶卜楚雲敦諾爾布、桑魯布問曰，爾等雖未至招地，由招地而出之第巴阿爾布巴所轉來取信之人，必曉招地之諸事，今在招地有無我等內地人，若聞我等內地人出現，有會見之事否。聞得準噶爾車凌敦多布賜伊為首吹木不勒六百餘兵，渡哈喇烏蘇遣至青海，此情確實否，將爾等見聞，均稟告之。同告曰我等親由古木布木廟前往衝布色爾扎時由木魯烏蘇河察罕塔渡口〔註416〕前往，若準噶爾人果真渡哈喇烏蘇來青海地方，

二女為妻，結黨阿爾布巴、札爾鼐謀殺康濟鼐，引阿爾布巴之亂，及亂平被誅。

〔註412〕清時期此地屬察木多帕克巴拉呼圖克圖所轄，統屬於達賴喇嘛與駐藏大臣，今西藏昌都縣。

〔註413〕常作乍丫，清時期此地屬乍丫呼圖克圖所轄，統屬於達賴喇嘛與駐藏大臣，今西藏察雅縣香堆鎮。

〔註414〕今常作工布，《大清一統志》（嘉慶）卷五百四十七載，恭布部落，番夷三千餘戶，每歲進馬二匹於達賴喇嘛。入清後後此地區已設宗，非部落狀態，位於尼洋曲流域，為西藏氣候溫和、物產豐饒、人口繁庶之區。

〔註415〕《大清一統志》（嘉慶）卷五百四十七作羅隆宗城，《欽定理藩院則例》（道光）卷六十二載名洛隆宗，達賴屬中等宗之一，宗址位於西藏洛隆縣康沙鎮。

〔註416〕《大清一統志》（嘉慶）卷五百四十七載，白塔渡，達爾汗庫布渡，與西海部落接界。察罕為蒙古語白色之意，此渡口即白塔渡口，在青海省稱多縣拉布鄉蘭達村旁。

木魯烏蘇河週圍居住之唐古特部眾均應聞之，而準噶爾兵前來之事，竟無所聞。再我等親返回時抵至木魯烏蘇河察罕塔渡口，隆布部落〔註417〕一唐古特人告我等，聞之準噶爾一百餘人前來拉藏汗之掘金噶爾布寨桑所居之地，由拉藏汗〔註418〕所屬格爾吉部〔註419〕眾徵收官賦等語，不知眞僞。再我等親駐衝布色爾扎地方時彼處一隆布希勒圖喇嘛〔註420〕稟告我等，聞之內地兵四百四十餘人自招地出，尋向打箭爐時令所經城鄉之眾民，頭人乘馬，與眾人均辦給廩餼，朝打箭爐而去等情。我等並未親自會見由招地前來之第巴阿爾布巴，遣人取文，除文之外，並無見聞消息。故臣對取信前來之喇木札木巴功格色布騰等三人，予以嘉獎，每人各賞銀十兩遣之外，爲此具摺，將喇木札巴功格色布騰等攜來之唐古特文書，一併恭謹奏聞。

[74] 涼州士民因旱豁免錢糧代爲謝恩摺（康熙五十八年七月初二日） [2]-《卷三》

奏爲代涼州士民因旱豁免錢糧謝恩事。

竊准涼州所屬四衛所生員暨人民海明月等稱，涼州地居邊壤，近數年因遭旱災，聖主特沛恩施，疊次豁免人民錢糧草豆，所以小民各得生路，本擬進京叩謝天恩，正患路途窵遠，幸王親承諭旨率領大兵來至本省，我眾小民見王即如朝覲天顏，叩謝天恩，懇請代爲奏聞等語前來，臣當時對眾生員及人民等云，爾等感激聖主之恩，出於至誠，所請謝恩之處，准如所請代奏，爲此恭摺奏聞。

[75] 密保堪勝西安將軍人員摺（康熙五十八年七月初二日）[2]-《卷三》

奏爲密保人員事。

竊准兵部咨開，康熙五十八年六月初八日爲錫珠〔註421〕出缺，請補西安將軍事，接奉諭旨，就近令大將軍王在西路軍務大臣內遴選，將應行補放西安將軍人員具奏，欽此欽遵前來。臣查得都統宗室延信、呼呼城都統宗室楚

〔註417〕即《衛藏通志》卷十五頁五西寧辦事大臣所屬四十族之隆布族，牧地以青海省玉樹縣仲達鄉拉娘寺爲中心，隆布希勒圖喇嘛即拉娘寺坐牀之喇嘛。

〔註418〕原文誤作拉藏汗，今改正。

〔註419〕即《衛藏通志》卷十五頁五西寧辦事大臣所屬四十族之格爾吉族，牧地位於青海雜多縣昂賽鄉、結扎鄉、扎青鄉一帶地區。

〔註420〕隆布即《衛藏通志》卷十五頁五所載西寧辦事大臣所屬四十族之隆布族，其百戶駐於青海省玉樹縣仲達鄉拉娘寺，隆布希勒圖喇嘛即該寺坐牀之喇嘛。

〔註421〕《平定準噶爾方略》卷一頁十三作將軍席柱。

聰〔註422〕、副都統阿林寶〔註423〕、聰扎普〔註424〕等均品行端正，強壯魁偉，為此恭摺奏聞。

[76] 青海各盟旗願出兵一萬隨征摺（康熙五十八年七月初二日）
[2]-《卷三》

奏為青海共進大軍事。

六月二十九日青海親王羅布藏丹津暨各盟長等咨呈，為青海共進大軍事，現公同議定，無分晝夜一經傳信，即行起程，各台吉等皆已妥為預備，若此行彼留，即難得精銳之兵，故傳令各台吉等皆親來預備，至進兵時應留應往，酌定派出，盟長親王羅布藏丹津、察汗丹津〔註425〕、貝勒額爾德尼額爾克托克托鼐〔註426〕、阿爾布坦卓木布〔註427〕、貝子羅布藏達爾扎〔註428〕、巴拉珠爾阿拉巴坦〔註429〕、台吉吹拉克諾木奇〔註430〕等各蓋圖記為憑。文到後，據親王羅布藏丹津之車臣和碩齊稟稱，會盟請出兵一萬，若於台吉內或留或派，必致所派之台吉挑選精銳前往，所留牧之台吉，盡屬老弱殘兵，濫竽充數，故各盟長等及大小台吉會商，凡王貝勒貝子公台吉等各按職分出兵，妥為預備，無分晝夜，令到即速前往指定之處駐紮，俟進兵時再選擇各台吉，應令何人出發，何人守牧，如此則兵額可得萬餘，且可皆得精壯之兵等因會商，青海各台吉等皆已應允，願充預備兵，為此恭摺奏聞。

〔註422〕 呼呼城為蒙古語庫庫和屯之音譯，即今呼和浩特，《欽定八旗通志》卷三百三十一作歸化城都統楚宗。《平定準噶爾方略》卷六頁十三作都統楚宗。

〔註423〕 《欽定八旗通志》卷三百二十一作滿洲正藍旗副都統阿林寶。《平定準噶爾方略》卷七頁十九作副都統阿琳保。

〔註424〕 《欽定八旗通志》卷三百二十四作蒙古鑲黃旗副都統宗查布。《平定準噶爾方略》卷五頁二十一作副都統宗扎卜，後陞任西安將軍。

〔註425〕 即郡王戴青和碩齊察罕丹津。

〔註426〕 此處補鼐字，《蒙古世系》表三十六作額爾德尼額爾克托克托鼐，顧實汗圖魯拜琥第四子達蘭泰之孫，其父袞布。

〔註427〕 原文作阿爾布坦、卓木布，今改正為阿爾布坦卓木布，顧實汗圖魯拜琥長子達顏鄂齊爾汗孫，《蒙古世系》表三十八失載，《如意寶樹史》頁七九○後表一載其父羅布藏彭措貝勒，其名博碩特拉布坦旺波。

〔註428〕 《蒙古世系》表三十六作羅卜藏達爾札，顧實汗圖魯拜琥第二子鄂木布之孫，其父卓哩克圖岱青。

〔註429〕 顧實汗圖魯拜琥第二子鄂木布孫，其父納木扎勒，《蒙古世系》表三十六失載。

〔註430〕 此人為右翼盟長，顧實汗圖魯拜琥第七子瑚嚕木什之孫，《蒙古世系》表三十七失載，《如意寶樹史》頁七九○後表五載其父名旺欽，己名曲扎諾木齊台吉。

[77] 布政使哲勒津呈請捐購馬匹摺（康熙五十八年七月初二日） [2]-《卷三》

奏爲哲勒津〔註431〕呈請捐購馬匹請旨事。

竊據前甘肅布政使覺羅哲勒津呈稱，頃閱都統楚聰因前往索羅木之蒙兵馬匹缺少，經大將軍王暫將八旗兵丁馬匹撥給八百餘匹，職情願捐助馬價銀一萬兩等因呈稱前來。臣所撥蒙兵之馬皆由西安固原等處所養之馬補給，曾經具奏，此項銀兩並無用途等因駁回後，據哲勒津復行呈稱，奴才仰蒙聖主厚恩，職居布政，並未報効，值此撥給蒙兵馬匹之際，若准如數購送，則現當此軍務各處採購馬匹者甚多，祇以一時不得購齊，是以呈請捐納馬價，懇祈將此項撥給蒙兵馬匹之事，委交職手，陸續採購，於明年進兵時必能如數解足等因呈稱前來，查哲勒津呈請購買馬匹，可否收受之處，懇請諭示，爲此恭摺具奏請旨。

[78] 胤禎奏聞欲行獵摺（康熙五十八年七月初九日）[1]-3429

臣胤禎等謹奏。

臣等六月十三日請安摺於七月初四日到，聞聖躬安，白露之際照常往木蘭圍場，食美鹿麕蒙古羊，安養聖躬，臣等喜悅，此乃上天欲令皇父安樂也，念生計之甘美之味，內心羨慕。再臣等素居於此處，現牧群之馬膔肥，八月初此處田收割竣，我等亦練兵丁，今往查我軍所駐博羅衝克克〔註432〕、青海等處行獵十餘日，爲此謹奏聞皇父。

臣胤禎、弘曙、弘智、弘曦。

硃批，好，仍設哨所防守，聞得地方甚惡劣，多草叢，易跌倒。再雄獸力大殘暴，追人不止，心中注意，以免人馬受傷。

[79] 胤禎謝恩摺（康熙五十八年七月初九日）[1]-3430

臣胤禎謹奏，爲謝恩事。

七月初四日，蒙皇父仁愛，將熱河宮內以牛奶製作式樣精美之乳餅一匣，各類鮮果一匣，恭謹接受，同子謝恩，喜悅食之。又奉旨爾之子女嫁娶之事，均喜悅辦成，不必掛念家中，惟人心甚重要。將此晝夜放於心上，欽此。見此仁旨，又自臣家信內稱，臣之次子弘明娶妻諸物，及陪嫁我女諸物均已賞

〔註431〕《清代職官年表》布政使年表作甘肅布政使折爾金。
〔註432〕同名河流名，《清史稿》卷五二二頁一四四三作博囉充克克河，即湟水，作地名應在青海省海晏縣城一帶地區。

之，今又聞皇父施恩，均按其家賞之。兒臣感激，實不能當，且已蒙受皇父如此深恩，恐違皇父教養重恩，甚感惶悚不安。臣惟謹記皇父訓諭，盡力報効，仰皇父之福，從速藏事，叩謝聖顏外，臣實不能以奏語表達，爲此謹具摺奏聞。

[80] 胤禛奏聞駐西寧等回子過節獻禮物摺（康熙五十八年七月初九日）

[1]-3431

臣胤禛謹奏，爲奏聞事。

七月初三日據駐西寧之回子達爾漢伯克博洛特、駐多巴之回子台吉阿弘告稱，我等均末等回子，荷蒙聖主隆恩，於邊內安居樂業，我等回教，明日過節，大將軍王親臨此地，既逢我等年節，進獻新年之重禮，故率多巴、西寧、喀齊地方之衆回子，以伊等之年禮叩拜。故達爾漢伯克博洛特向臣進獻綠葡萄梭梭葡萄杏，喀齊地方之綢布手帕西洋紙，葉爾奇木〔註 433〕產之小刀等物。回子台吉阿弘向臣獻哈密瓜乾，葉爾奇木產之小刀，喀齊產之綢布等物。臣照伊等所請，准叩謝，受小刀瓜葡萄，他物卻之。賞與達爾漢〔註 434〕伯克博洛特、台吉阿弘綢餑奶油糕等物，爲此具摺恭謹奏聞。

硃批，知道了。

[81] 胤禛奏報寧夏等地方官員獻物摺（康熙五十八年七月初九日）

[1]-3432

胤禛謹奏，爲奏聞事。

寧夏總兵官范士傑〔註 435〕之妻宗室龔鎭衡〔註 436〕之女遣人向臣問好，獻芝麻綠豆小黃米（san mi）香油醃菜等物。署理〔註 437〕寧夏總兵官事務參將董玉祥遣人向臣問好，獻香油綠豆，臣均未受而卻之。再陝西巡撫噶什圖〔註 438〕獻臣《資治通鑒》《文選》書各一套，筆墨醃小菜等物。協理固原提督事務總兵官馬建伯遣人向臣問好，獻西瓜蘋果普洱茶蝦等物。西寧總兵官

〔註 433〕即清代史料所稱之葉爾羌，今新疆莎車縣。
〔註 434〕原文作達樂漢，今改正爲達爾漢。
〔註 435〕《平定準噶爾方略》卷四頁四十作范時捷，清初重臣范文程之孫。
〔註 436〕第二十一號文檔作龔振衡，《欽定八旗通志》卷三百十八載康熙五十五年內大臣有公振衡，疑即此人。
〔註 437〕原文作署里，今改正。
〔註 438〕《清代職官年表》巡撫年表作陝西巡撫噶什圖，《平定準噶爾方略》卷二頁二十一作西安巡撫噶什圖。

王宜前〔註439〕獻臣鶸子十二隻松雞一隻草雞二隻火雞四隻及西瓜果菜等物。按察司巴錫獻臣梨膏六瓶，並時常獻新鮮西瓜果菜等物。西寧道員趙世喜〔註440〕獻臣窩雛鶸子一隻，並時常獻新鮮西瓜果菜等物，臣未受。後噶什圖等反復懇請，此等物乃地方土產之小物，若仁愛我等則請賞臉予以收取。臣乃受鶸子松雞草雞火雞西瓜果醃菜等物，他物均卻之，為此具摺恭謹奏聞。

　　硃批，知道了。

[82] 胤禎奏聞於理塘巴塘等處探取信息摺（康熙五十八年七月初九日）[1]-3433

　　臣胤禎謹奏，為奏聞事。

　　七月初七日公策旺諾爾布呈文內稱，我率兵前行時招地出來之噶卜楚希喇布納木扎勒等三喇嘛。問之，噶卜楚希喇布納木扎勒告稱，我乃土司楊如松所屬喇嘛，先前我兄喇嘛噶卜楚扎克巴林沁著往我西方學經，自喀喇沁遣之。我至西地住於沙拉廟十二年。準噶爾兵來西地叛亂時我於去年正月十七日自沙拉廟啟程，沿哈喇烏蘇大路至門贊西里〔註441〕，被準噶爾哨兵撞見，截堵未出。今年七月十九日與率兵前往之值班主色稜於門贊西里處相遇，色稜問我情由後繕唐古特文，用我作繙譯，攜往哈喇烏蘇，八月十二日管轄土伯特衛地頭目著將致第巴拉克巴〔註442〕咨文，令我自哈喇烏蘇處遣送，我至第巴拉克巴前交遞文書。第巴拉克巴閱文，本欲率所有唐古特眾歸降我等大軍。後見我軍力單薄，準噶爾軍力強大，乃止降。因我不能成事，仍往招地，居住沙拉廟。今年三月二十四日我出沙拉廟，因不可由大路前來，乃由喀木路前來，四月二十五日至碩般多城後，第巴台吉〔註443〕宣稱，對喀木方面之眾每戶收銀一兩，五十戶取騾一頭，交與準噶爾人，我見佈告。準噶爾之車凌敦多布、托布齊、喇木扎木巴吹木丕勒等率三百餘兵駐紮招地。其餘兵丁

〔註439〕《平定準噶爾方略》卷三頁三十七作西寧總兵王以謙。
〔註440〕《甘肅通志》卷二十八頁三十八作趙世錫。
〔註441〕《欽定大清會典事例》（嘉慶）卷五百六十所載之瞞扎錫里，為青海入藏道路之一站，《清代唐代青海拉薩間的道程》解瞞扎為低窪的地方之意，即《西藏志》所載納克書三十九族之一扎嘛爾族，此處為分路之地，一去東北青海湖畔，一去木魯烏素支流拜都河而達柴達木，是為西路。即《中國分省系列地圖集 西藏》標註之西藏轟榮縣尼瑪鄉各巴村附近，《中國分省新地圖 西藏》標註為蒙咱。
〔註442〕《平定準噶爾方略》卷六頁九作第巴達克咱。
〔註443〕《平定準噶爾方略》卷六頁九作第巴達克咱。

在達木、布哈〔註444〕、莽鼐處，不知卡倫設在何處，三吉寨桑二月二十九日同果莽喇嘛〔註445〕率準噶爾兵六十，及老弱病殘之衆，往策妄喇布坦前。此前往時招地所餘拉藏汗之人，由布雷琫、沙拉、噶爾丹此三廟〔註446〕各揀有德之好喇嘛二名攜之。班禪額爾德尼仍駐喇西魯木布廟〔註447〕，達賴喇嘛之靈童駐札克布里廟〔註448〕。

再阿穆呼朗汗之二隊大軍，自里塘〔註449〕、巴塘進攻，車凌敦多布聞之，由果木布部〔註450〕揀選五百健壯者，交與德本〔註451〕納巴多爾濟加勒布，均扮作商人，盜竊里塘、巴塘進入之軍馬。此五百兵抵至尼雅布札木達處，爲首人德本納巴多爾濟加勒布尚未至，故於尼雅布札木達處等候。後聞之此五百人抵至碩般多之察拉諾克榮處。果木布部五百人，交德本納巴多爾濟加勒布差遣時將準噶爾人同遣之等情，不曉遣否，惟見果木布部之五百人。

再布雷琫廟〔註452〕原有七千餘喇嘛，今惟有近二千。沙拉廟原有五千餘，今惟有一千餘。噶爾丹廟原有二千餘，今惟有九百餘。今由我等處斷絕一切貿易，此三大廟一日惟熬茶一次，綢布茶烟等物均斷絕。準噶爾兵抵達以來，徵收差賦甚重，土伯特部衆民人喇嘛相互抱怨之。再聞由策妄喇布坦處揚言

〔註444〕即布喀，與湖同名地名，布喀池即今西藏班戈縣巴木錯。
〔註445〕此喇嘛爲哲蚌寺郭莽札倉之堪布喇嘛，非青海廣惠寺之敏珠爾呼圖克圖，亦非察罕丹津所奉祀之郭莽喇嘛甘肅拉卜楞寺第一世嘉木樣活佛阿旺宗哲。《東噶藏學大辭典 歷史人物類》上冊頁七〇言此郭莽喇嘛爲巴圖爾洪台吉第七子，然年歲相差太大，應非此人。《如意寶樹史》頁七八五後表一載噶爾丹有一子名郭莽洛卜藏朋素克，然當噶爾丹之敗，噶爾丹之女尚爲清聖祖強索至京，噶爾丹之子似不可存於西藏，《康熙朝滿文硃批奏摺彙編》第三二三九號文檔《理藩院寄密旨與署理將軍事務額倫特之咨文》清聖祖言西地果莽喇嘛乃準噶爾人，爲車凌敦多布兄，當以此説爲確。
〔註446〕指格魯派哲蚌寺、色拉寺、甘丹寺三大寺，《大清一統志》（嘉慶）卷五百四十七頁二十八載三寺名分別爲布雷峰廟、色喇廟、噶爾丹廟。
〔註447〕即扎什倫布寺，《大清一統志》（嘉慶）卷五百四十七載，札什倫布廟，在日喀則城西二里都布山前，相傳昔宗喀巴大弟子根敦卓巴所建，至今班禪喇嘛居此。
〔註448〕《大清一統志》（嘉慶）卷五百四十七載該寺在拉薩西五里，疑即藥王山寺。
〔註449〕今四川省理塘縣。
〔註450〕今常作工布，《大清一統志》（嘉慶）卷五百四十七載，恭布部落，番夷三千餘戶，每歲進馬二匹於達賴喇嘛。入清後後此地區已設宗，非部落狀態，位於尼洋曲流域，爲西藏氣候溫和、物產豐饒、人口繁庶之區。
〔註451〕德本，常作第巴。
〔註452〕即哲蚌寺，《大清一統志》（嘉慶）卷五百四十七載，布雷峰廟，在喇薩西北十六里，相傳宗喀巴弟子所建，有喇嘛五千餘。

遣六千兵至招地，換防原兵等情。不知何時前來，亦不曉眞僞。我並未聽聞由車凌敦多布處調六百兵至青海。又聞準噶爾人相議阿穆呼朗汗之子大將軍王率大軍，由各路來征，兵力若強，我等返歸，倘仍照去年力單而來，將迎戰抵抗等情。故此將噶卜楚西喇布納木札勒等三喇嘛均遣往西寧等情呈文至。臣即飛咨都統法拉〔註453〕，據由招地而出之噶卜楚西喇布納木札勒告稱，車凌敦多布揀選果木布部之五百人，派遣扮作商人，盜我等里塘、巴塘征戰之軍馬，雖不曉眞僞，我等不可無備。既然如此，妥加嚴守爾處卡倫，遣精幹官兵守護牧群。再若有自藏地往里塘、巴塘之人，時時探訊詳查，今我軍由多路進攻，準噶爾人聞之，因計窮，惟盜牧群，編造謊言，尋求僥倖，我等益加嚴防爲妥等情。噶卜楚西喇布納木札勒等三喇嘛抵至西寧後，復經詳問，若另有消息，再行具奏外，爲此具摺，恭謹奏聞。

[83] 胤禛奏聞蒙古回子叩謝皇上賞銀摺（康熙五十八年七月初九日）

[1]-3434

臣胤禛謹奏，爲奏聞事。

七月初八日據回子達爾漢伯克伯洛特告稱，去年將軍額倫特、色稜前往招地，其回子嚮導薩里及同行運米之我等蒙古回子共十八人。去年奉聖主諭旨，抵達喀喇烏蘇之蒙古回子等，不分盡力與否，每人各賞銀五兩，欽此欽遵。對我等十八人依例每人各賞銀五兩，嚮導運米出力者皆我等小人理應効力之事，而聖主施以仁慈之鴻恩，我等小民均感激歡悅，嗣後若有行走之事，此等衆人益加勉爲効力。我等小民除感激聖主之恩外，實不得表達之奏語，職親率衆叩謝聖主之恩等因。臣准回子達爾漢伯克伯洛特等叩謝皇父之恩，爲此具摺恭謹奏聞。

硃批，知道了。

[84] 胤禛奏聞海山爲子訂婚謝恩摺（康熙五十八年七月初九日）[1]-3435

臣胤禛謹奏，爲奏聞事。

據閒散宗室海山告稱，自我家來信內開，江南提督趙珀〔註454〕之女特諭指配我子。我聞此訊不勝喜悅，身不由己。聖主施鴻恩，將我子錄爲侍衛，

〔註453〕《欽定八旗通志》卷三百二十四作蒙古鑲白旗都統法喇。《平定準噶爾方略》卷四頁三十八作都統法喇。
〔註454〕《欽定八旗通志》卷三百四十一作趙珀，漢軍鑲紅旗人，康熙五十七年九月任江南提督，六十年正月革。

於哈哈珠塞上行走，且今又施殊恩，將趙珀之女指婚我子，我除感激之情外，並無表達之奏言。伏祈謝恩等情稟告時，臣我准海山望闕叩恩，爲此具摺，謹此奏聞。

硃批，知道了。

[85] 胤禎奏報歸降之準噶爾薩木坦口供摺（康熙五十八年七月初九日）[1]-3436

硃批，議政大臣閱。

臣胤禎謹奏，爲奏聞事。

七月初五日據駐柴達木之都統阿喇納〔註455〕等報稱，七月初一日往駐蒙古驛站之理藩院領催多爾濟抵柴達木告稱，我率駐驛蒙古人等，駐噶順地方候公〔註456〕。噶順處乃招地之大路，由西地倘人出來，不可料定等因。我令蒙古人於三處以二三人設哨，我親巡察時見由西地逃出準噶爾人薩木坦，緝捕攜來，請大臣等訊問此來之事由。故此訊薩木坦，爾係何人，自何處來，做何事，車凌敦多布等今在何處，何處設卡倫，遇我等遣使否，爾何月由招地出來，來時爾是單獨前來，還另有人，由策妄喇布坦處又有消息否等情訊之。告稱我原係土爾扈特三吉札布〔註457〕之人，充軍隨車凌敦多布前來招地，抵至招地，我等甚辛勞，且又疑防我等，故此我等共五人商議，我等不論生死，逃出投奔聖主大皇帝，六月初四日夜由達木地方逃出，各自執馬欲騎乘行時，我等之哈什哈、烏爾格德依二人未來約定之地，或因被準噶爾人拏獲，故我等三人急速前來，抵達多布勒圖〔註458〕處，因我等坐騎皆困乏不能行，我等又處處尋視馬畜，故我等哈什哈、巴彥二人又離散，由此我單獨前來，抵至噶順地方，與該領催多爾濟相遇，將我攜來。我親來此地時車凌敦多布親率百餘人駐於招地，托布齊、吹木泊勒〔註459〕二人率三千餘兵駐於達木。我逃出前一群唐古特五百餘牛馱，遇達木地方兵丁攜之，經問答爲商人，我

〔註455〕《欽定八旗通志》卷三百二十一作滿洲鑲黃旗都統阿勒納。《平定準噶爾方略》卷五頁二十作都統阿爾納。

〔註456〕此處公似指策旺諾爾布。

〔註457〕《平定準噶爾方略》卷二頁三作三濟扎卜，土爾扈特阿玉奇汗之子。

〔註458〕《欽定大清會典事例》（嘉慶）卷五百六十所載之東布拉，東布拉爲青海至藏中途之一山口，即須翻越今所謂東布里山之一山口，該處以地圖查之有兩山口爲可行之途徑，兩山口相距十公里餘，當以北邊山口爲是。

〔註459〕《平定準噶爾方略》卷六頁二十一作左哨頭目春丕勒。

心思之其非商人，必是同車凌敦多布要好之人，往援準噶爾兵廩餼罷。其後又有六名蒙古人前往，聞言乃小車凌敦多布姐之使者，其使者言稱，自內大使前來，此來之際，小靈童之使者、準噶爾之使者、青海衆台吉之使者共同前來。車凌敦多布等聞之於喀勒占琿查、吉魯肯塔拉〔註460〕、胡盧孫蘇伯等三哨所增派人員，迎領使者，五月二十日抵至達木處，於達木駐十日，六月初一日將爾等之使者攜至招地，我於本月初四日由達木地方逃出等語。於此訊問薩木坦，我等使臣抵至達木處，既然駐十日，在此期間，如何議論，後又如何遣派至招地。告稱如何議論我不曉，惟衆聞善惡者之議論，因今年無戰敵而閱兵，將使者攜至招地者，或以此迎合車凌敦多布罷。準噶爾人又議，此使臣均僞遣者來此，訪察我等是否在此或已返歸，來取消息矣。再自策妄喇布坦處向招地遣人，行一月即至。去年九月使者前來一次，再無人來，亦無消息。衆驚怨，哈薩克、布魯特來伐，堵截我等遊牧。拉藏汗長子噶爾丹丹津〔註461〕遁入俄羅斯。巴里坤、土爾坤處滿洲兵築城鎮守，阿勒泰、推河亦築城駐大軍，故此因斷我等行路，方斷使者等語。訊薩木坦，爾等準噶爾今將如何，每月如何供給爾等廩餼，今年駐招地否，或已返回乎，班禪喇嘛駐於何處。告稱除準噶爾爲首之人外，兵丁均窮苦，每人二十日給麨二碟，七個銀錢，一個銀錢重一錢五分，共纔有一兩五分銀，竟不足購買一應物件，以至生計甚難。衆心惟乞盼大皇帝多來兵力，即敗出，或喚策妄喇布坦來，方得退卻。今春突然驚云大聖皇帝之子大將軍王率三十萬大軍，分數路而來，倘欲逃出，馬畜瘦弱，欲以抵禦，力量不足，今將死矣，各自驚慌逃竄，後因無消息，方稍安定。班禪仍駐喇希盧木布〔註462〕等語。訊問，所攜我之大臣何月攜走，第巴台吉之唐古特人如何。薩木坦答稱侍郎色稜〔註463〕於去年十月被博瑋、西喇奇塔特二人攜走，其餘皆於今年三月被三吉本人攜走。第

〔註460〕塔拉，蒙古語平甸之意，吉魯肯作濟魯肯，《欽定西域同文志》卷十四頁十三，蒙古語濟魯肯謂心也，四山環繞，中有平甸之意。此爲青海入藏要道。《衛藏通志》卷三頁二載，瀾滄江有二源，一源於喀木之格爾機雜噶爾山，名雜楮河。一源於喀木之濟魯肯他拉，名敖木楮河，二水會於察木多廟之南，名拉克楮河，流入雲南境爲瀾滄江，南流至車里宣撫司爲九龍江，流入緬國。

〔註461〕《蒙古世系》表三十八作噶爾丹丹忠。

〔註462〕即扎什倫布寺，《大清一統志》（嘉慶）卷五百四十七載，扎什倫布廟，在日喀則城西二里都布山前，相傳昔宗喀巴大弟子根敦卓巴所建，至今班禪喇嘛居此。

〔註463〕《平定準噶爾方略》卷二頁二十二作一等侍衛色楞。授爲副都統。

巴台吉今同我車凌敦多布好似一人，惟因由下屬唐古特人徵官賦甚重，衆唐古特無不怨憤等語。訊薩木坦，除此外還有見聞之事否，告稱除此之外我無知曉之事，惟有傳聞小車凌敦多布攜來六千兵，業已至克里葉〔註464〕，我思之皆謬。爲何如此言之，小車凌敦多布若率兵前來，即使兵士不至，豈能不遣使者給訊，此亦宜撫我衆心矣。再我台吉之妾乃土爾扈特阿玉奇〔註465〕之女，其生小台吉名舒努〔註466〕，策妄喇布坦惟憐愛噶爾丹車凌〔註467〕，不愛舒努，伊等父子相互不合。我軍來後聞之，舒努與小車凌敦多布會合，向阿勒泰逃出等情。再三吉返歸時抵至阿里地方，彼處頭人稱準噶爾劫掠伊等商人，故派兵禁止三吉，其他事我不知曉等情告之。故此本欲將薩木坦交領催多爾濟遣之，因多爾濟中風得病，將薩木坦交護軍參領欽雕，七月初二日乘驛由柴達木啓程，送往西寧。本月初六日護軍參領欽雕將來降服之薩木坦送至，訊問薩木坦，爾同車凌敦多布等乃初來之人，諸事皆曉，初來時策妄喇布坦以何語言之，將爾等派往隨軍，兵之實數幾何，如何辦理爾等馬匹糧餼後啓程，多少兵抵至招地，今有兵多少，再自伊犁經克里葉至招地路程遠近如何，水草如何。告稱先策妄喇布坦將車凌敦多布等遣派於隨軍後，惟言遣至和通〔註468〕、克里葉，不知用兵何處，號稱六千兵，正數惟遣五千五百。其中準噶爾人佔三分之一，我等土爾扈特人佔三分之二，對兵丁每人酌情辦給四五匹馬駝一峰羊一隻及糧米後啓程，抵至克里葉，將畜盡有病之五百餘兵留於克里葉。由彼處行二十日後，車凌敦多布方對我等宣稱往征招地。沿途水草極差，因馬畜倒斃，甚爲勞苦，兵丁步行七八月，五千兵丁抵至招地，數次交戰，除陣亡病故遣返之人外，現於招地衹有兵三千。由伊犁經克里葉至招地，道路甚險，水草亦差，大約由西寧至西招地稍遠。訊問薩木坦，爾稟告內稱策妄喇布坦少子舒努、小車凌敦多布一同向阿勒泰去矣，拉藏汗之子噶爾丹丹津逃入俄羅斯，此語爾聞孰言，伊等惟隻身出逃，或率兵出逃，逃往何方。告稱一日準噶爾人哈什哈告我，我原跟隨舒努之人，今聞自伊犁前來使者言，舒努與伊父策妄喇布坦反目，同小車凌敦多布率萬戶，投往阿勒泰，歸降阿穆呼朗汗。我之主人均往，而我何必在此處，我等逃出，未及

〔註464〕《平定準噶爾方略》卷六頁二十一作克勒底雅。
〔註465〕《平定準噶爾方略》卷二頁三作土爾扈特阿玉奇汗。
〔註466〕此女生二子，《蒙古世系》表四十三作羅卜藏舒努、舒努達木巴巴朗。
〔註467〕《蒙古世系》表四十三作噶爾丹策凌，繼其父爲準噶爾汗。
〔註468〕疑即今新疆和田縣。

投向阿穆呼朗汗，我等土爾扈特人哈什哈、烏爾格德依、及準噶爾人巴彥，我等五人商議而出。又聞衆告，舒努掠駐於邊界之達賴希勒圖、阿巴噶斯二部落之人，投歸阿穆呼朗汗，或又言舒努等逃出，被策妄喇布坦追兵拏獲，復攜返，此二種說法，不曉何爲眞僞。我聞托布齊寨桑率一名隨從舒努之男童烏巴希，攜來招地。一日托布齊〔註469〕發怒，責備男童，爾先前倚爾之主人舒努胡亂逞強，今爾之主人去往何處，爾知曉否等情。再據準噶爾人哈什哈又告我稱，聞前來之使者語，乘哈薩克、布魯特堵截我等遊牧之機，噶爾丹丹津逃出，歸入俄羅斯，未明確告之係率兵前往或隻身前往。訊問薩木坦，據爾稟告三吉歸返時抵至阿里，彼處頭人遣兵截止三吉，此語孰告於爾，今仍截止否，或准過境。告稱三吉今年三月歸返時因克里葉路險惡，故由阿里路前往，後據準噶爾人西里克告我稱，阿里處一唐古特人來，告第巴達克察，三吉抵至阿里處，阿里一頭人率兵，截止三吉等情，如何之處，未有所聞，除此數件，問及其他，均照稟告都統阿喇納所告。薩木坦知曉準噶爾賊不久滅亡，既慕皇父教化歸降，臣賞與薩木坦帽衣一套。護軍參領欽雕告稱，職蒙受聖主降恩，在軍中以來，雖於卡倫効力，尚不能報主之恩，今將由藏逃出之準噶爾人薩木坦送至京城，今年仰聖主之福，青海地方竟無賊患，現軍中既無事，欽雕跪請，此次解送，我隻身前往，朝覲聖主天顏再歸等情。欽雕以送人之便跪請朝覲皇父天顏，心甚迫切，臣遣欽雕將歸降之薩木坦經驛解送，於七月初九日啓程，爲此具摺恭謹奏聞。

附康熙帝上諭一件

大將軍王所奏五摺，議政大臣均已閱。所取諸事消息甚明晰，此內因無應議之事，故無庸議。

[86] 柴達木兵士不准借支錢糧請旨摺（康熙五十八年七月初九日）
[2]-《卷三》

奏爲柴達木兵士借給錢糧事。

准兵部咨開，據議政大臣等議奏，總兵王益謙〔註470〕奏稱，據柴達木都統阿爾那等咨稱，遊擊崔汝增〔註471〕現在柴達木駐兵四百名，已二年有餘，帳房鍋灶等物俱已殘破，騎馱馬匹因春秋皆在口外度活，是以缺少五百七十

〔註469〕原文作托布，今改爲托布齊。
〔註470〕《平定準噶爾方略》卷三頁三十七作西寧總兵王以謙。
〔註471〕《甘肅通志》卷二十九頁六十四作西寧鎮標右營遊擊崔日增。

三匹，軍士任洪等懇祈借給十個月錢糧，補買馬匹，以盡犬馬之勞，呈請咨行前來。除將殘破帳房鍋灶等項如數鑄造補送外，其軍人馬匹，關係征防，事稱重要，斷不可缺，擬由軍需銀內賞給軍人十個月錢糧，令其補買馬匹，俟軍士回營後，令其如數陸續扣還等語前來。准如該總兵所請，咨行辦理，西寧糧餉事務巡撫噶什圖著借給柴達木四百名綠營兵十個月錢糧，購買缺額馬匹，補足原數，俟軍士回營後，令其如數扣還等因，會議具奏。當經面奉諭旨，大將軍王會同巡撫噶什圖將是否應給之處議妥，一面辦理應給，一面奏聞，欽此欽遵，咨行到臣。查總兵王益謙所稱，雖軍人馬匹關係征防，事稱重要，斷不可缺，惟此四百兵每屆八個月換班撤回，斯時馬匹不及購足，而所借錢糧一經到手，即將用盡，軍士回營後即令扣還錢財，則軍人反至受累，該總兵王益謙奏請借給現駐柴達木四百名綠營兵丁十個月錢糧之處，著毋庸議，為此謹奏請旨。

[87] 胤禛恭進物品摺（康熙五十八年七月二十六日）[1]-3441

臣胤禛謹奏。

臣等七月初二日請安摺本月十九日到。喜聞皇父方安，又奉旨再勿寄朕貢品，爾若有需用之物，務寄信，欽此欽閱。惟臣已近九月未服侍於皇父左右，又並未効力而坐享，故臣之私意謹監製薩爾魯克牛奶乳餅，以月餅型製之畢西拉克，及壓花製作哈特之果蛋等數種，乘八月十五日中秋節貢獻，以令皇父愉悅，既已製畢，將此處所產火石，一併乘便入貢。嗣後臣謹遵旨，伏請將此次貢物，皇父笑納之。再臣仰皇父之恩，實不缺物，誠有所需，臣不請於皇父，又向孰請之。惟臣處雖有馬鹿，甚不如木蘭鹿肉味美，伏乞皇父抵至木蘭，微賞獵獲之鹿肉，為此具摺謹奏。

硃批，貢物均甚潔淨，已妥善到來。曾聞薩爾魯克牛之奶油，未聞奶皮子、乳餅等物之名〔註472〕，確實絕好之奶也，朕寄信稱二十六日啟程，收糧完竣，降大雨，河水大瀉，橋均被沖毀，候水退修橋，初九日橋竣，朕於初十日啟程，初九日繕此旨。

[88] 胤禛轉奏補放為西安將軍叩謝摺（康熙五十八年七月二十六日）[1]-3442

胤禛謹奏，為奏聞事。

〔註472〕原文作乳餅等物之，今改正為乳餅等物之名。

據西安將軍宗札布呈稱，准兵部咨，爲補放西安將軍具奏，奉旨著宗札布補放爲西安將軍，欽此欽遵，咨行前來。奴才係末等奴才，未効微勞，且聖主軫念臣之祖父，奴才年少時即補爲副都統。此次來軍中，並無効力，聖主又逾格薦舉奴才，補爲將軍，似此覆載深恩，奴才如何効力，不能仰酬於萬一，奴才蒙此重任，惟謹遵行聖主指教，勉勵官兵，諸處盡力報効外，實不得奏言，故此奴才不勝感戴，望闕叩謝天恩，伏祈大將軍王轉奏等語，爲此具摺恭謹奏聞。

硃批，知道了，西安之軍甚要，將宗札布暫速遣西安，習練兵馬，應修整器械，王處若有需用即支取，數日內抵達也。

[89] 胤禎奏報陝西巡撫噶什圖等獻物摺（康熙五十八年七月二十六日）[1]-3443

臣胤禎謹奏，爲奏聞事。

陝西巡撫噶什圖獻臣馬三十八匹騾二頭羊八百隻。蘭州布政使覺羅折爾金差人獻臣鷹一隻西瓜果等物。署理寧夏總兵官印務事參將董玉祥遣人獻臣靈州地方土產西瓜六馱。臣受巡撫噶什圖進獻之馬，騾羊卻之。布政使覺羅折爾金、參將董玉祥〔註473〕進獻之鷹西瓜果等物均受之。西寧土司齊憲邦〔註474〕獻臣藏香二束氆氌一條劣素珠一串拉古爾碗一隻。臣受碗素珠，賜伊綢一疋，他物均卻之。莊浪土司盧華齡〔註475〕獻臣藏香一束劣素珠一串拉古爾碗一隻藏狗一條。臣受碗素珠，他物卻之。再候補道員李玉堂獻臣餙小茶，臣均卻之，爲此具摺恭謹奏聞。

硃批，知道了。

[90] 胤禎奏聞於西寧迎送果莽喇嘛等情形摺（康熙五十八年七月二十六日）[1]-3444

臣胤禎謹奏，爲奏聞事。

前青海郡王戴青和碩齊察罕丹津奉祀之喇嘛果莽額爾德尼諾門汗〔註476〕前來西寧，叩謝皇父之恩，來會小靈童，親王羅卜藏丹津等制止之，已差領

〔註473〕原文作董主祥，本文檔前文作董玉祥，故改正。
〔註474〕《平定準噶爾方略》卷五頁二十八作祁顯邦，應寫作祁憲邦，土司衙門在青海省平安縣三合鎮三合村。
〔註475〕《平定準噶爾方略》卷五頁二十八作陸華齡，應爲魯華齡，土司衙門在甘肅省永登縣連城鎮。
〔註476〕甘肅拉卜楞寺第一世嘉木樣活佛阿旺宗哲。

催博勒和圖〔註477〕之處，業經具奏。七月初六日據領催博勒和圖來告，我抵至沙拉圖〔註478〕地方將大將軍王之書交親王羅卜藏丹津阿勒泰喀吞〔註479〕後，伊等言大將軍王差遣領催召果莽喇嘛來，我等豈敢禁止。今即派人至王察罕丹津處欲遣果莽喇嘛至西寧，故將侍衛納木札勒與我同遣之，於七月初一日令果莽喇嘛等自烏蘭布拉克啓程等語。本月初九日王察罕丹津、喇嘛果莽額爾德尼諾門汗、台吉額爾克戴青阿喇布坦札木蘇〔註480〕、渾綽拜、達西盆蘇克〔註481〕來至西寧後，臣令王察罕丹津、喇嘛果莽額爾德尼諾門汗、台吉等入見，喇嘛果莽額爾德尼諾門汗跪請皇父安，獻哈達。告稱我乃一小喇嘛，蒙聖主仁愛，封我為額爾德尼諾門汗，賞敕書，我為喇嘛之人，惟祝聖主萬萬壽外，何以報答等語，以手合掌叩謝皇父之恩。台吉額爾克戴青阿喇布坦札木蘇亦請皇父安，獻哈達。又敬臣哈達，臣均回敬哈達，落座飲茶食飯。王察罕丹津獻臣馬九匹牛九頭羊一百隻及畢西拉克〔註482〕等物。喇嘛額爾德尼諾門汗獻臣阿玉希佛一尊香九束金九兩氆氌三條駝九峰馬九匹貂皮六張。台吉阿喇布坦札木蘇獻臣鳥槍一支馬六匹。受喇嘛額爾德尼諾門汗之佛香及駝一峰，王察罕丹津之馬一匹，台吉阿喇布坦之馬一匹及鳥槍，均賜相應之綢六疋，其他馬駝牛羊金氆氌酸奶酒等物均未受卻之。臣又賜喇嘛額爾德尼諾門汗劣素珠一串，王察罕丹津蟒緞袍一件，帶玉環手帕荷包之腰帶一條，琥珀念珠一條。翌日初十日王察罕丹津、喇嘛額爾德尼門汗等歸返時臣仍差領催博勒和圖出邊往送，為此謹具摺奏聞。

[91] 胤禎奏聞準噶爾消息摺（康熙五十八年七月二十六日）[1]-3445

臣胤禎謹奏，為奏聞事。

七月初三日據衛戍索洛木等處公策旺諾爾布等報稱，我親率兵於六月二十九日駐登努斯特嶺〔註483〕下，遇親王羅卜藏丹津之喇嘛阿旺林臣喇木札木

〔註477〕第七十二號文檔作博勒赫圖。
〔註478〕《欽定西域同文志》卷十四頁二十作沙拉圖，蒙古語沙拉圖無水草處，今青海省興海縣切吉河源附近。
〔註479〕第七十二號文檔作卡吞，蒙古語母親之意。
〔註480〕《蒙古世系》表三十九作阿喇布坦札木素，顧實汗圖魯拜琥第五子伊勒都齊曾孫，父岱青巴圖爾，祖博碩克圖濟農。
〔註481〕《安多政教史》頁四十七載顧實汗第四子達蘭泰與第七子瑚魯木什額爾德尼岱青各有一子朋素克，疑為二人中一人。
〔註482〕譯者註，畢西拉克，蒙語bixilag之音譯，義為手工做的生奶豆腐。
〔註483〕《欽定大清會典事例》（嘉慶）卷五百六十所載之得弩爾特，為青海入藏大道

巴，問之，告稱我王差我往徵駐於魯克舒特地方民人官賦，今返回等情。我詢阿旺林臣喇木札木巴有關西地消息，告稱我在魯克舒特地方時土伯特二人，以一箭繫書攜來後，閱繫箭之書，稱準噶爾托布齊齋桑，唐古特之第巴阿巴鼐二人率五百兵，爲土伯特部之禮法，於喀木週圍差使，令此等人準備驛馬和廩餼。再由五十戶徵收一騾，每戶徵銀一兩，於五月十六日書之等語。又問來送書者何人，接受書否，徵收官賦之魯克舒特在何處。答稱來送書人之姓名，我未問之，未接受所送之書，魯克舒特在察木多，巴城〔註484〕之間等語。又問還另有消息否。告稱我於途中遇郡王察罕丹津之婿頭等台吉阿喇布坦之父納木喀堅贊〔註485〕自西地來，我向伊問西地消息，納木喀堅贊云車凌敦多布等駐於招地。看得準噶爾兵亦少，因水土不服，病亡者甚多。又準噶爾民眾相互議論，阿穆呼朗汗之子大將軍率大軍同青海軍同來征我等，我等如何能抵敵，我等返回而已。若來換我等兵，無庸議，返回，若不來換我等兵，亦要返歸等情，故告於我，此外我並無消息聽聞。阿旺林臣喇木札木巴又告稱，自招地出有五漢人，駐於我王之巴爾塘〔註486〕處，隨往徵道部官賦之喇嘛阿旺敦朱布而來，今日或至登努斯特嶺地方等語。

故此我將云騎尉沙木巴札布、鳥槍護軍旺楚克、阿爾班、領催滿楚岱、我之侍衛濟爾噶勒等夜半差尋，雲騎尉沙木巴札布等將羅卜藏丹津之喇嘛阿旺敦朱布、自招地而出之阿木道喇嘛羅卜藏岡鼐、羅卜藏格木丕勒及二漢人尋獲攜來後。我詢問羅卜藏丹津之喇嘛阿旺敦朱布，告稱我在巴爾塘時，今年五月二十四日唐古特蘇爾莽城〔註487〕曉示一文，其文內繕寫，準噶爾兵六千先來招地，今又增派六千兵，於本年六月抵至招地，故此徵收騎牲廩餼等物，五十戶徵一騾，每戶徵銀一兩，或茶一包。再達賴喇嘛靈童〔註488〕坐牀以來，土伯特部法度不同於前，特爲制定法度，差遣德本納波特巴，遵行此

之一站，《清代唐代青海拉薩間的道程》解爲《欽定西域同文志》之登努勒臺達巴，登努勒濱河土阜之帶草者，溫泉北邊即爲此山。《中國分省系列地圖集青海省》標註爲海拔五三○五米之雖根爾崗，作爲道路之地點在山下。

〔註484〕即巴塘城，即今四川省巴塘縣。

〔註485〕《蒙古世系》表四十三作納木奇札木襌，父卓哩克圖和碩齊，祖巴圖爾渾台吉。

〔註486〕巴塘城，即今四川省巴塘縣。

〔註487〕《衛藏通志》卷十五頁五載西寧辦事大臣四十族有一族名蘇爾莽族，土司衙門在今青海省囊謙縣毛莊鄉囊結載寺，疑爲此處。

〔註488〕指爲拉藏汗所立且爲清廷冊封之六世達賴喇嘛阿旺伊西佳木礎。

語，勿違悖此示，三月十五日等情。我閱此文未予接受，遣回之，此外並未聞消息等語。

又問由招地而出之阿木道喇嘛羅卜藏岡鼐、羅卜藏格木丕勒，爾等係何地喇嘛，何時往招地，何月自招地出，從何路前來，班禪額爾德尼今在何處，達賴喇嘛之靈童在何處，準噶爾之車凌敦多布等軍現在何處，哨所設在何處，現準噶爾兵尙餘多少。又聞策妄喇布坦處往招地增兵，爾等聽聞否。羅卜藏岡鼐等告稱我等古木布木廟之徒前往西招地業已六年，今年二月十三日自招地啓程，自察木多之路經衰濟前來。班禪額爾德尼仍駐扎什倫布。達賴喇嘛之靈童仍駐扎克布里廟。車凌敦多布、托布齊，喇木札木巴吹木丕勒〔註489〕率兵現駐招地。三吉、噶爾丹博碩克圖〔註490〕之弟盆楚克札西〔註491〕之子與郭蒙喇嘛〔註492〕率五十餘兵往策妄喇布坦前，不曉爲何事前往。再達木亦有駐軍，不曉哨所設在何處。聞之現準噶爾兵有四千餘，近五千，聞自策妄喇布坦處又往招地增兵，不曉何時抵達，數額幾多等情。

又問羅卜藏岡鼐，駐布雷繃、色喇、噶爾丹此三廟〔註493〕之喇嘛，爾等往時有幾多，熬茶較前如何，土伯特部衆生計如何，衆人如何議論。告稱我等抵達招地時布雷繃廟駐有喇嘛六千餘，現惟有二千餘，色喇廟喇嘛三千餘，現惟有一千餘，噶爾丹廟駐喇嘛先前不曉多少，現有喇嘛九百餘。因禁止從我處輸運諸物，竟然無茶，因此在布雷繃廟，一日祇熬茶一次，此外熬茶之人亦無矣。土伯特部衆因準噶爾兵徵官賦者甚重，生計極爲困難，相互埋怨等語。

〔註489〕《平定準噶爾方略》卷六頁二十一作左哨頭目春丕勒。

〔註490〕即噶爾丹，《蒙古世系》表四十三作噶爾丹，巴圖爾渾台吉之子。

〔註491〕原文作噶爾丹博碩克圖之弟、盆楚克札西，今改正爲噶爾丹博碩克圖之弟盆楚克札西《蒙古世系》表四十三載噶爾丹一弟名朋楚克達什，疑爲此人。

〔註492〕此喇嘛爲哲蚌寺郭莽札倉之堪布喇嘛，非青海廣惠寺之敏珠爾呼圖克圖，亦非察罕丹津所奉祀之郭莽喇嘛甘肅拉卜楞寺第一世嘉木樣活佛阿旺宗哲。《東噶藏學大辭典 歷史人物類》上冊頁七〇言此郭莽喇嘛爲巴圖爾洪台吉第七子，然年歲相差太大，應非此人。《如意寶樹史》頁七八五後表一載噶爾丹有一子名郭莽洛卜藏朋素克，然當噶爾丹之敗，噶爾丹之女尚爲清聖祖強索至京，噶爾丹之子似不可存於西藏，《康熙朝滿文硃批奏摺彙編》第三二三九號文檔《理藩院寄密旨與署理將軍事務額倫特之咨文》清聖祖言西地果莽喇嘛乃準噶爾人，爲車凌敦多布兄，當以此説爲確。

〔註493〕指格魯派哲蚌寺、色拉寺、甘丹寺三大寺，《大清一統志》（嘉慶）卷五百四十七頁二十八載三寺名分別爲布雷峰廟、色喇廟、噶爾丹廟。

　　又問從招地出來之二名漢人，爾等喚何名，何處之人，因何事抵至招地，如何出來，現準噶爾之車凌敦多布等軍駐於何地，哨所設於何處，將爾等所見所聞之事情，均明白報來。告稱我乃西安正黃旗披甲博勒恩泰之跟役，名劉二，去年往值班主色稜之隊，抵喀喇烏蘇被賊俘虜，攜至招地關押。後我等共被攜四百二十八人，班禪額爾德尼代我等求請，將我等釋放遣回，沿途賜我等廩餼，乘畜來至札雅克〔註494〕，我等四人因病留於札雅克，其他人均自理塘路朝四川去。我等四人抵至魯克舒特、關覺〔註495〕，遇喇嘛阿旺林臣喇木札木巴，隨其而來。我等來之四人內西安之軍人跟役一名，隨羅卜藏丹津之人過，寧夏一人，西寧一人，此二人隨商人亦過。我在招地時見被準噶爾賊緝拏之侍衛布達里、主事石鍾〔註496〕，我因不曉蒙語，不曉準噶爾之消息等語。

　　另一漢人告稱，我名車凌敦朱克，我原屬喀爾喀血統，駐於多巴，去年隨往運米之回子薩里，被準噶爾賊所掠，攜至招地。今年二月末我將看守灌醉逃出。在招地時聞得喀喇烏蘇、阿敦齊倫、小達木、大達木〔註497〕，此四處均有駐軍。喀喇烏蘇之地除駐伊等準噶爾之眾外又駐唐古特人二千，此二千人二個月更換一次。再騰格里池〔註498〕、薩音庫本、東布勒圖〔註499〕、齊努高勒〔註500〕、諾莫渾烏巴什〔註501〕，此五處均設哨所，每哨所五十人，一月輪換一次。聞準噶爾兵來時有六千，今看得惟有四千餘，因不適藏地水土，致病者甚多。又聞議論，我阿穆呼朗汗之軍若大量前來，即返回，若不來，候更換我等之兵到來等語。又問車凌敦朱克，東布勒圖等五處設哨所之事，

〔註494〕常作乍丫，清時期此地屬乍丫呼圖克圖所轄，統屬於達賴喇嘛與駐藏大臣，今西藏察雅縣香堆鎮。
〔註495〕《大清一統志》（嘉慶）卷五百四十七作滾卓克宗城，《欽定理藩院則例》（道光）卷六十二作官覺，清時期達賴喇嘛所屬十四邊境宗之一，宗址位於西藏貢覺縣哈加鄉曲卡村。
〔註496〕《康熙朝漢文硃批奏摺彙編》第二二六八號文檔《甘肅提督師懿德奏報主事石鍾在軍中狂妄乖張摺》於此人寫作石鍾，兵部吏部禮部尚書席爾達之子。
〔註497〕達木蒙古語沼澤之意，今西藏當雄縣一帶。
〔註498〕《大清一統志》（嘉慶）卷五百四十七載名騰格里池，蒙古語騰格里諾爾，騰格里蒙語天之意，水色如天青也，諾爾即湖之意，今西藏納木錯。
〔註499〕《欽定大清會典事例》（嘉慶）卷五百六十所載之東布拉，東布拉為青海至藏中途之一山口，即須翻越今所謂東布里山之一山口，該處以地圖查之有兩山口為可行之途徑，兩山口相距十公里餘，當以北邊山口為是。
〔註500〕第五十七號文檔作齊倫郭勒。
〔註501〕即諾莫渾烏巴什山，今名唐古拉山，藏名當拉嶺。

爾如何得知。告稱準噶爾人一月往東布勒圖等處換哨所之人一次，乃我親眼所見等語。又問喇嘛阿旺敦朱布，自招地而出之眾人，我大將軍王、小靈童、青海王貝勒貝子台吉等均往車凌敦多布遣使，爾等途遇否。喇嘛阿旺敦朱布等告稱，我等未曾經喀喇烏蘇大路來，故未曾相遇等語。

故此我將羅卜藏丹津之喇嘛阿旺敦朱布，由招地而出之二名阿木道喇嘛均遣送各處外，將自招地出之劉二，車凌敦朱克經驛站送往西寧。又以蒙文咨行羅卜藏丹津，現將我方自招地前往爾處之三名漢人及爾所屬喇嘛阿旺林臣喇木札木巴，均速送西寧等語。又以蒙文咨行戴青和紹齊察罕丹津〔註502〕，爾之婿台吉阿喇布坦之父納木喀堅贊自招地歸來，前往爾地，特將查之，速送西寧等情。本月初五日西寧正黃旗披甲博勒恩泰之跟役劉二，回子達爾漢伯克雇用運米之車凌敦朱克至。詢問劉二、車凌敦朱克。爾等被準噶爾人緝拏，如何前來。據說爾等在招地時曾見侍衛布達里，主事石鍾，相語否。色稜、查里渾等現在何處。準噶爾之三吉何事差遣策妄喇布坦前。聞準噶爾之吹木丕勒等率六百餘兵，渡喀喇烏蘇朝青海而來，此事確實否。此外將爾等見聞諸事均告之。劉二告稱去年八月後，陸續被準噶爾緝拏，將我等四百二十八人關押一處，聞得班禪額爾德尼為釋遣我等，雖反復請求，準噶爾人藉故此等人無衣服，釋放後將受凍而亡，不予遣之。班禪額爾德尼怒稱，若無衣服，我賜給遣之，於今年正月二十二日方釋遣我等。遣放之日唐古特人紛紛賜衣，暗賜銀錢糌粑麨。以此班禪額爾德尼又遣人，辦給馱畜廩餼麨，又特派一唐古特人，沿途供應我等馱畜廩餼。我等自招地啓程出行之日，我等見布達里，石鍾立於較遠處，因準噶爾人在場，未曾交談。聞將侍衛色稜等或令人送往策妄喇布坦前，或再關押招地，我等並未見，我身陷招地，且又不懂蒙古、唐古特語，未曾聞其他消息等情，其他情形均與告公策旺諾爾布之言相同。

車凌敦朱克告稱，我乃喀爾喀血統，屬青海貝子巴勒朱爾阿喇布坦人，婦孺現均在多巴。去年八月回子達爾漢伯克雇我，同回子薩里運米，抵達第十八驛站多倫鄂羅木〔註503〕處，被準噶爾三吉劫掠，一準噶爾蒙古執我至招

〔註502〕即郡王戴青和碩齊察罕丹津。

〔註503〕《大清一統志》（嘉慶）卷五百四十七作多倫鄂羅穆渡，在木魯烏蘇自西折南流之處，其水至此，分為七歧，故名，水小宜涉，水發難行。此渡口漢名七渡口，在青海省治多縣扎河鄉瑪賽村（《青海省地圖》標註在木魯烏蘇南岸，作碼賽），該村立有七渡口碑。另對岸即為曲麻萊縣曲麻萊河鄉昂拉村，該村亦立有七渡口碑。此渡口為自青海入藏重要渡口之一。

地，每日閉門，看押我等，足駐有四月。我將守門之二人灌醉逃出，我在招
地時唐古特男婦，以我為內地人，仍暗賜我銀錢糌粑麨。車凌敦多布娶四妻，
其他首領亦娶妻，屬下兵丁均娶厄魯待女、唐古特女。因準噶爾人向唐古特
人徵稅繁重，且見姣好女子，光天化日即攜拉去，騷擾甚重，唐古特人恨死
之。今招地之準噶爾兵有四千，因不服水土，頭部下頦腫脹而亡者甚多。聞
得去年四月將拉藏汗之四百餘戶送往策妄喇布坦前。今三吉又將所餘拉藏汗
之蒙古、厄魯特、唐古特之千名無夫婦女遣送策妄喇布坦前，未聞準噶爾之
吹木丕勒等率六百餘人朝青海遣發。我等來時經由木魯烏蘇，巴彥哈喇等處，
亦並無見聞，故其他〔註504〕情形均與告公策旺諾爾布之言相同。

　　七月初八日駐博羅和紹〔註505〕之平王來文內開，七月初六日晚二漢人尋
來我院告稱，我二人一名馬志道，寧夏地方人，隨原總兵官斯九經〔註506〕往
軍中。一名劉臣，西寧人，為正紅旗營長哈喇寇雇用之跟役，去年八月初一
日由營出去拾糞時被賊拏獲，十二月二十三日班禪喇嘛請求車凌敦多布釋放
我等，班禪喇嘛賜我等廩餼，自理塘遣返，我等一同來至察木多處，我二人
因病不可行，留於察木多處。彼處之喇嘛將我等調養月餘，痊癒後，賜我等
炒麵奶油茶葉遣之。我等行數日遇往親王羅卜藏丹津轄察木多等處徵稅返回
之喇嘛，將我等攜來，至古爾班索洛木〔註507〕處，伊等先往，我等隨商人來
等語。故此由我處咨行青海親王羅卜藏丹津將爾之遣往察木多等處徵收官稅
之喇嘛，速遣至大將軍王前等情，將此二漢人解送。故於本月初十日將民人
馬志道、劉臣送至後，問藏事情形。告稱車凌敦多布向我等交戰時有三千餘
兵。將我等關押招地後，聽聞惟車凌敦多布返回招地，不知領回多少兵，彼
處現有多少兵亦不知。聞先圍招地建城，遣回我等時看得，修城方築一丈餘。
自招地行二日餘，見伊等設立卡倫，見侍衛布達里、主事石鍾、遊擊石安泰
均分別關押。聞得因值班主色稜將看守伊之蒙古人腰刀奪之，斬殺二蒙古人
之故，將色稜之手以牛皮蒙之，與守備馬孝〔註508〕一同送往策妄喇布坦處。

〔註504〕原文作甚他，今改正為其他。
〔註505〕第四十號、五十號、五十八號、六十七號文檔作博羅和碩，青海地區常見之
　　　　地名，待考。
〔註506〕應寫作司九經，原為宣化總兵官。
〔註507〕《清代唐代青海拉薩間的道程》言肖力麻即為索羅木，三岔口之意，即黃河
　　　　源，實三岔口與河源文意無涉，因此地當黃河源附近，故名三岔口即黃河源，
　　　　即青海省瑪多縣附近。
〔註508〕第五十七號文檔作馬嘯。

我等至察木多處後，大將軍王率兵出西寧口，調遣打箭爐，察木多等處兵共同進攻，此外再無聞知之事等語。著跟役劉二辨識馬志道、劉臣，告稱此二人即我先告於公策旺諾爾布所謂隨商人過之二人也等語。

七月十四日親王羅卜藏丹津之喇嘛阿旺林臣喇木札木巴至，問之，告稱今年三月二十日我王遣派我向魯克舒特衮兆唐古特部徵官稅，魯克舒特地方距招有三十五日路程，相距遙遠，並未聞消息。我王之舅卓克敦堪布遣伊之丹巴喇布坦至我王前，我王羅卜藏丹津遣我往西寧時備大將軍王詢問，將丹巴喇布坦同我共遣之等語。詢問丹巴喇布坦，告稱我主卓克敦堪布駐招地東南方六日路程處。準噶爾之車凌敦多布等欲斬紅帽喇嘛多爾濟喇克〔註509〕而往捕時，令我主卓克敦堪布隨行，因未隨行，與車凌敦多布等結讐，令我等堪布下牀另居一處，革喇嘛薩奇勒為庶人，尚未革時我卓克敦堪布，考慮如何協助此事，如何有利，故遣我至王羅卜藏丹津前，將此情告王，王曰敵方之事也，我亦無策，爾駐於此處等語。再聲稱由準噶爾增派兵力，且並無兵來，我等駐者遠，因未往招地，無另聞消息等語。故此臣將跟役劉二、蒙古車凌敦朱克、漢人馬志道、劉臣差遣各自所處。賞喇嘛阿旺林臣、丹巴喇布坦布茶，亦遣返外，郡王察罕丹津之婿阿喇布坦之父喇嘛納木喀堅贊抵來時明白問之，若有消息，另行奏聞，為此恭摺奏聞。

[92] 胤禎奏報教誨青海貝子丹忠摺（康熙五十八年七月二十六日）

　　[1]-3446

臣胤禎謹奏，為奏聞事。

七月初九日據青海郡王戴青和紹齊察罕丹津呈文內稱，先親王札西巴圖爾在時愛我強於諸子，凡事均同我商議而行，嗣後亦如此，王羅卜藏丹津我等二人凡事統一行之。因貝子丹忠〔註510〕從中挑唆我等，如今果莽喇嘛不叩拜小靈童，亦與我結讐外，與喇嘛並無故，今若在羅卜藏丹津我等二人間如此挑撥，曼殊舍利大皇帝飭此大事況不能成，似違背和睦，一心一致行動之訓諭，故此伏請大將軍王嚴責貝子丹忠如此劣跡，依我等祖父之定例而行，望乞仁鑒，為此陳明意見等語。故此臣對王戴青和紹齊察罕丹津教誨云，已

〔註509〕此喇嘛為多傑扎寺之喇嘛，多傑扎寺位於西藏貢嘎縣昌果鄉多吉扎村，《西藏佛教寺廟》頁二十一載此喇嘛名仁增欽摩白瑪逞勒。

〔註510〕《蒙古世系》表三十九作丹忠，顧實汗圖魯拜琥第五子伊勒都齊曾孫，父根特爾，祖博碩克圖濟農。

知爾之呈文情由，爾等青海人衆，願歸皇父仁化以來，將爾等均做爲固始汗之子孫，封爲王貝勒貝子公，異常厚愛，爾之骨肉內一心一意，妥善行事，斷勿失和，降爾等之諭此時到來。貝子丹忠爾之胞弟之子，即如同爾之子也，丹忠乃年幼之人，因爲愚鈍，亂聽屬下小人之言，若有背地埋怨長輩之言即有罷。然而爾爲長輩之人，寬恕丹忠過錯，予以教養，方合於理。嗣後惟謹遵皇父訓諭，爾等伯侄間棄惡念善，相互免猜疑，不聽下屬小人言，自然和睦友善。對爾之子丹忠，我亦將此等情曉諭管教等語。

貝子丹忠前來古木布木廟叩拜，故此臣明白交付侍衛札西對貝子丹忠教誨云，聞爾不敬爾之伯父王察罕丹津，彼此不睦。王察罕丹津乃爾之親伯父也，豈可因不敬長輩而不睦，況爾孩童時無父母，爾之伯父將爾養育，仰賴皇上之恩，得享富貴，爾惟謹遵皇父訓諭，念爾之伯父自幼教養之恩，不聽小人之言，以盡子道，爾等伯侄間自然和睦友善，此等情由我亦開導爾之伯父王察罕丹津等情。七月十三日貝子丹忠自古木布木廟前來告稱，侍衛札西往古木布木廟，將大將軍王教誨之語均告於我，大將軍王不忍我等骨肉間失毀和睦，以仁愛爲全，以大義開導之語，均盡言之。奴才我惟感恩謹遵行外，豈敢悖亂行之。我之愚意，丹忠我七歲無父，九歲時蒙聖主慈愛，封我爲公，奴才雖有報答聖恩之誠心，適因軍機之際，我之差人並未仰合我心而行。雖有惡行，聖主恕念我之微忱，逾格封我爲貝子。我乃孤兒身膺富貴，均爲聖主仁愛教養之恩，並非我伯父妥善養育所致。察罕丹津雖我親伯父，蒙受聖主無疆鴻恩，不圖報答，與準噶爾合謀而行，我等恐被牽連，同羅卜藏丹津等王貝勒台吉等商議，將我之伯父察罕丹津所行實在情形，繕署名鈐印之文先陳聞。青海王貝勒台吉等對我伯父察罕丹津之行事概況，雖然均知，我自幼在伊前，知者益明，均報聞大將軍王，十年前策妄喇布坦遣伊屬下努和里爲使老親王札西巴圖爾，對貝勒貝子公衆台吉言稱，我等四厄魯特自古以來同甘共苦，今稱一心一意而行。老親王云，除聖主施仁恩外，我等並無同四厄魯特一心一意享受安逸處，故今不可與之一心一意等語。貝勒貝子公台吉等均依親王所言回稟，解散會盟。以此我伯父察罕丹津並未作聲，努和里前往察罕丹津家，我伯父察罕丹津當我面即讓努和里捎口信，四厄魯特乃親戚，我等親近是實，老親王因其惡，往投漢人與漢友好，故如此言之。因僅我親近，照依策妄喇布坦之言，言行一致等情。繼而遣伊之青克圖爾克依與策妄喇布坦稱云，努和里來時我如此言之，如今我在此處僅我等有兵備，自爾處始取哈密，我亦攻打近邊所居之漢人數處，將爾之女許嫁我子敦多布汪札勒等情報告遣之。青克圖爾克依返歸，察罕丹津對我本人言，策妄喇布坦復差達克巴喇嘛爲使，抵達之後我二人同將回話，告之爾等等情。候至一月達克巴喇嘛抵至，告稱我等因爾等之言，啓兵取哈密，爾各處有備，令自我處取信，將我等台吉之女，許嫁爾之子敦多布汪札勒，惟敦多布汪札勒今已婚娶，所娶之妻又係我台吉之子輩，我女來後，若休前妻，則敗壞名聲，倘現即休之，我台吉即遣女。我處之鐵軟，不可用，爾等巴爾喀木處既然鐵好，酌情派運等情言之。將策妄喇布坦送之禮物贊巴喇鳥槍一支賜之，以此我伯父將三百捆好鐵用一百五十頭牛馱之，又將取自瑪喇木巴額木齊屬招地之好腰刀一把賜遣之。後聞準噶爾來侵哈密之信息，又遣青克圖爾克依爲使，面訓後派遣，言取哈密之事成，既然我同漢人相居較近，孤事難成，招地空虛，拉藏汗之人寡，由爾處出兵遣至招地，由我處率兵前往，會拏拉藏汗，取土伯特部後，易於取漢等因。青克圖爾克依返回無一月，策妄喇布坦又專遣達克巴喇嘛來我伯父前，乃因順路，進入親王羅卜藏丹津之家，問福晉阿勒泰好，前往伊前，彼時侍衛阿齊圖〔註511〕、副頭目常壽〔註512〕等爲領進小靈童會盟時，我伯父察罕丹津，我本人均來盟地。阿齊圖、常壽等聞達克巴喇嘛前來，嚴加查問時我伯父謊答，未來我前，聞得沿黃河而上朝索洛木返去，將達克巴喇嘛匿留我屬下古英寨桑家數日，又移居索洛木之貝子拉查布屬下台吉索諾木達西〔註513〕家，盟散之後，數次喚達克巴喇嘛議事，賜馬駝，以氆氌一百爲禮物賜與策妄喇布坦遣返。彼時我正在小靈童處，未聞以何語訓後遣之，我伯父將伊之青克圖爾克依二次差遣時，議定將我親姐達西喇布坦許配策妄喇布坦之子噶爾丹車凌爲妻，告我之後，我恐背恩，與敵結親，身受牽連，將我姐嫁與隨我祖母前來之娘家人土爾扈特台吉察罕阿喇布坦。我伯父以我違背伊意，故怨恨結讐，自彼遣聖主之大軍，駐防噶斯、噶順、古木、博洛和紹〔註514〕等處，我又扼守通往西地之路駐索洛木，同準噶爾互不通使之由如此。适纏大將軍王以主事胡畢圖爲使遣至車凌敦多布處，令青海王貝勒貝子

〔註511〕《平定準噶爾方略》卷一頁十一作侍衛阿齊圖。
〔註512〕《平定準噶爾方略》卷六頁二十九作侍讀學士常授，後陞爲理藩院額外侍郎。
〔註513〕《蒙古世系》表三十七作索諾木達什，顧實汗圖魯拜琥第九子桑噶爾札之孫，其父塔薩博羅特。其兄爲公端多布達什。
〔註514〕本書第四十號、五十號、五十八號、六十七號文檔作博羅和碩，第九十一號文檔作博羅和紹，青海常見之地名，待考。

公亦同遣使，眾均差遣可信任，對準噶爾不失言之妥員，不遣我伯父察罕丹津原信任之台吉寨桑，將子輩台吉阿喇布坦遣至伊婿策妄喇布坦處〔註515〕，專同車凌敦多布將諸事商定議妥等情。今觀得準噶爾車凌敦多布又遣台吉阿喇布坦之父喇嘛納木喀堅贊至察罕丹津前，意圖益加可知，我伯父察罕丹津之品行如此，若從軍乃不可信，若留於牧場，生何種事端不可料定，既然如此，請大將軍王明鑒裁奪等情來告。故此臣教誨貝子丹忠，爾自幼爲孤兒，皇父教養爾成人，感恩戴德，凡事來告，不加隱匿，如彼言之，皇父辦理天下事務，必得人之惡行昭彰，方予治罪。察罕丹津同策妄喇布坦勾結侵哈密，取招地之事，爾等前陳告實情，其後情形符合爾等之語，爾等明知實情，然爾等將事由先前並未報告，且準噶爾賊來侵哈密時察罕丹津並未出動，準噶爾賊取招地時察罕丹津並無援兵，準噶爾同爾等結親，相互問候，遣使送禮，乃是平常之事，先老親王札西巴圖爾陳奏情由，此等相互差遣之語，並無憑證，將人如何治罪。誠然爾之伯父背皇父之恩，不念爾等祖父固始汗所創黃教，辜負骨肉兄弟，降賊之意明顯，行大義，不徇親，爾不僅應將彼立即壓制，人人均可將彼依法處治。爾之伯父倘若感戴皇父教養，榮享富貴之恩，念爾等祖父固始汗所創黃教，誠心勤奮効力，則爾即依我所教誨之言，如同恭敬生父，凡事應按伊指示遵行。況且我既親率大軍在此，孰敢倡行逆亂之事，爾若依我先前教誨之言遵行，斷然無事，自然友好營生等情教誨。賜蟒袍帶素珠等物，食飯飲茶遣之，爲此具摺，將王戴青和紹齊察罕丹津所呈蒙古文書，一併恭謹奏聞。

[93] 胤禛奏辦理里塘巴塘戶口茶等情摺（康熙五十八年七月二十六日）

[1]-3447

臣胤禛謹奏，爲奏聞事。

七月十一日小靈童先遣里塘與達瓦喇木札木巴同往之伊希、堪卓二人返來，侍衛雅圖自古木布木廟攜來。詢問伊希、堪卓，爾等何故而來，爾處之人如何行之，逐一將原委如實告之。二人一致告稱，去年五月自侍讀學士常壽處，依管理四川軍都統巡撫提督之行文，遣派妥員宣曉聖主軫念里塘、巴塘之眾，遣派內地兵，爲保衛爾等駐紮，並無他故，爾等若仍照前，和好相處，甚爲有利等情，宣曉眾喇嘛、營官、民人等。以小靈童父索諾木達爾札、

〔註515〕此句意爲將伊婿子輩台吉阿拉布坦遣至策妄喇布坦處。

達瓦喇木札木巴爲首，以格楚勒瑪欣、皮雷、羅卜藏薩木坦、庶人伊希、堪卓、阿薩喇、索諾木車凌〔註516〕我等七人隨從，於去年五月二十四日遣往里塘。我等六月二十九日抵達里塘，我等抵達前自四川率兵前往之前鋒參領烏里木帕〔註517〕、侍衛納欽〔註518〕、理事官巴特瑪〔註519〕等率兵抵達一月餘。我等達瓦喇木札木巴率管理里塘之第巴色布騰〔註520〕、第巴阿朱〔註521〕，會同管理內地兵之大臣商議，將佈告衆唐古特人之書宣諭之，嚴禁盜賊，自此相互和好。去年十二月四川總督令喚我等達瓦喇木札木巴來時，達瓦喇木札木巴呈獻總督哈達鳥槍毾㲪等禮物，總督賞達瓦喇木札木巴綢綾銀碗等物，教誨其同內地軍士友好行事，遣回之。本月令我等駐紮里塘之內地兵，撤至打箭爐。今年三月由總督處遣遲知府〔註522〕至里塘，同駐里塘之吳筆帖式相會，對我等達瓦喇木札木巴、第巴色布滕、阿朱云今禁茶，爾等家口幾多，一年用茶幾多，將此具文賜給。言後我等達瓦喇木札木巴等云，查家口數，辦理茶，自沙爾鞏拉城以來，將巴爾喀木城均查辦理，否則請將巴塘〔註523〕、加達木、德爾格特〔註524〕、里塘等城查之辦理。對此等諸城不查家口數辦茶，唯僅我等里塘城查家口辦茶，既然名聲惡劣，我等情願飲我等地方劣茶爲生，免取優茶，里塘之衆逐漸駐紮，不僅查得戶口數難，一戶一年用茶幾多，一年確定用茶總數更難，故出示我等土產茶二包。知府、筆帖式等云里塘乃爾等三人所管之地，查家口數，確定所用茶數何難等情，各執己見相互云之。自今年四月二十日遲知府云自內地來兵，我往迎之。五月初八日率內地漢兵前來之岳副將〔註525〕，抵達里塘時我等達瓦喇木札木巴、色布騰、阿朱等率衆呈獻哈達茶迎接，相互友好會見，將乳酪茶送往駐營。十二日達瓦喇木札木巴親率格楚勒瑪欣、皮雷、羅卜藏薩木坦、庶人伊希、堪卓、阿薩喇，索

〔註516〕原文作索諾木、車凌，本文檔下文作索諾木車凌，亦與七人之數不符，故改爲索諾木車凌。

〔註517〕《平定準噶爾方略》卷五頁五作前鋒參領伍林帕。

〔註518〕《平定準噶爾方略》卷八頁一作侍衛訥秦。

〔註519〕《平定準噶爾方略》卷三頁二十二有主事巴特瑪。

〔註520〕《平定準噶爾方略》卷六頁二十二作第巴塞卜騰。

〔註521〕《平定準噶爾方略》卷六頁二十二作阿住。

〔註522〕《平定準噶爾方略》卷六頁二十四作知府遲維德。

〔註523〕原文作巴，今改爲巴塘，今四川省巴塘縣。

〔註524〕清時期爲德爾格忒宣慰司，轄地包括今四川省德格、鄧柯、石渠、白玉諸縣。

〔註525〕《平定準噶爾方略》卷六頁二十二作副將岳鍾琪。

諾木車凌我等七人攜果品茶等往會岳副將時，將我等第巴色布騰、阿朱、里塘之喀木布喚來時，第巴色布騰、阿朱前往，拉藏汗時補放之里塘堪布謊稱不在家未往。於是岳副將云我等均如一家，仰聖主之恩，我等和好之，今日同飲共食，賜賞於爾等，言畢，拿出綢綾布銀牌，賞賜我等，食飯肉，勸飲酒，稱務將里塘地方之戶口數繕寫，確定每年用茶數。達瓦喇木札木巴、第巴色布騰、阿朱等共酌情商定，里塘廟〔註526〕每年用茶二萬斤，七千戶人一年用茶一萬斤。又問孰為爾里塘處之主。達瓦喇木札木巴等答稱，第五代達賴喇嘛時在此修里塘廟，補放第巴管理，此地均屬達賴喇嘛之商上所轄，無主，現出來之達賴喇嘛之小靈童，因在里塘生活，我等眾人均誠意以小靈童為主。岳副將言達賴喇嘛乃眾人公祭之喇嘛，不可稱主，今聖主既遣我率兵來此處，爾等獻首歸順聖主，將歸降鈐印文書，今即呈交等語。達瓦喇木札木巴、第巴色布騰、阿朱云，我等眾人乃至天下之人皆聖主之奴才，我等達賴喇嘛之小靈童，今期聖主親手教養，得享榮華，我等明日諸廟之喇嘛與達瓦〔註527〕共會，呈遞歸順鈐印之文書等語。於是伊希我醉酒，告之欲返回時賞我布二疋銀牌一塊，遣回家。堪卓、第巴色布騰之阿木巴札木蘇，第巴阿朱之阿木布木三人，營外有馬役，不知何因，突然達瓦喇木札木巴、第巴色布騰〔註528〕、第巴阿朱等親將歸降者均綁縛，又將原牽馬之人執來時，堪卓乘馬逃出，阿木巴札木蘇，阿木布木亦被拏獲。後聞之彼時將達瓦喇木札木巴之阿薩喇即斬之。翌日因里塘處一不知名之唐古特人攜撒袋前往村莊，將其斬之，據聞將達瓦喇木札木巴、第巴色布騰、阿朱等於十五日釋放。後聞十五日達瓦喇木巴、第巴色布騰、阿朱等親將歸順之四人一人未留，均斬殺之。本日伊希、堪卓我等二人牽閒散馬匹，七月初九日抵至古木布木廟，將緣由告之小靈童之父索諾木達爾札等語。

詢問伊希、堪卓，今年四月自小靈童處，經里塘等三路遣多尼爾噶布楚、達爾漢鄂木布〔註529〕、噶克巴羅卜藏三人行文曉諭，內地兵自里塘、巴塘等處進入。將唐古特人照常留之，友好相處，此等人抵達里塘否，途中會議否。一致告稱，我等自里塘逃出，揀大路速來，多尼爾噶布楚等於沿途各城之週

〔註526〕今名理塘寺，又名長青春科爾寺，位於理塘縣城北。
〔註527〕即本文檔前文之達瓦喇木札木巴。
〔註528〕原文作第色布騰，今改正為第巴色布騰。
〔註529〕第四十八號文檔作達喇嘛哈文布。

圍佈告眾唐古特人，未被我等相遇，伏思今業已抵達等語。訊問伊希、堪卓，據率領我等兵前往之都統法喇〔註530〕報稱，達瓦喇木札木巴、第巴色布騰、阿朱等違背小靈童原差遣之意，不悅禁茶，不報戶口，不確定茶數，且獻出茶，送至招地，否則我處有茶，不用爾等之茶。故將伊處產之二包茶驗看，因其口吐狂悖亂法之言，且伊等屬下二人抽出腰刀，故斬殺二人，執達瓦喇木札木巴、第巴色布騰、阿朱等，亦一併斬殺等語。據爾等告稱知府筆帖式收取戶口時不報，亦不報茶數，我處有茶，不收取爾等之茶，故驗看二包茶，執拏達瓦喇木札木巴等之際，斬殺一人等語。由此觀之達瓦剌木札木巴、第巴色布騰〔註531〕、阿朱等並未按小靈童所差遣之原意而行，且抵制不報戶口，不定茶數，且口出亂法之逆言，斬殺是實，喝問將一切從實招來。一致供稱我等二人均係隨從達瓦喇木札木巴前往此處之人，豈敢編造謊告，現所告之語，皆我等親眼所見，親耳所聞之實情，並無謊編之處。先拉藏汗總管里塘，僅設里塘堪布獨自駐於彼處。小靈童在里塘時堪布在拉藏前有誹謗小靈童處，後青海王貝勒等將該靈童請來後，將第巴色布騰、第巴阿朱補爲第巴，管理里塘地方，小靈童又差達瓦喇木札木巴總管，因里塘之堪布奪權，乃甚爲怨恨，同達瓦喇木札木巴、第巴色布騰、阿朱等似讐敵不睦，與知府、筆帖式爲至交好友，以各種言語挑唆達瓦喇木札木巴等，盜里塘處一百十七匹馬，驅趕後，未將賊拏獲，按唐古特例，咒賊念經，鍋煮肉飯，將茶鍋一併傾翻，咒賊速被拏獲等情。里塘之堪布謗曰，非咒此賊者，特咒內地兵者等因。竊思達瓦喇木札木巴、第巴色布騰、阿朱等先前雖於知府、筆帖式取戶口茶數時未報，後將戶口確定茶數報岳副將，將歸順之文書報之，而仍思斬殺，恐均由里塘之堪布誹謗之語所生，此等緣由懇請大臣等恕鑒之等語。

據小靈童之父索諾木達爾札告稱，先侍讀學士常壽致書於我，向里塘差派妥人，因稱佈告眾唐古特，我告之小靈童，遣派達瓦喇木札木巴時諸項事宜均依聖主之大臣指教佈告眾唐古特，對內地軍隊大臣反復教誨，友好謹愼，有益軍務。今同達瓦喇木札木巴所遣之伊希、堪卓等前來，伊等親身見聞均如實告我，或達瓦喇木札木巴等違背我等原差遣之意，胡亂行之，或因他故而致如此，相距遙遠，我未親身見聞，如何之處，乞大將軍王明鑒等語。故

〔註530〕《欽定八旗通志》卷三百二十四作蒙古鑲白旗都統法喇。《平定準噶爾方略》卷四頁三十八作都統法喇。
〔註531〕原文作布騰，本文檔前文作色布騰，故改正之。《平定準噶爾方略》卷六頁二十二作第巴塞卜騰。

此臣明確曉諭小靈童之父索諾木達爾札，伊希、堪卓等均屬小人，此等所告之語，均不可當真，里塘距此處遙遠，因爾未親身見聞，事之真情不得而知，況且我處並無人前往地方查訪，事由實情即不可揣測而定。里塘、巴塘地方之事既然陸續具奏皇父，皇父明鑒，定奪是非，相應今前來之伊希、堪卓等留於爾前。此間彼處大臣陳述事由以書報我，小靈童分三路遣派爾等多尼爾噶布楚等三人抵至里塘後，此事或可得知實情也等因，飭交伊希、堪卓二人，遣之，爲此恭摺奏聞。

[94] 詢問阿爾布巴差人西藏消息摺（康熙五十八年七月二十六日） [2]-《卷三》

奏爲探聞藏情事。

七月初九日管理藏衛地方唐古忒代琫阿爾布巴〔註532〕差人洛布藏赴小呼弼勒罕之父索諾木達爾扎處，侍衛雅圖由庫木布木廟〔註533〕將洛布藏帶來訊問。第巴阿爾布巴因何事差你，有無文書，並伊在藏地所聞之信，令其詳稟。據洛布藏稟稱我係第巴阿爾布巴屬下人，呼弼勒罕之父索諾木達爾扎係我主胞舅，先我主差我送小呼弼勒罕穿用之物，在庫木布木廟，後索諾木達爾扎又差我取呼弼勒罕所用氆氌等物，我至家，我主第巴阿爾布巴已被車凌端多布喚去，其回藏後，我往藏去見，又差我送氆氌等物，我至洛隆宗在朋友家住下，於本年四月間第巴阿爾布巴由碩板多城差旺布向我傳言，令我告知呼弼勒罕之父索諾木達爾扎，我住恭布〔註534〕地方，離藏相近，準噶爾車凌端多布屢次差人喚我去藏，我畏懼無法，祇得去了，到藏後即放我管兵代琫之職，今車凌端多布派準噶爾人二十唐古忒人三百，在碩板多週圍勒派差遣，

〔註532〕《平定準噶爾方略》卷八頁二十二作阿爾布巴。《欽定西域同文志》卷二十四頁四載，阿坡特巴多爾濟佳勒博，轉音爲阿爾布巴多爾濟扎爾布，封貝子辦噶卜倫事，後以叛誅。按阿坡特巴爲多爾濟佳勒博所居室名，漢字相沿止從轉音，稱阿爾布巴。藏史一般稱噶倫阿沛，西藏工布江達人，任拉藏汗噶倫，康熙五十九年清軍定藏，車凌端多布遣其率藏軍至察木多拒四川入藏清軍，其揚言身死，潛赴青海迎清軍入藏，告以藏中虛實，工布亦以二千軍護七世達賴入藏，受封貝子，任職噶倫，雍正元年康濟鼐受封總理藏事，忌之，雍正五年謀殺康濟鼐，遣軍赴後藏欲殺頗羅鼐，與頗羅鼐戰，及至頗羅鼐逼近拉薩，爲喇嘛擒獻頗羅鼐，查郎阿率清軍入藏，殊之。

〔註533〕即塔爾寺，位於青海省湟中縣魯沙爾鎮。

〔註534〕今常作工布，《大清一統志》（嘉慶）卷五百四十七載，恭布部落，番夷三千餘戶，每歲進馬二匹於達賴喇嘛。入清後後此地區已設宗，非部落狀態，位於尼洋曲流域，爲西藏氣候溫和、物產豐饒、人口繁庶之區。

不加愛惜，使唐古忒人等齊加怨恨，我思若隻身逃脫，準噶爾人等必殘害我妻子，今我有往見呼弼勒罕之意，不得脫身良法，若能將我情由告知王羅布藏丹津、查汗丹津〔註535〕，令他們派人救我出去，方能有成，我四月間由洛隆宗起身，因恐被準噶爾拏獲，未能寫信，適索諾木達爾扎差往崇布色爾扎探信之拉布扎木巴恭額色布特恩等三人將我們第巴阿爾布巴一切消息及書信帶回，此外無他信等語。又問洛布藏，現在第巴阿爾布巴既放代琫，管下之兵多少，唐古忒首領人等有人來見呼弼勒罕否，你們第巴阿爾布巴與眾唐古忒人能否同心協力與準噶爾賊相抗，現在我們內地大兵進征碩板多相近地方，第巴阿爾布巴領兵聯繫輔助大兵行動。據洛布藏稟稱第巴阿爾布巴管理衛省，衛省城多人亦眾，不知兵數，大概有三四萬。準噶爾人等來擾害唐古忒人等，直至如今，今唐古忒合境大小皆仰慕聖恩呼弼勒罕，皆有婦孺連累不能來，唐古忒人等所住地方寬廣，城村較少，皆分散遠住，即有意一致行動，均有婦孺家口，現不敢與準噶爾對抗，惟這邊大兵前進，準噶爾人等自有變動，則閤唐古忒必同力對準噶爾攻擊。再第巴阿爾布巴與大兵可否會行之處，未告我，我乃末等小人，不能知曉。

又據呼弼勒罕之父索諾木達爾扎告稱，第巴阿爾布巴係我姊之子，伊差洛布藏告大將軍王之言亦告我，又從中詳細給我信，現準噶爾人等佔據，第巴達克冊，扎什則巴〔註536〕、魯木布奈〔註537〕二噶隆，我們四首領大臣等被逼無法，勉強與準噶爾辦事，心中皆感聖主之恩，思呼弼勒罕。準噶爾所虜內地之人扎什則巴請養三人，第巴阿爾布巴請養二人，一名帕拉，妻子皆在京城，我們養此等人，專感聖主之恩，別無他意，後日自知，我養之二人已帶往碩板多。再從先恭布統盟管理代琫之子喀查克巴，係第巴阿爾布巴之婿，我來時向我告稱，我惟思聖主之恩，禱祝呼弼勒罕，由內地果來大兵，我必可出力，今大將軍王仁慈，問我第巴阿爾布巴之事，他現在碩板多地方，因

〔註535〕即郡王戴青和碩齊察罕丹津。

〔註536〕本書第七十三號文檔作第巴札西匝巴。

〔註537〕隆布鼐，《欽定西域同文志》卷二十四頁四載，魯木巴鼐扎什佳勒博，轉音為隆布鼐扎什扎爾布，封公，辦噶卜倫事，後以叛伏誅。按魯木巴鼐為扎什佳勒博所居室名，漢字相沿止從音，稱隆布鼐。據《西藏志》隆布鼐本藏人，昔為噶隆，因策冷敦多布侵藏，同札爾鼐赴木魯烏蘇迎接大兵，嚮導有功，封為公，管理西藏東北一帶地方兵馬事宜。後七世達賴之父索諾木達爾扎娶隆布鼐二女為妻，結黨阿爾布巴、札爾鼐謀殺康濟鼐，引阿爾布巴之亂，及亂平被誅。

有準噶爾人，不能聚集唐古忒人來會合大兵，且相距有一月路程，唐古忒人等婦孺戶口皆在彼處，眷戀地方城池，亦不能去，第巴阿爾布巴若隻身前來，與事無益，若照第巴阿爾布巴之信告王羅布藏丹津、查罕丹津，則止，額魯特人力量不大，恐洩露詳細之事，反與伊無益，愚意現大將軍王準噶爾差使，準噶爾人等懼敗，思或照差順從行事，若差他人赴第巴阿爾布巴處，則於事無益，不如仍令第巴阿爾布巴差來之洛布藏等三人，再由我處派二博特巴人陪往，將大將軍王應飭第巴阿爾布巴之言帶回，並給與護戶憑據，則於事有益，不拘如何，請大將軍王明鑒。

臣閱第巴阿爾布巴給索諾木達爾扎來信，第巴阿爾布巴明知準噶爾賊不能久佔藏地，為己身後安全計，致信於臣，臣即令咨文鈐印，仍差洛布藏等三人並二博特巴致第巴阿爾布巴云，你所遣洛布藏帶來之信，我皆告知大將軍王，現你若親來，你妻子家口牲畜必被擾害，此事暫不可行，現大將軍王親臨西寧，不久順數路無數大兵進擊準噶爾，你即與可信之首領人等，率集唐古忒驅逐準噶爾以建大功，若不可能，則你從中曉示你可信人等，令乘機於大兵征進時慎將準噶爾賊增減實數，與藏之一切要信，探明隨時來報，現在你所養二人，扎什則巴所養三人，皆令乘便行事，大將軍王與你文書反無益，此等情形，已告令裡塘、巴塘領兵之大臣等皆知悉，你們見後，聲告此情，他們即知等言。令索諾木達爾扎繕寫唐古忒文交給洛布藏等執回，令第巴阿爾布巴知之，並飭索諾木達爾扎賞給洛布藏等綢布茶等物，此等情由，除咨明裡塘、巴塘領兵之都統法拉等外，為此恭摺謹具奏聞。

[95] 胤禛奏貝勒色布滕札勒福晉病故摺（康熙五十八年八月二十二日）

[1]-3452

臣胤禛謹奏，為奏聞事

八月初九日貝勒色布滕札勒〔註538〕差遣所屬台吉畢里克圖來告，我貝勒迎大將軍王至博羅崇科克處宿夜，自家中遣人告，稱我福晉察袞舊病復發病故，我貝勒即歸返，專差我報聞大將軍王，獻馬三匹犬三條遣之等語。故此臣對所差台吉畢里克圖言，既然爾之福晉病故，豈有受爾等貢物之理乎，將馬犬攜回等情，受哈達，回賜哈達遣之。翌日遣侍衛黑達色、郎中鍾佛保〔註539〕為

〔註538〕準噶爾部遊牧於青海者，《蒙古世系》表四十三作色布騰札勒，準噶爾部巴圖爾渾台吉孫，其父卓特巴巴特爾。
〔註539〕《平定準噶爾方略》卷一頁十一作主事眾佛保。

貝勒色布滕札勒病故之福晉，將撫恤銀一百兩大綢二疋哈達一條送往。侍衛黑達色、郎中鍾佛保返回告稱，我等親攜大將軍王之撫恤銀綢哈達前往，賜與貝勒色布滕札勒時，色布滕札勒接受跪稱，我原乃準噶爾一末等蒙古人，因我之骨肉內競相互讐殺，我母攜我來青海後，眾人以我爲外姓人，不受歡迎，聖主明鑒，逾格封我爲貝勒，我之諸申〔註540〕奴僕均被連施鴻恩得生路，我惟晝夜合掌爲增聖主萬壽祈禱。今大將軍王自至邊界以來，我之劣身並未出力，且仁愛我陸續施恩，聞我妻病故，即遣侍衛官員，賞以撫恤銀綢哈達者，我實不敢當，現值軍機之際，我本人及所有屬眾惟遵大將軍王之指教，捨命効力外，何能報答，不勝感激，率眾謝恩等語，爲此謹具摺奏聞。

　　硃批，知道了。

[96] 胤禎奏報訊喇嘛敦多布加木措口供摺（康熙五十八年八月二十二日）[1]-3453

　　臣胤禎謹奏。

　　七月二十七日據護衛蘇爾雜〔註541〕妻屬下人之侍讀學士華色〔註542〕前來呈稱，拉藏所屬喇嘛車臣格隆敦多布加木措自招地出，來尋蘇爾雜之妻。問西地之事，告稱我隨主人羅卜藏同蘇爾雜前往西地，達木之地會戰前，羅卜藏遣我至招地念經，後聞羅卜藏陣亡，我往班禪之地，爲我之主念經。準噶爾賊佔領招地後，我到處躲避，今年三月初三日自招地啓程，沿巴爾喀木山路行，經察罕塔渡口越木魯烏蘇而來，並未遇人。我親抵至木魯烏蘇，本地之唐古特人聞言我之使臣前往。再去年自策妄喇布坦處遣派喇嘛阿克巴格隆、索克本烏巴希及一筆帖式，阿克巴格隆未至招地，途中死亡。索克本烏巴希等前來招地對車凌敦多布言，令生擒拉藏汗攜來，爾等何故斬之。布達拉乃年久之名廟，爾等何故毀之。將大寺陳列之物、塔、佛上所鑲嵌之珍珠等物，何故均毀而取之。著爾等毀紅教，且何故將黃教均毀之。車凌敦多布等答，拉藏汗敗出野外交戰時庶民不曉，誤斬之。對各處之民不分善惡，進行搶掠，均乃托布齊所爲之事。毀布達拉等寺，掠取珍珠等物者，均乃吹木丕勒寨桑所爲之事等因。續遣翁郭爾惠羅卜藏，著將三吉寨桑、果莽喇嘛攜來。又著一厄魯特率三十回子前來貿易。今年正月初一日車凌敦多布等來之

〔註540〕滿語滿洲人、奴僕之意。
〔註541〕《平定準噶爾方略》卷三頁五作台吉蘇爾扎，拉藏汗次子。
〔註542〕第六十八號文檔作侍讀學士花色。

使臣均往叩班禪，告稱策妄喇布坦云，今達賴喇嘛之牀空虛，速著班禪坐達賴喇嘛牀，我等共祝班禪一百二十歲等因，欲請班禪急速坐牀時，班禪云生至一百二十歲者，均在天佛仁慈，坐達賴喇嘛牀者關係甚重，我斷不可坐等語。今年二月二十四日攜三吉寨桑、果莽喇嘛及達克巴藏布〔註543〕，一不知名之扎爾固齊、一筆帖式、拉藏汗之戴青巴圖爾〔註544〕、巴圖爾諾彥等經克里葉路前往準噶爾。聞納克倉〔註545〕地方唐古特人告，將侍衛色楞解往策妄喇布坦前時色楞十餘日不食，至克里葉處亡故。又聞哈薩克部衆來伐準噶爾後，遣策妄喇布坦達西者爲首征戰，準噶爾戰敗，達西陣亡，哈薩克大掠而去等情。我身在招地時準噶爾之來使，爲達西誦經。又稱葉爾奇木人先向準噶爾納貢，因暫未納貢，起兵征討時恰策妄喇布坦大病，暫停用兵。準噶爾賊如商議諸事，均彼此寫文相商。觀察屬下衆人均有愁容，伊等埋怨，得罪聖主，今大將軍王率大軍若自數路來伐，如何能抵，此外再無聞消息等語。

　　故將喇嘛敦多布加木措解來，訊問喇嘛敦多布加木措。爾乃親同準噶爾兵在招地二年餘之人，諸消息務均知曉，今準噶爾軍情如何，正式兵額幾多，爾所告稱策妄喇布坦大病，哈薩克部衆搶掠策妄喇布坦之處，因葉爾奇木人不納貢，而策妄喇布坦起兵等語，係何人告爾。爾除告侍讀學士華色之言外，若又有見聞之處，盡言告之。告稱我本屬拉藏汗之台吉羅卜藏下人，原居於博羅崇科克。前年蘇爾雜前往西招地時我親隨往，駐於招地。準噶爾賊來，佔領招地，我主羅卜藏被斬，倘欲逃出，因恐被拏，匿居於招地近山，仍乘隙往招地，向熟人尋找廩餼。前年冬準噶爾一名棟魯布兵士，因咳血，喚我治病，於是認識棟魯布，仍給我廩餼，妥善而行。今年二月棟魯布、綽布藏往叩喇嘛，故喚我往。途中告我，我等準噶爾人，若不來更換我等，我等永無歸返之日，若居此處均至死亡。今聞自我家來之使者言，去年哈薩克部衆來我渾台吉處肆掠，既然不曉我等有無牧場，著喇嘛等觀之。再葉爾奇木之回子又佔領不納稅，故征伐之，又暗告渾台吉舊病復發。再車凌敦多布等請班禪坐達賴喇嘛牀，班禪不肯之事，係聞招地衆唐古特、喇嘛之言。準噶爾車凌敦多布、托布奇〔註546〕、吹木波勒率數百兵駐於招地。其他兵均駐於哈

〔註543〕《平定準噶爾方略》卷三頁六作一等侍衛達克巴藏布。
〔註544〕即頗羅鼐。
〔註545〕原文作約克倉，今改爲納克倉，納克倉即今西藏申扎縣一帶地區。
〔註546〕《平定準噶爾方略》卷四頁十八作托卜齊。

喇烏蘇、達木。今準噶爾兵有三千五百餘名，兵丁內有病、生惡瘡、受傷未愈者甚衆。我等厄魯特、喇嘛等被拏，均不留，故我於今年三月初三日自招地棟木處逃出，步行沿喀木地方，經吉魯肯塔拉前來，此外再無聽聞消息等情。其他情由均與告華色之言相同。喇嘛敦多布加木措乃尋蘇爾雜之妻前來之人，臣賜布茶，仍交付侍讀學士華色，送往蘇爾雜之妻處外，爲此謹具摺奏聞。

[97] 胤禛等請安摺（康熙五十八年八月二十二日）[1]-3454

臣胤禛等恭請皇父萬安。

臣我等七月二十六日請安摺，八月十七日前來，欣聞聖體安康，爲此具摺謹奏。

大將軍王臣胤禛。

平王臣訥爾蘇。

貝子臣魯斌〔註547〕。

前鋒統領臣弘曙，臣弘智，臣弘曦，臣廣善，臣永前。

公臣嫩托霍〔註548〕。

公臣奎惠。

公臣三官保。

公臣策旺諾爾布。

都統臣宗室閻欣。

都統臣宗室楚宗，宗室海山，宗室溥奇〔註549〕。

都統臣王古利。

西安將軍臣宗查布〔註550〕。

閒散大臣伯臣欽拜。

閒散大臣臣拉忻。

護軍統領臣五十八。

〔註547〕《平定準噶爾方略》卷七頁十九作固山貝子魯賓。

〔註548〕《平定準噶爾方略》卷六頁十三作公諾音托和，清太祖努爾哈赤次子代善子岳託後裔。

〔註549〕《欽定八旗通志》卷三百二十一作滿洲正白旗都統普琦，康熙五十五年前任職。清太祖努爾哈赤長子褚英後裔。

〔註550〕《欽定八旗通志》卷三百二十四作蒙古鑲黃旗副都統宗查布。《平定準噶爾方略》卷五頁二十一作副都統宗扎卜，後陞任西安將軍。

副都統臣阿林保。

副都統臣宗室赫世亨。

副都統臣覺羅伊里布。

副都統臣包色。

副都統臣唐色〔註551〕。

副都統臣徐國貴，

兵部侍郎臣札克旦〔註552〕。

陝西巡撫臣噶什圖。

山東總兵官臣李林。

硃批，朕體安。

[98] 胤禎奏報甘肅地方官員進獻物品摺（康熙五十八年八月二十二日）
　　　[1]-3455

臣胤禎謹奏，為奏聞事。

甘肅巡撫綽奇遣人獻臣乳牛八頭、麥子、金塔寺〔註553〕所種之哈密瓜等物，臣受麥子瓜。涼莊道員王廣善〔註554〕遣人獻臣馬二匹騾二頭醃小菜，臣受馬騾。北川營遊擊馬成福〔註555〕獻臣馬二匹羊四隻，臣受馬。按察使巴襲、西寧道員趙世喜獻臣瓜果等物〔註556〕，臣均受之。涼州所屬鎮番營參將和玉〔註557〕遣人獻臣哈密瓜四十個，臣受之。陝西按察使永太獻臣馬二匹騾二頭豬十口自養羊二十隻米鵝等食物，臣受馬騾羊二隻。西寧總兵官王義前獻臣自養羊二隻月餅瓜果等物，臣受羊。將他物〔註558〕賜給兵丁，故卻之，為此謹具摺奏聞。

硃批，知道了。

〔註551〕原文作黨唐色，今改為唐色。

〔註552〕《清代職官年表》部院滿侍郎年表作兵部左侍郎渣克旦。

〔註553〕寺在甘肅省武威涼州區金塔鄉。

〔註554〕原文作梁莊，今改為涼莊，即涼州和莊浪，王廣善《甘肅通志》卷二十八頁三十五作王光奭。

〔註555〕《甘肅通志》卷二十九頁六十七作馬成伏。

〔註556〕原文作特物，今改為等物。

〔註557〕《甘肅通志》卷二十九頁四十五作霍煜。

〔註558〕原文作他特，今改為他物。

[99] 胤禎奏報青海等地方官員獻物摺（康熙五十八年八月二十二日）

　　[1]-3456

　　臣胤禎謹奏，為奏聞事。

　　臣親於八月初四日自西寧啓程，我等出川邊，往青海處圍獵。初五日貝勒博碩克圖戴青阿喇布坦鄂木布親來，獻我馬二十四牛十頭羊一百隻鳥槍一支青稞等物。臣受鳥槍一支馬一匹羊一隻，賜給阿喇布坦鄂木布蟒緞袍素珠帶子，飲茶遣之。果莽廟之綽布宗呼圖克圖〔註559〕、果莽諾門汗之靈童〔註560〕、所有喇嘛均親來，獻我利瑪佛五尊馬七十四牛八頭羊八十隻劣素珠拉古爾碗香氆氌等物。臣受綽布宗呼圖克圖佛一尊香二束，賜給大綢一疋。受諾門汗之靈童之拉古爾碗一個，亦賜給大綢一疋。受眾喇嘛羊一隻，賜給小綢一疋。初七日台吉達西巴勒珠爾〔註561〕、其母達西都勒瑪親來，獻我馬四匹牛十頭羊一百隻素珠乾酪奶渣子等物，臣受羊一隻劣素珠，賜給大綢一疋小綢一疋。初九日台吉蘇爾雜之妻常瑪爾〔註562〕親來，獻我駝四峰馬十八匹牛十八頭羊一百隻劣素珠拉古爾碗等物。臣差遣侍衛官員與蘇爾雜之妻云，爾之岳父拉藏〔註563〕陣亡，蘇爾雜又被準噶爾人捕獲，僅爾孤身出，投歸皇父。今生業均皇父所賞，我不忍接受爾物，我親至爾處，爾親率屬眾，既然誠意來獻物，僅受一小拉古爾碗等語，乃受拉古爾碗。臣仰副皇父仁愛伊等之至意，賜給蘇爾雜之妻銀三百兩大綢四疋，駐於營外，賞飯遣之。初十日台吉車凌敦多布〔註564〕、其母楚克拉納木札勒親來，獻我馬十八匹牛十八頭羊一百隻撒袋二個鳥槍二支劣素珠拉古爾碗小荷包乾酪等物。臣受撒袋鳥槍各一件拉古爾碗一隻小荷包一個羊一隻，賜給蟒緞一疋大綢二疋小綢二疋，亦賞飯遣之。公車凌、其弟台吉班珠爾〔註565〕、公諾爾布盆蘇克、其弟台吉

〔註559〕疑即《如意寶樹史》作者第三世松巴活佛益西班覺。

〔註560〕指二世敏珠爾呼圖克圖洛桑丹增嘉措。

〔註561〕此人《蒙古世系》表三十八作達延鄂齊爾汗孫諾爾布朋素克之嗣子，作達什巴勒珠爾。而《安多政教史》頁四十五載達什巴勒珠爾為諾爾布朋素克之子，非嗣子，同頁載達延鄂齊爾汗子墨爾根諾顏有曾孫達什巴勒珠爾，是否此曾孫即為諾爾布朋素克之嗣子，待考。

〔註562〕本書第六十九號文檔作長瑪爾。

〔註563〕此處滿文文檔有誤或翻譯有誤，蘇爾雜為拉藏汗之子，拉藏汗為蘇爾雜妻之家翁，非岳父。

〔註564〕《蒙古世系》表三十七作車凌敦多布，顧實汗圖魯拜琥第七子瑚嚕木什曾孫，父噶爾車木伯勒，祖達爾巴。

〔註565〕《蒙古世系》表三十八作班珠爾。

納木喀〔註566〕等親來，獻我駝四峰馬十七匹牛十五頭羊二百三十隻鳥槍五支香拉古爾碗奶渣子乾酪等物。臣受此等人羊各一隻，每人賜小綢各一疋，飲茶遣之。十一日台吉車凌達希親來，獻我馬五匹牛五頭羊三十隻。臣受羊一隻，賜給小綢一疋，飲茶遣之。十五日原貝勒達彥之妻福晉岳木楚木〔註567〕、察罕達喇遣伊等全權侍衛崇和岱獻我駝二峰馬二匹牛七頭羊一百隻。臣受羊一隻，賜給小綢二疋。盟長台吉吹喇克諾木齊身病，遣伊之額爾齊木寨桑獻我馬二匹牛五頭羊一百隻奶渣子乳餅等物，臣受羊一隻，賜給小綢一疋。駐於察罕托洛海〔註568〕處管轄達賴喇嘛商上人衆之堅贊喀木布〔註569〕親來，獻我馬十匹羊五十隻劣素珠拉古爾碗等物，臣受羊一隻，賜小綢一疋，飲茶遣之。十七日親王羅卜藏丹津、貝子巴勒珠爾阿喇布坦〔註570〕、台吉伊希多勒查布、扎薩克台吉銜台吉格勒克〔註571〕等親來，獻我駝十五峰馬三十五匹牛二十九頭羊二百隻奶渣子奶油等物。臣受王羅卜藏丹津之馬一匹，台吉格勒克之馬一匹，台吉伊希多勒查布之二歲公牛一頭，馴養之薩爾魯克乳牛八頭，賜給王羅卜藏丹津、貝子巴勒珠爾阿喇布坦蟒緞袍素珠帶各一件，台吉格勒克妝緞一疋大綢一疋，台吉伊希多勒查布蟒緞一疋，大綢四疋，均賞飯茶點心果品遣之。十七日貝勒額爾德尼額爾克托克托鼐〔註572〕、貝子羅卜藏丹津〔註573〕遣伊等之寨桑拉瑪達西等獻我馬十一匹，臣受哈達，回賜哈達遣之。十九日小靈童遣伊之首席喇嘛羅卜藏札西獻我餑餑，紅糖二匣。臣收受之，賜給哈密瓜雉兔鹿肉遣之。土爾扈特貝子丹忠〔註574〕遣伊之諾彥格隆獻我馬一匹，臣受馬，賜大綢一疋遣之。二十日果莽廟之劉加果木吉胡士克圖〔註575〕親來，爲弘揚黃教，祝願吉祥，獻我一白色多布勒恩，臣受多布勒恩，賜給

〔註566〕《蒙古世系》表三十八失載，《如意寶樹史》頁七九〇後表一作南崗。
〔註567〕第五十一號、六十五號文檔作育木楚木。
〔註568〕《欽定西域同文志》卷十四頁十九，蒙古語其地有白石峰頭，故名。《寧海紀行》解其意，察罕譯言白也，托洛海言頂也，以山頂常有積雪，故云。察罕城在此山根，而察罕城位於青海省共和縣倒淌河鎮尕爾登克村附近。
〔註569〕第五十九號文檔作佳木贊堪布。
〔註570〕顧實汗圖魯拜琥第二子鄂木布孫，其父納木扎勒，《蒙古世系》表三十六失載。
〔註571〕親王羅卜藏丹津之父達什巴圖爾養子，又娶妻達什巴圖爾之女阿寶。
〔註572〕《蒙古世系》表三十六作額爾德尼額爾克托克托鼐，顧實汗圖魯拜琥第四子達蘭泰之孫，其父袞布。
〔註573〕羅卜藏丹津爲親王，是否有同名之人，待考。
〔註574〕《蒙古世系》表四十七作丹忠，貝子阿喇布珠爾之子。
〔註575〕果莽廟今名廣惠寺，其人待考。

小綑一疋遣之。棟果爾呼圖克圖〔註576〕，希納囊蘇〔註577〕，多巴囊蘇〔註578〕等親來，獻我馬十四匹香綠葡萄等物，臣受葡萄，均回賜哈達，餑餑遣之。二十一日郡王戴青和紹齊察罕丹津遣伊之阿濟寨桑，稱因居處遠，未趕赴圍獵，故獻哈達。公噶爾丹達西〔註579〕因體病，故遣伊之卓里克圖寨桑獻我哈達奶油奶子酒。臣受哈達，其餘駝馬碗食物均卻之，為此謹具摺奏聞。

硃批，知道了。

[100] 胤禎進貢皇父物品摺（康熙五十年八月二十二日）[1]-3457

臣胤禎謹奏。

臣我七月二十六日之奏報八月十七日到來。我等此處產之薩爾魯克牛奶經皇父品嘗，尚屬味美，故臣監製奶皮子奶油乳餅等物，與班禪喇嘛等進貢之物，乘便一同進覽，祈皇父笑納，為此謹奏。

硃批，知道了。

[101] 胤禎奏為皇父賞賜謝恩摺（康熙五十八年八月二十二日）[1]-3458

臣胤禎謹奏。

臣我之太監白鎮世八月十八日到，聞聖上氣色甚佳，以食飯娛樂頤養聖體，如臣等親眼所見，聞之甚悅。皇父仁賞之桂桔雲竹金絲藤筷紙各色醃菜新荔枝鮮果紅稻米等項謹跪受之。照皇父教誨，將荔枝賞賜應賞之眾，他物臣同諸子共分食之。皇父如此遙遠惦念，仁賞諸項，臣何以言表，惟望闕謝恩外，並無言可表衷懷，為此謹具奏聞。

硃批，知道了。

[102] 胤禎奏報準噶爾來歸五人途經情形摺（康熙五十八年八月二十二日）[1]-3459

臣胤禎謹奏，為奏聞事。

據駐防索洛木等處公策旺諾爾布等報稱，據解送駐青海貝勒盆蘇克汪札勒驛站之蒙古人而來之寨桑奔塔爾告稱，我乃我貝勒所屬唐古特之翁牛特部

〔註576〕原文作棟果爾、呼圖克圖，斷句有誤，今改正為棟果爾呼圖克圖，棟果爾即今名之東科爾寺，該呼圖克圖係五世東科爾活佛索南嘉措，清代駐京呼圖克圖，今青海省尖扎縣人，甘南拉卜楞寺第二世加木樣官卻晉美旺布之叔。

〔註577〕希納為今青海省共和縣攔隆口鎮一帶藏族一部落。

〔註578〕今青海省共和縣多巴鎮一帶藏族部落。

〔註579〕《蒙古世系》表三十八作噶勒丹達什，顧實汗圖魯拜琥長子達顏鄂齊爾汗曾孫，其父垂庫爾，祖多爾濟。

管理頭目，駐驛站之蒙古人均已交付，既然我之事畢，欲往我駐紮之翁牛特地方。我等交付寨桑奔塔爾，爾所駐之翁牛特地方去藏既有大路，出藏之喇嘛或蒙古若來爾處，務解至我等駐營。八月初一日寨桑奔塔爾將由準噶爾來投之巴彥解至我營。訊問巴彥，告稱我原乃土爾扈特人，歸入策妄喇布坦，無論如何効力，不准我等抬頭，後我隨車凌敦多布抵至招地，處處辛勞而行，又疑防我等，故此我等哈什哈、烏爾格德依、薩木坦、準噶爾人哈什哈、我等五人商議，我等冒死逃出，投歸聖主大汗。我等妻孥現在策妄喇布坦處，我等棄之不顧，六月初四日夜自達木處逃出，各自執馬乘行時準噶爾人哈什哈、我等烏爾格德依二人未來約定之處，或許被準噶爾卡倫拏獲。我等三人逃出速來，抵至東布雷圖〔註580〕處，因我等馬憊，又相商各自尋馬而行，不知薩木坦是否獲馬，亦不知先來或是在後，哈什哈我等二人抵至玉樹唐古特處，與管理青海台吉吹喇克諾木齊所屬玉樹部額樂德尼鄂木布、朱爾瑪海寨桑相會後，額爾德尼鄂木布等差遣屬下薩隆等四人，將哈什哈、巴彥我二人解送台吉吹喇克諾木齊處。途中聞大國公大臣率領大軍駐紮索洛木，巴彥我告之薩隆，前來投公。哈什哈隨薩隆等前往台吉吹喇克諾木齊處，我抵至翁牛特處，逢貝勒盆蘇克汪札勒所屬奔塔爾，故將我攜至此處等語。我等又訊問巴彥，車凌敦多布現駐何處，何處設有卡倫，見我等使者抵達否，將所見所聞均陳告。答稱車凌敦多布率三百兵駐紮招地。托布齊、吹木波勒率二千餘兵駐於達木。諾木渾烏巴希〔註581〕這邊托克托鼐烏蘭穆稜有一卡倫，呼魯蓀蘇伯有一卡倫，吉魯肯塔拉有一卡倫，此三處每卡倫各駐四十人，兩月換防一次。我在達木處時由此處遣派之使者五月二十日到達達木處，駐近十日，六月初一日托布齊、吹木波勒率使者，攜至招地，未聞所言。惟聞大將軍之使者言，若言為黃教，車凌敦多布爾約一處，命我往，我欲往。準噶爾人，伊等內相互約我等車凌敦多布一處會盟，由此觀之，仍屬敵也。聞大將軍王率兵前來，我等於此候之，若來，觀其情形，若可抵擋即抵擋，若不可抵擋，則歸返。我來之前六名蒙古人往招地，聞得原青海王額爾克巴勒都爾〔註582〕

〔註580〕《欽定大清會典事例》（嘉慶）卷五百六十所載之東布拉，東布拉為青海至藏中途之一山口，即須翻越今所謂東布里山之一山口，該處以地圖查之有兩山口為可行之途徑，兩山口相距十公里餘，當以北邊山口為是。
〔註581〕即諾莫渾烏巴什山，今名唐古拉山，藏名當拉嶺。
〔註582〕《蒙古世系》表三十七作額爾克巴勒珠爾，顧實汗圖魯拜琥第六子多爾濟孫，父策旺喇布坦。

之妾乃準噶爾之小車凌敦多布之姐達西納木札勒之使者，不知因何事前往。
今年四月車凌敦多布差遣十五人，以名車凌者為首，遣往里塘、巴塘等處探
信，我見之。又聞於里塘、巴塘處遣派唐古特人三百名，準噶爾人三十名，
不曉為何事遣之。又一隊人攜十餘帳駄並行，遭遇達木處之軍，緝拏攜往招
地。途中搜伊等之駄，良久方出具文，故又攜至達木處。聞得被車凌敦多布
緝押，稱乃第巴辦事噶隆之商人，不知為何事前來，亦不知搜出之文書內容
等語。故此我等咨文台吉吹喇克諾木齊，據來投之準噶爾巴彥告稱，名哈什
哈之人尋往爾處，將此文書連同哈什哈速送往大將軍王處等情行文外，將來
投之巴彥交領催滿楚岱，由驛送往等情。故此臣又飛咨率兵自里塘進入之都
統法喇，自準噶爾投來之巴彥稱車凌敦多布遣十五人，以名車凌者為首，遣
往里塘、巴塘等處探信，我見之。又聞於里塘、巴塘處遣派唐古特人三百名，
準噶爾人三十名，不曉為何事遣之等語，妥加嚴管爾處之卡倫工事，遣派妥
員兵士防守牧場，對由藏前往之所有人務加詳查，加意防守等情。一面咨行
公策旺諾爾布、都統楚宗等，遣往原青海王額爾克巴勒都爾之妾達西納木札
勒之招地六人返歸時經爾處來，不可料定，爾等於要路隘口經常差遣妥員尋
踪探信，若遇此六人歸來，訊明伊等前往之事由，將六人一併解送前來等情。

　　八月初八日青海台吉吹喇克諾木齊遣人，將自招地而出之土爾扈特人哈
什哈解送前來，翌日將公策旺諾爾布等所遣之領催滿楚岱、來投之巴彥攜至。
臣問哈什哈、巴彥，均告公策旺諾爾布，與前解送之薩木坦所告相同，哈什
哈、巴彥均願歸順皇父仁化之人，臣賞與哈什哈、巴彥穿戴衣帽，每人各賞
銀二十兩，八月二十二日交筆帖式鄂里同呼畢圖〔註583〕等解送外。八月十一
日到來理藩院咨稱，七月二十七日乾清門頭等侍衛喇錫〔註584〕傳旨，同自招
地來投之厄魯特薩木坦商約，來歸時分散之準噶爾人哈什哈、土爾扈特人巴
彥、哈什哈、烏爾格德依共四人，於此間來，青海台吉等扣留，不可料定，
此皆前來尋主之人，今正在招地之準噶爾車凌敦多布等軍機消息甚要，行文
大將軍王，嚴飭青海台吉等，來歸之四人，及相繼來歸之人，斷不可何人何
由扣留，或治以重罪。同薩木坦前來之人若抵達，即遣京城，若繼有來歸之
人，亦遣送京城，欽此欽遵前來。臣致書青海王貝勒貝子公台吉等，今據自
招地來歸之準噶爾人薩木坦、巴彥、哈什哈等告稱，我等均係土爾扈特人，

〔註583〕《平定準噶爾方略》卷六頁二十七作瑚必圖，此人出使西藏，疑即此人。
〔註584〕《欽定八旗通志》卷一百八十六作拉錫，有傳，曾與學士舒蘭往窮河源。

我等無論如何効力，準噶爾衆不准我等抬頭，且又疑防，因此我等棄妻孥，願歸聖主仁化，安享生計，故準噶爾人哈什哈、烏爾格德依我等五人商定，哈什哈、烏爾格德依未來相約之地，我等三人向此逃來等語。故此準噶爾人哈什哈、烏爾格德依若來爾等青海屬地，爾等即速解送我處，若再有相繼來歸之人，亦火速解送我處。若何人以何由阻留此等來歸之衆，對扣留不送之人，務從重治罪，斷不寬恕等情，繕書屬行通諭，爲此謹具摺奏聞。

[103] 胤禛奏報訊問喇嘛納木喀堅贊來招摺（康熙五十八年八月二十二日）[1]-3460

臣胤禛謹奏，爲奏聞事。

臣前經具奏青海郡王察罕丹津之婿阿喇布坦〔註585〕之父喇嘛納木喀堅贊〔註586〕抵達時明白詢問，倘有消息，另行具奏等情。七月二十七日王察罕丹津遣派伊之都喇勒寨桑等將喇嘛納木喀堅贊解至後，問納木喀堅贊，爾因何事前往招地，駐有幾年，爾乃剛由招地出之人，準噶爾、唐古特概況如何，實有兵額多少，將所見所聞均以告之。告稱我乃噶爾丹之堂侄，我之父名卓里克圖和紹齊〔註587〕，我自幼隨行策妄喇布坦之父僧格〔註588〕。二十一歲爲小喇嘛後，告於僧格，我前往西招地受戒，於布雷繃居住八年。後因我父斬僧格，噶爾丹執殺我父，我兄班第〔註589〕之岳父鄂齊爾圖車臣汗〔註590〕爲我牧場無主而遣使，告於達賴喇嘛〔註591〕，將我召回，吊銷喇嘛之度牒，還俗成爲庶人，將伊之女許配與我，住於牧場。後噶爾丹戰敗鄂齊爾圖車臣汗後，我跟隨噶爾丹，三十八歲時仍往西地，欲當喇嘛數念珠，告於噶爾丹，棄妻孥，又往西地爲喇嘛。此後噶爾丹同策妄喇布坦反目相戰後，此間我妻我子

〔註585〕《蒙古世系》表四十三作阿喇布坦，父納木奇札木禪，祖卓哩克圖和碩齊，曾祖巴圖爾渾台吉。

〔註586〕《蒙古世系》表四十三作納木奇札木禪，父卓哩克圖和碩齊，祖巴圖爾渾台吉。

〔註587〕《蒙古世系》表四十三作卓哩克圖和碩齊，父巴圖爾渾台吉。

〔註588〕《蒙古世系》表四十三作僧格，準噶爾部巴圖爾渾台吉之子，策妄阿拉布坦之父。

〔註589〕《蒙古世系》表四十三作班第達，父卓哩克圖和碩齊，祖巴圖爾渾台吉

〔註590〕《蒙古世系》表三十五作鄂齊爾圖，父拜巴噶斯爲顧實汗圖魯拜琥之兄，祖哈尼諾顏洪果爾。

〔註591〕指第五世達賴喇嘛，《欽定西域同文志》卷二十三頁三載，阿旺羅布藏佳木磋，淵旦佳木磋之呼必勒汗，出於衛，坐布賴賁寺牀，又建布達拉寺，賜金冊印，封西天大善自在佛領天下釋教，爲第五世達賴喇嘛。

阿喇布坦等逃來，住於青海。前年準噶爾兵來招地時我住於招南四日路程之鄂喀〔註592〕，聞得準噶爾兵前來六千，斬拉藏佔領招地後，觀之無六千，有五千兵。準噶爾人佔領招地，自唐古特人攤派財貨牲畜廩餼等項荷重，且至各處割草餵馬，不准諸寺廟喇嘛等行喇嘛禮，因無熬茶，喇嘛等多半四下分散。招地附近有四座金塔，並無動用，惟塔底埋有作法咒物，故掘底，不知咒誰，亦不曉獲否作法咒物。再將西德依、札克布里之札倉、布雷繃廟之吹鍾之札倉三座廟內喇嘛均驅出，使房空虛。頃又自唐古特人攤派馬牛羊，散給軍士。並無法紀，搶佔唐古特婦女，因諸般苛酷，衆唐古特人心生怨恨，互相議論，準噶爾人稱爲黃教而來，且驅散喇嘛，毀壞寺廟，敲骨吸髓，苦難何時完結。惟聖主大皇帝之天兵何時前來，拯救我等安生。再準噶爾一兵丁將拉藏下一去世之巴勒珠爾之妻，娶之爲妻。一日準噶爾人相坐，聞其言，拉藏之子噶爾丹丹津乃策妄喇布坦之妾土爾扈特阿玉希汗〔註593〕之女色特爾扎布所生，伊與羅卜藏舒努、達瓦舒努〔註594〕二人商議云，策妄喇布坦殺我父拉藏，我身若居此，必遭傷害，爾等二人與長兄噶爾丹車凌結讐，觀之既然亦窺視爾等，不如我等三人逃出，往歸土爾扈特等語。噶爾丹丹津之妻聞之，稟告伊父策妄喇布坦後，策妄喇布坦關押伊之二子，此婦人聞之，稟告伊母〔註595〕，被我聞之。小喇嘛吉木巴棟魯布亦如此告之於我，關押噶爾丹丹津與否，並未告知。再除準噶爾兵數次交戰時陣亡，數次將人員物資遣送策妄喇布坦處及病故者外，今約有四千兵，由商上領取廩餼，仍滿取六千兵額數。我本人在招地，聞三吉、果莽喇嘛等往策妄喇布坦處，尚未啓程。我來時車凌敦多布、托布齊、吹木波勒率少數兵駐於招地，將其他兵交付寨桑等駐於達木、喀喇烏蘇。木魯烏蘇、諾莫渾烏巴西〔註596〕等處均設卡倫。聞準噶爾人佔領招地後，唐古特頭人集諸寺廟之大喇嘛等，三吉向衆人高聲告稱，青海台吉達彥〔註597〕向我等渾台吉遣使言稱，拉藏汗入紅教廢黃教，對此渾台吉爾應發兵征剿，我軍來由在此等情。我親往招地，三次會見準噶爾

〔註592〕《欽定理藩院則例》（道光）卷六十二作沃卡，清時期達賴喇嘛所屬中等宗之一，今西藏桑日縣白堆鄉白堆村附近。
〔註593〕《平定準噶爾方略》卷二頁三作阿玉奇汗。
〔註594〕《蒙古世系》表四十三作羅卜藏舒努、舒努達木巴巴朗。
〔註595〕原文作秉告伊母，今改正爲稟告伊母。
〔註596〕即諾莫渾烏巴什山，今名唐古拉山，藏名當拉嶺。
〔註597〕《蒙古世系》表三十七作達顏，顧實汗圖魯拜琥第六子多爾濟之孫，父薩楚墨爾根台吉。

之車凌敦多布等。車凌敦多布向我言，爾爲我等準噶爾人，既爲喇嘛，爾習何德何經，能守喇嘛本份否。我言我並未習異經異德，惟照常念經數念珠，恪守喇嘛本分。觀車凌敦多布〔註598〕之貌，有不悅狀，第三次往時伊之近身行走阿喇木札木巴圖布登、瑪里喀木布囑我，車凌敦多布與爾甚不合，嗣後勿來。後思之我亦年邁，我子阿喇布坦荷蒙聖主大皇帝鴻恩，生享榮華，若在此長久，準噶爾人必傷害我，不如我往尋我子，蒙受聖主大皇帝之恩，安享生計。今年二月初一日往招地此方貢布處居住，識我之唐古特人捐贈我馬匹廩餼，四月初一日自貢布逃出，自巴爾喀木路前來。抵至吉魯肯塔拉，聞唐古特人均言我爲大將軍王之使者，我子阿喇布坦亦爲使者，前往招地等情，並未相遇。今年七月初六日來至王戴青和紹齊察罕丹津之牧場，休整後本月十七日向此方啓程前來等語。詳問喇嘛納木喀堅贊，爾之子阿喇布坦數次前往京城，朝覲聖主天顏，相熟識，擢補爲扎薩克台吉，每年賞重恩俸祿，甚爲榮耀，爾亦知曉，專此來尋，同爾之子阿喇布坦共蒙聖主鴻恩，安享生計，既爲此而來，應將爾所見聞實情勿隱，全部陳告。再爾所告內稱三吉向衆云青海台吉達彥遣使策妄喇布坦，拉藏入紅教，毀黃教，對此策妄喇布坦爾應出兵剿滅之，我軍來由在此等情，台吉達彥何年何月以何人爲使，遣往策妄喇布坦處。再既然爾之親族準噶爾台吉三次會見車凌敦多布，必對爾言軍務及知心語，車凌敦多布等向爾如何議論，爾因何事三次前往招地。見否我之侍衛色楞，今此等人在何處。遣貢布部落兵五百自里塘、巴塘進入，我方軍馬被盜之說確實否等情詳問。告稱我今年七十四歲矣，我子阿喇布坦蒙聖主之明鑒，施以重恩，又擢補爲扎薩克台吉，享榮華富貴，我因年邁，前往子處，共蒙鴻恩，安享生計，故思之前來，我所見聞之情豈敢隱瞞。曾聞三吉對衆所言台吉達彥遣使往策妄喇布坦之事，何年何月以何人爲使遣派之處，我未敢問。我等原向策妄喇布坦交戰，今會見車凌敦多布，因對我爲喇嘛不悅，伊等軍務及知心語，豈能述告，我亦懼而不問。準噶爾之車凌敦多布等佔領招地後，將衆寺廟之大喇嘛集於招地，我跟隨我師傅喇嘛察木多吉隆〔註599〕往會車凌敦多布一次。繼之準噶爾人將噶隆伯津多爾濟等送往策妄喇布坦處，我師傅喇嘛察木多吉隆聞之，著我往招地，於第巴達克擦〔註600〕處，此二人供

〔註598〕原文作車凌多布，今改正爲車凌敦多布。
〔註599〕疑爲達擦活佛，或稱濟隆活佛之第七世洛桑貝丹堅贊。
〔註600〕《平定準噶爾方略》卷六頁九作第巴達克咱。

奉我，轉請於車凌敦多布，請其留下，前往招地，而若不會見車凌敦多布等，則又恐結釁，故仍前往會見。第三次前往情由，乃是去年六月策妄喇布坦差遣之烏巴希抵達招地，召回我問之。丑年〔註601〕第巴以爾爲使遣往渾台吉處，歸來後第巴如何言之，據言爾繕文，咨行渾台吉。我言丑年第巴以我爲使遣往渾台吉處，言我等共爲一心，願爲達賴喇嘛効力，渾台吉對佛合掌膜拜，言願爲宗教効力等情。歸來稟告第巴後，第巴並無所言，準噶爾人凡機密事語均隱瞞人，烏巴希因何事前來，我豈敢問之。再聞將侍衛色楞等數人未攜至招地，均由喀喇烏蘇解送策妄喇布坦處，是否安抵策妄喇布坦處，或生事端，未聞之。我居貢布地方近二月，伊等遣五百兵，發往里塘、巴塘，竟未聞之等語。喇嘛納木喀堅贊已七十四歲矣，既將其子阿喇布坦爲使遣之，臣賜綢一疋，仍交解送之都喇勒寨桑遣送外，爲此恭摺奏聞。

[104] 胤禎奏於青海圍獵及蒙古人生計情形摺（康熙五十八年八月二十二日）[1]-3461

臣胤禎謹奏，爲奏聞事。

臣於八月初四日自西寧啓程，出北川邊行獵。聞使臣等抵達消息返回，二十日抵達西寧。邊外有公鹿之山均險，多有碎石。因皇父有仁教之諭旨，臣未圍獵，於平坦之山圍獵麅子黃羊。青海週圍兔甚豐，全圍場一日共得近一千五百隻，我等各自均獲有百餘隻。再觀青海之衆，感激皇父之恩，甚遵法律。將我等前於牧場丟棄月餘之馬匹，均趕送營中，竟無偷盜之事，惟懦弱而不像樣，均住於蒙古包內，念咒飲馬奶子酒，此外並無本事。中等人家有牛羊群，馬群甚少。中有一二馬群之人，觀看馬匹，均屬散弱，即如伊等性情。臣遵行皇父於蒙古地方良久，方見似此無用之蒙古人等。然聞包內生計，竟非人之生活。臣仰賴皇父之福，於邊陲之野行獵，將臣見聞，順便繕摺，謹此奏聞，博皇父一笑。

硃批，這一群東西原來如此。

[105] 赴藏主事瑚畢圖回述藏情摺（康熙五十八年八月二十二日）[2]-《卷四》

奏爲主事瑚畢圖回述藏情事。

本年八月十七日赴藏主事瑚畢圖回來，十八日綽班岱等領羅普桑那木奇

〔註601〕似乎應爲藏曆第十二饒迴土牛年己丑，即康熙四十八年。

來。據瑚畢圖等稟稱，奴才於六月初四日到藏後，車凌端多布等令在布達拉一小村家住宿。初七日經第巴〔註602〕向我等請聖主聖安、大將軍王安。初九日車凌端多布將我等召去詢問已往情由，奴才等將本大將軍王特爲振興黃教，普救衆生之故，遣我投文，如有回文，交我帶回，以便奉上大將軍王。車凌端多布言，此事甚大，且大將軍王文內，約我將此二呼畢勒罕〔註603〕指定一眞者等語，予何人，爲敢妄指達賴喇嘛〔註604〕之呼畢勒罕。本額魯特謂，此次約會地方及征戰各節，斷不可與大皇帝動兵，故於將軍王前不敢稟明及約會地方，經我等共同商議後，再將呈王之文，交與汝等。十一日車凌端多布齋桑扎普奇派唐古忒之噶隆吹木扎布等稟報奴才等云，扎什倫布距此不遠，由汝等內前往一二人會見班禪，回時可以奉告將軍王。奴才回云本將軍王僅令將文書送致車凌端多布，未令送往班禪，不能前往，雖經扎普奇等兩次來議，我等仍堅持不往。於十四日扎普奇烏呼特、噶隆扎什澤巴〔註605〕來，又稟稱去年錫喇布回來稟報阿穆呼朗汗諭，曾聞班禪已無住處，現在將軍王文內稱，班禪是否存在，未經聲明，我等雖已告知爾等，不惟不信，以後奏陳君上，亦不深信，如爾等一二人既到班禪處察看，回時稟告王前，我罪亦輕。奴才等公同會議，瑚畢圖親身帶領委護軍校綽班岱及準噶爾之蘭占巴吹木丕勒、兵二百餘名於本月十五日起程，二十四日至扎什倫布，二十五日會見班禪。班禪恭請聖安，並請大將軍王衆阿哥等安，奴才回時班禪筵宴我等，即將普救衆生呈王文件交付我等，乃於二十九日自扎什倫布起程，七月初七日來藏，當即遣人往車凌端多布前告知，我等到日很久，請將汝之覆文迅速交我，以便迅速起程回去。嗣後據車凌端多布等告稱，呈王覆文關係重要，尚未完竣，先將汝等送至達木，迅將騎用之馬匹收拾齊整，即行起程，斷不得遲延等語。初十日第巴迎請奴才等筵宴，將呈王之文交與我等，於十四日車凌端多布將我等請到，當衆之下，奴才告車凌端多布曰汝言約會地方者，

〔註602〕《平定準噶爾方略》卷六頁九作第巴達克咱。
〔註603〕指已爲清廷敕封之阿旺伊西佳木磋與現居塔爾寺之第七世達賴喇嘛羅布藏噶勒藏佳木磋。
〔註604〕指第六世達賴喇嘛，清廷初不承認其達賴喇嘛之地位，後默認之。《欽定西域同文志》卷二十三頁三載，蒼揚佳木磋，阿旺羅布藏佳木磋之呼必勒汗，出於門拉烏克玉爾蘇木，坐布達拉、布賴賁、色拉寺牀，拉藏汗別奉阿旺伊西佳木磋爲達賴喇嘛，乃送京師，至西寧涅槃，未列世次。
〔註605〕本書第七十三號文檔作第巴札西匝巴，第九十四號文檔作扎什則巴。

所謂烏喇特之戰爭，本大將軍王，聖主之子，既封大將軍，有調遣各處兵丁之責，果欲戰則即有告爾戰之道，約會地方會盟者，亦係爲教中衆生之事，務期陳明，若此事陳明，則於教中衆生裨益甚大，請仍按照本王所咨，爾速遣一人來報。車凌端多布曰，將軍王欲陳明此事，惟我等因無台吉之言，即纖細小故，亦不敢自主，盡人皆知，是以不敢在將軍王前言約會地方，令使臣前往報聞，隨將即交給呈王之文一件。並告曰原拉藏汗敗壞黃教，改入紅教，咒毀衆施主，本台吉〔註606〕聞之曾差我等規勸拉藏汗，拉藏汗不聽，反向我交戰，班禪親令停止，我等立即停止，而拉藏汗夜內忽來犯我，我等受傷甚重，於是復行交戰，拉藏汗陣亡於亂軍中。我等取有藏地，並未毀壞寺廟，布達拉之內納木結扎藏〔註607〕內亦有紅教喇嘛等，經我驅逐是實。再紅教之寧瑪得爾敦並多爾濟喇克〔註608〕二首領喇嘛，一切妖術念咒之事甚多，故我殺之，拆毀二廟，驅逐喇嘛，所有一切物件，均歸達賴喇嘛商上，我等未加侵蝕。紅教之撒迦達克隆廟〔註609〕衆喇嘛等，素守教規，我等並未驚動。再去年色楞等帶兵來時聽說汝等並未奉到諭旨，我等斷不與阿穆呼朗之兵對陣，是以不與爾等開戰，色楞反曰汝本一末等之人，不即逃遁，我必將汝等拏獲殺之，我等思與其束手被殺，何如決一死戰，事既如此此皆出自不得已之舉，惟有懇祈大汗明鑒。再爾等未來之先，我曾將在此處之四百餘人〔註610〕，辦給口糧，令由巴爾喀木路旋回等語。因令我等與策旺阿拉布坦之來使羅普桑那木奇一同前來，奴才等於十七日由召起程，二十一日到達木，我等於二十四日由達木起身而來。查看車凌端多布之下人及軍士人等之狀，所穿用者形甚窘迫，馬匹牲口瘠瘦者甚多。所有來見之人，皆稱聖上爲菩薩，若能振興黃教，拯救衆生，則我等得以早回原處，與各人妻子早得團聚，我等祇求銀兩布疋盤費等物，經奴才等酌量撥給，據彼等告云，我軍先自原處來時馬匹牲畜皆盡，步行匍匐而來，與拉藏汗開仗時我們死亡將及二百人，繼與色楞之軍開仗時復傷亡二百餘人，今將軍王之大兵若來，我等何能抵擋，皆被

〔註606〕即策妄阿拉布坦，《平定準噶爾方略》卷一頁一作策妄阿喇布坦。
〔註607〕亦寫作扎倉，藏傳佛教寺院內依所學經典或者僧徒地域不同而設之佛教學院，類於大學之學院。
〔註608〕準噶爾據藏時期，敏珠林寺有二大喇嘛白瑪久美江措、大譯師達摩師利被殺，應即此二喇嘛。
〔註609〕即薩迦寺，在西藏薩迦縣。
〔註610〕指第一次入藏之清軍被俘者。

殺而已，況我們人於藏地不宜，現患病臥者三百餘人等語。奴才等給準噶爾之兵丁人等盤費時向唐古忒人暗詢其數目，據云現在連病人計算三千零二十二人，每人每月僅給銀九錢，炒麵一盤，因用度缺乏，常奪取唐古忒人等物件，偷竊馬匹牲畜而食。奴才等親經過唐古忒地方，唐古忒等皆在樓上焚香合十行禮。又聞車凌端多布等曾派遣二十人，內有達賴喇嘛商上人名錫賴郭勒者，挪五十戶送往那克產〔註611〕路設站屯駐，至那克產等處後，將送往之人殺戮十九人，僅逃出一人，行走月餘，五月間始到，車凌端多布已派兵一百名追趕，至今無消息，錫賴郭勒等亦不知去向。再奴才等起程之先，有準噶爾人名特古斯者，自策旺阿拉布坦處來至藏，奴才等向之探聽消息，緣特古斯隨從三濟〔註612〕往策旺阿拉布坦處，亦帶色楞等前往，晚間以偏轅將色楞二手捆縛，色楞將捆縛之皮帶在火上燒壞脫開，奪取看守之人腰刀，將二人砍殺，復將色楞拏獲，捆縛看守，從此並不給食物，以致餓斃。再本年策旺阿拉布坦派兵二百搶奪在哈薩克界駐之蒙人馬匹牲畜，受傷者甚多，敗績而回。又車凌端多布帶兵二千至那克產地方，有謂無人者，並不切實等語。又詢問瑚畢圖，聞車凌端多布在藏建造城垣，不知完竣否，各寺廟喇嘛等生計如何，車凌端多布訓練唐古忒人否，軍械修理否。據稱並未建城垣，就原有圍牆，在豁口處修蓋大門，豎立厚板看守，比前較為嚴緊，唐古忒人等並無當兵之事，未聞修理軍械。再各寺廟喇嘛等，比先已少，而唐古忒喇嘛等，衣服不堪，且無好茶，所飲者惟巴爾喀木所出之劣茶，再我從前去時街市尚熱鬧，此次往看，商物甚少，已不如前。又問瑚畢圖，薩木坦等五人往近邊逃來，薩木坦先來，哈什哈、巴彥陸續亦來，其二人何以並無消息。據稱車凌端多布屬下逃出五六人隨來，聞自喀倫地方拏獲二人等語。除令委護軍校綽班岱於八月二十二日起程外，暫將策旺阿拉布坦之羅普桑那木奇留駐西寧，呈請皇父指示遵行，為此除將班禪、第巴、車凌端多布等原蒙文三件一併奏聞外，並將班禪等原文三件，及呈遞貢品哈達素珠等物，另行包裹，謹呈御覽。

〔註611〕　《欽定理藩院則例》（道光）卷六十二作納倉，清時期達賴喇嘛所屬十大宗之一，今西藏申扎縣。

〔註612〕　《平定準噶爾方略》卷六頁二十一作三濟。

[106] 巴塘裡塘投降交何人管理請旨摺（康熙五十八年八月二十二日）
　　[2]-《卷四》

　　據四川總督年羹堯、護軍統領噶勒畢〔註613〕等呈稱，准兵部咨開，議政大臣覆議具奏，據大將軍王奏稱，察罕丹津遣人赴裡塘收束伊所屬人，又在喀木等處通知呼畢勒罕亦派人赴裡塘等三路傳諭等因，早經奉旨欽遵在案。當時並由四川省遣兵，並無巴塘裡塘歸降之信，且巴塘裡塘人等亦無意歸降，滿漢官兵由打箭鑪出口後，於五月十二日裡塘堪布〔註614〕即率眾歸降，五月二十七日官軍已經至巴塘，巴塘營官亦即歸降，將喇嘛人民戶口清冊皆呈送前來，此兩月之間，人民心意甚安。今據都統法喇來文內開，呼畢勒罕差多呢爾噶普楚、達爾汗文布、噶克巴落普藏〔註615〕等三人，率領五十餘人，於六月十六日至裡塘。察罕丹津差台吉扎米克、齋桑珠爾奇、額爾柯沙穆祿等三人率領六十餘人，於七月十四日始至裡塘，達爾汗文布與珠爾奇往班都爾隆宗〔註616〕等處照料，多呢爾噶普楚與扎米克往察木多、乍丫〔註617〕、巴塘等處照料，噶克巴落普藏與額爾柯沙穆祿現在裡塘等語。竊維裡塘、巴塘人等來歸聖朝，現在滿漢官兵駐防，文官留彼辦事，即裡塘、巴塘本地方之事，亦與第巴新舊營長合辦，今聞呼畢勒罕與察罕丹津差人分管地方等事，可知人意相投，不知自何歸降，然可將官軍分駐已降地方，所有戶口清冊，現已交委員順慶府知府池維莽〔註618〕辦理，眾意似應一致，無須留一二人分辦。況由裡塘至藏，原並無察罕丹津所管地方，令察罕丹津之差人撤還，察木多、碩板多二處，令呼畢勒罕之人照料，遣噶克巴落普藏至擦瓦〔註619〕照料，探聽消息。裡塘、巴塘應否仍應交第巴營官辦理，俟西藏定後，或兼

〔註613〕《欽定八旗通志》卷三百十八作護軍統領噶爾弼。《平定準噶爾方略》卷六頁六作護軍統領噶爾弼，後為自四川率軍入藏之統帥，佩定西將軍印，《清史稿》卷二九八，《欽定八旗通志》卷一七三有傳。
〔註614〕指理塘長青春科爾寺堪布，據《康熙朝漢文硃批奏摺彙編》第二七〇九號文檔《料理軍務都統法蠟等奏報里塘僧俗資送大軍口糧事摺》此堪布名桑結春平。
〔註615〕此三人第四十八號文檔作多尼爾噶布楚、達喇嘛哈文布、噶克巴羅布藏，第九十三號文檔作多尼爾噶布楚、達爾漢鄂木布、噶克巴羅卜藏。
〔註616〕《大清一統志》（嘉慶）卷五百四十七作羅隆宗城，《欽定理藩院則例》（道光）卷六十二載名洛隆宗，達賴屬中等宗之一，宗址位於西藏洛隆縣康沙鎮。
〔註617〕此地清時期屬乍丫呼圖克圖管轄，亦統屬於達賴喇嘛與駐藏大臣，今西藏察雅縣香堆鎮。
〔註618〕《平定準噶爾方略》卷六頁二十四作知府遲維德。
〔註619〕常寫作擦瓦岡，藏人指怒江與瀾滄江間之地帶。

入〔註620〕內地，抑或交付何人之處，皆出聖主鈞裁。竊維如地方情形從前有不相宜之處，而四川省用兵兩年，既獲二處，可毅然振武以安唐古忒之人，再令他人管理，則已得之地，必致遺失，所關至切，伏乞交呼畢勒罕、察罕丹津遵行等語，爲此謹奏請旨。

[107] 胤禛奏聞宗室海山為受賞謝恩摺（康熙五十八年八月二十九日）[1]-3462

臣胤禛謹奏，爲奏聞事。

據閒散宗室海山告稱，我家信內稱，爲我子魯木布〔註621〕娶妻借領俸祿事具奏後。奉皇上飭諭，此子方於官差行走，借領俸祿後，何以生計，賞銀一千兩及頭等妝飾耳墜等項，裘衣等物，又此婦亦格格所生，櫃子暨櫃交總管內務府大臣，速行議奏等因。我聞此消息，不勝喜悅，身未補放，聖主施鴻恩，將我子徵爲侍衛，於上行走，將格格所生之女指配我子，且今婚娶時又賞賜衣銀等物，我惟感激謝恩外，無以奏陳，伏祈謝恩等情，臣令海山望闕叩恩，爲此謹具摺奏聞。

硃批，知道了。

[108] 胤禛奏為調宗查布任西安將軍等事摺（康熙五十八年八月二十九日）[1]-3463

臣胤禛謹奏，爲欽遵上諭事。

將軍宗查布謝恩摺內，奉皇父硃批，知道了，西安軍務甚要，應暫將宗查布速遣西安，操練兵馬，整修軍械，倘有用處，即率領數日內抵達也，欽此欽遵。將宗查布由博羅和紹召回，令八月二十八日啓程，遣往西安。查得留於西寧公策旺諾爾布隊之西安二百兵丁減額，均由所獲跟役等補取，人不整齊且數額虧缺，今既並無行走之事，若留於此處，枉費錢糧草料，故此此二百兵亦交付將軍宗查布，同遣往西安，爲此謹具摺奏聞。

硃批，知道了。

[109] 華色呈報喇嘛車臣格隆續報藏情摺（康熙五十八年八月二十九日）[2]-《卷四》

奏爲續報藏情事。

〔註620〕此處補入字。
〔註621〕應寫作祿穆布。

　　據照料蘇爾匝〔註622〕之妻侍讀學士花色呈稱，竊與藏地來之車臣格隆閒談，謂車臣格隆云，汝在藏已及二年，彼處一切事件，見聞必多，今駐藏地準噶爾賊等之情形如何，唐古忒人之意旨如何，我等既係閒談，爾勿隱瞞，可盡言之。據車臣格隆告云，藏之週圍有銅獅子八個，並未陰雨，由獅子口鬍內忽然出水，以釜接取，水可獲滿釜。藏前街市地方，立有宗喀巴佛，每年換以堅實木料，仍用牛皮包裹，忽被大風吹倒，折爲三節。沙拉寺〔註623〕內有名哈應齊瓦之馬頭佛，形像惡劣可怕，忽然一連三夜聲如馬吼。又有至高樓三層，忽有野獐登上樓，進入屋內。此間衆人議論，從前聖主掌教，並無此等怪異之事，今因準噶爾賊悖逆上天，故此怪狀層見疊出，觀此不日必至滅亡。再前達賴喇嘛庫內，每年曾入貢銀十萬兩，今居遠險地方至力強者，皆不納貢，惟居藏左近之貧弱者，無法勉爲納貢，賊初只向此輩擄取，迨後每十牲取一，後五取一，或三取一，因唐古忒人甚貧，不能納貢，該賊每月仍取銀六千兩，今亦不能供給。原藏地喇嘛總在數萬，因被賊殺掠，已離散大半，或不合賊意，或有可疑之喇嘛，即令留辮，不久亦殺之，衆喇嘛畏懼，離散者甚多，但現在不過二三千餘耳。該賊起初擄掠，頗形富足，不知何故，今皆貧窮，不能度活，惟爲首者尚稱富足，其賊首內行爲不善，用文書在策旺阿拉布坦前互相攻訐，策旺阿拉布坦之近人，甚不悅此輩獲有金銀牲畜，已將此輩劣跡報告，擬咨文申斥，此時車凌端多布等互相睚眥，皆欲潛逃，賊衆因未得盤費牲畜，按月每人各給銀九錢，五人給一磚茶，因不服藏地水土，病死者甚衆，骨殖皆葬埋達木地方。車凌端多布等帶領彼處近人住於藏地，賊衆前住藏地，嘗相竊食，自移住達木地方，亦形貧乏，不能度活，此時策旺阿拉布坦言藏地與我納貢者甚多，今二年尚未納貢，爾等擄獲拉藏汗及藏之週圍富戶，並各寺之金銀財物，各人頗形富足，令每人各出金十兩，差人催取，衆因無法，全行交給，現在衆人皆曰我們迎刃冒鋒，始獲地方，我主不恤我輩，爲領袖者皆住於富戶房屋，與妻子同樂，使我輩住於此地，並不知憐恤，必至死而後已，若逃回亦死，將不知死於何處，此等怨言甚多。再葉爾齊木國〔註624〕比策旺阿拉布坦之人倍多，向來納貢，今驟然不納貢，必俟他們有敵對之勢，始行抵抗。哈薩克國又屢來擄掠，又聞策旺阿拉布坦

〔註622〕《平定準噶爾方略》卷三頁五作台吉蘇爾扎，拉藏汗次子。
〔註623〕今名色拉寺，《大清一統志》（嘉慶）卷五百四十七作色喇廟，在喇薩北八里，亦宗喀巴弟子所建，有喇嘛三千餘。
〔註624〕即清代史料所稱之葉爾羌，今新疆莎車縣。

之二子〔註625〕，在內有作亂情形，議擬逃走。現聞大將軍王親統大軍自各路進征，眾皆震動，以愚之見，天意人事，現像不好，今策旺阿拉布坦又患病甚篤，兩腿亦不能動，經云明年鼠年〔註626〕策旺阿拉布坦亡，想不久他們必內亂敗亡等語，呈報前來，為此恭摺奏聞。

[110] 胤禎奏報哈密等地方官員獻物摺（康熙五十八年九月十六日）

[1]-3466

臣胤禎謹奏，為奏聞事。

哈密扎薩克頭等達爾漢伯克額敏遣伊之甲喇章京阿必布、分得撥什庫尼雅斯向臣問好，獻臣駝一峰馬二匹鳥槍一支刀二把哈密瓜一百個，臣念此等人乃遠方特遣之人，所獻物均接受之。回賜給達爾漢伯克額敏妝緞一疋蟒緞一疋，賞前來之甲喇章說阿必布、分得撥什庫尼雅斯綢各一疋，三名披甲各賜銀三兩。此等均係回子，不食他人之物，賞伊等牛一頭羊二隻，並云爾等歸返，告爾等之扎薩克額敏，特念從遠方獻物，我均收受之，現值軍機之際，既然荷蒙皇父之恩深重，宜勤勉効力等語，教誨遣之。涼州總兵官李忠玉〔註627〕遣人向臣問好，獻臣哈密瓜四十個掛麵二箱沙果一箱杏一箱蜜醃果等物。臣受掛麵杏沙果。原提督馬進良之妻遣伊之子向我問好，獻靈州產之西瓜四十個，臣受二個。肅州道員胡仁智〔註628〕遣人向臣問好，獻哈密瓜二百個，臣受之。管理陝西學務檢討覺羅馮泰〔註629〕獻臣紅帽腰刀一把蓮芯茶葉二瓶漢瓷碗四個瑪瑙瓶一個水晶圖章四枚水晶烟水壺一個鼻烟壺二十個鼻烟四瓶、雲楸木扶手二把、瑪瑙鑲几一張，理硯一方，及書冊頁共十八項，臣受蓮芯茶葉。甘肅巡撫綽奇遣人問臣好，獻哈密瓜四馱，臣受之。署理甘肅提督事務總兵官范時捷遣人向臣問好，獻哈密瓜十二個，臣受之。署理榆林總兵官事務副將王智〔註630〕遣人向臣問好，獻梅根素珠二串沙米二口袋鷹二隻，臣受鷹一隻。署理肅州總兵官事務參將郭成功〔註631〕遣人向臣問好，獻馬四匹，臣受之，他物均卻之。再甘肅提督路振聲、肅州總兵官楊昌泰遣人向臣問好，

〔註625〕《蒙古世系》表四十三作羅卜藏舒努、舒努達木巴巴朗。為土爾扈特阿玉希汗之女色特爾扎布所生。

〔註626〕此處鼠年為藏曆之第十二饒迴金鼠年，即康熙五十九年。

〔註627〕《甘肅通志》卷二十九頁二十二作李中月。

〔註628〕《甘肅通志》卷二十八頁四十作胡仁治。

〔註629〕《陝西通志》卷二十三頁九作覺羅逄泰。

〔註630〕《陝西通志》卷二十三頁六十作波羅營副將王治。

〔註631〕《甘肅通志》卷二十九頁四十八作甘州城守營參將郭成功。

各獻哈密瓜四馱，臣對送瓜前來之人曰爾等歸返，向提督總兵問好，既然特由汛地遣人送至，我均收受等語，各賜給棉衣一件遣之，爲此謹具摺奏聞。

硃批，知道了。

[111] 胤禎等請安摺（康熙五十八年九月十六日）[1]-3467

硃批，朕體安。木蘭圍獵平安竣事，回宮。此次一圍圈內圈馬鹿數千隻，留足之後，其餘均開圍放走。因此爲一新鮮事，寄平信令爾驚歡矣。

臣胤禎等恭請皇父萬安，爲此具摺謹奏。

大將軍王臣胤禎。

平王臣訥爾蘇。

貝子臣魯斌。

前鋒統領臣弘曙，臣弘智，臣弘曦，臣廣善，臣永前。

公臣嫩托和。

公臣奎惠。

公臣三官保。

公臣策旺諾爾布。

都統臣宗室廷信。

都統臣宗室楚宗，宗室海山，宗室普奇。

都統臣王古利。

閒散大臣伯臣欽拜。

閒散大臣臣拉欣〔註632〕。

護軍統領臣五十八。

副都統臣阿林保。

副都統臣宗室赫世亨〔註633〕。

副都統臣覺羅伊里布。

副都統臣保色。

副都統臣徐國貴。

兵部侍郎臣札克丹。

陝西巡撫臣噶什圖。

山東總兵官臣李林。

〔註632〕第十五號文檔作拉新，第二十八號文檔作拉忻，第三十九號文檔作喇欣。
〔註633〕原文作赫世享，今改正爲赫世亨。

[112] 胤禵奏為獻哈密瓜事摺（康熙五十八年九月十六日）[1]-3468

臣胤禵謹奏。

臣自來此處，仰皇父之恩，地方官員等仍向我送獻哈密瓜，嘗其味道，甘州所屬金塔寺等地所種之瓜，雖稱味美，不如正品哈密所產之瓜，故此由哈密扎薩克額敏獻臣之瓜內，選優者數個，乘奏事之便恭獻，為此謹具摺奏聞。

硃批，勿再送哈密瓜。

[113] 胤禵奏教誨青海郡王親王貝子和好摺（康熙五十八年九月十六日）[1]-3469

臣胤禵謹奏，為奏聞事。

九月初七日據青海郡王戴青和紹齊察罕丹津遣伊之侍衛額爾克墨爾根呈稱，撫育天下成全萬方神聖曼珠佛主，始終軫念邊陲之固始汗，為使我等眾人成其子孫，屢頒訓諭前來。去年我於圍場叩謝神聖曼珠佛主，聖主愛我如子，加封名號，施鴻恩。又頒訓諭，爾等均固始汗之後嗣，爾等內部共謀和好，為抵禦外侵及佛教之事，不惜捨命効力等因。如今大將軍王亦訓誨，爾等二王共圖和好，凡事妥善辦理等情。親王羅卜藏丹津思忖，我等二人受小人挑唆之語，且不符我等之意，有違聖旨，恐不能成佛教之事等情，故無戒心，出於誠意令王聞之。今大將軍王明鑒，以使親王羅卜藏丹津我等二人為一致，盡力和好，若妥善教誨，諸事成功為佳等情。若贊同卑職所言，將親王我等二人召至大將軍王前，會晤和好為佳，祈大將軍王明鑒，祝福弘揚黃教，謹將禮品青金石素珠一串，哈達一併呈上等語。

查得先親王羅卜藏丹津、郡王戴青和紹齊察罕丹津、貝子丹忠等相互攻訐，各陳其由於呈文內，臣均教誨伊等和好而咨覆等因業經具奏皇父。今依察罕丹津所請召羅卜藏丹津等會晤和議，竊思伊等若相互攻訐，於臣前首告，則難於辦理，故向送文侍衛額爾克墨爾根面授口諭，爾返歸告之爾王，爾王蒙受皇父懷柔撫育之鴻恩，凡事不加隱匿，出以誠意所呈文之事由，我贊閱之，爾等青海諸台吉等均為固始汗之子孫，皆兄弟骨肉，自固始汗以來佛法統一，誠心誠意恭順行善，故皇父仁愛爾等如子孫，各封為王貝勒貝子公，享榮華富貴，又連降聖旨，訓誨爾等兄弟和睦，以之為萬全。我親至此處以來，亦遵皇父教誨之聖旨，數次面訓，爾等內和睦相處為善，古云清官難斷家務事，我親蒙皇父之旨，率大軍前來，承辦諸凡調轉應行之事，爾等家內因稍不睦，我即喚爾等前來，若依法裁斷，爾等豈敢不遵我言，我並不難於辦理，惟和好之事，各出自內心，方利於事，倘被迫雖當面和好，而內心不和，不僅不利，敵國聞後，亦至恥笑爾等。爾等骨肉間，若誠心和好，同來我前告知，仰副皇父屢教之聖旨，爲弘揚黃教亦甚有裨益，如今皇父惠顧於爾，強於衆人，爾內心亦明知，爾乃五十餘歲之人，何未經歷，何事不曉，念骨肉之親，不聞小人間唆之語，恭敬長輩，仁愛晚輩，凡事概寬容處之，則不必人勸，自然生和，既然遵皇父聖旨，以經弘揚黃教爲要事，在於王自身也，王爾詳思等語。再若將所獻哈達素珠，不受卻之，未准伊之呈文，恐胡亂猜疑，故受哈達素珠，回賜哈達一條鼻烟壺火鏈等物，賞送書之額爾克墨爾根綢一疋，爲此謹具摺奏聞。

硃批，知道了，著議政大臣閱。

[114] 布政使哲勒金等請協濟購馬款項請旨摺（康熙五十八年九月十六日）[2]-《卷四》

奏爲協濟購馬款項事。

臣前由涼州所調京城之兵丁等尚欠前鋒三千名，馬七百匹，連撥給喀喇沁、翁牛特、土默特兵之馬匹，計算共四千五百八十一匹，在西安固原等四處餵養之馬匹，趕於九月間入群時調取添給餵養，此項調取馬匹之額，擬仍令由各處按照定例補設等因具奏，俟議覆照准後，臣即於西安增拴馬匹一千五百八十一匹，固原甘州寧夏各調取馬一千匹，繼有布政使覺羅哲勒金〔註634〕在蒙採辦馬八百八十一匹，情願協濟等因，呈請前來，俟具奏准如協濟後，臣即將此項協濟馬匹，行文寧夏，令交添補。茲據總督鄂海呈稱，竊遵照大將軍王來文，即會同署理西安將軍印務副都統巴爾布等由八旗拴養馬匹內挑選九百四十八匹，由本標下拴養馬匹內挑選六百三十三匹，派員自八月十一日起程送往西寧。今既值西地正有軍事之際，此項解送馬匹之額，即應補行購買，已與副都統巴爾布等議定，原每匹各按十兩購買，惟奴才世受聖主天恩深重，由本標下補買馬六百三十三匹，按照部定價章，每馬以八兩計算，需銀五千六十四兩，臣將此項情願照數協爲發給。再西安布政使薩木哈〔註635〕，亦受聖主養育之恩三十餘年，現既值軍事之秋，由八旗撥解九百四十八匹補行購買，需銀七千五百八十四兩，情願照數協爲發給等因呈稱前來。至每馬

〔註634〕《清代職官年表》布政使年表作甘肅布政使折爾金。
〔註635〕《清代職官年表》布政使年表作陝西布政使薩睦哈。

增加費銀各以十兩計算，八旗馬匹內共需銀一千八百九十六兩，綠營官補購買馬匹增加銀一千二百六十六兩，副都統巴爾布等皆按照先例，情願照數協解發給等語。惟拴養馬匹之額補行購買，關係甚重，若專待此項協款解到再行咨購，勢必貽誤，一面在布政使庫雜款項下暫行撥借，迅速咨購，於本年內將此項銀兩皆照數協解，陸續解送等語。又據固原提督馬堅博〔註636〕呈稱，遵照大將軍王文，即由本標下拴養馬匹內挑選一千，派員於八月十六日起，起程解往西寧，此項採辦馬匹，因補行購買，應行文總督布政使司庫，領銀一萬二千兩，布政使司庫接照部定價章，每匹應給銀八兩，自軍興以來，因購價八兩不敷購買，惟奴才叨蒙聖主養育之恩，毫無報稱，又在任未能効力軍前，此項不敷價款，竊願協濟，但由固原至書爾格依盟，道路遙遠，兼值冬令，路上必須草料餵養，始能送到，應先由布政司庫撥借銀二千兩，派員至書爾格依盟購買，此項撥借銀兩，由臣俸祿暨親兵錢糧內撥分四季照數扣還等語前來。所請協濟之處，可否照准，伏乞皇父訓示，為此謹奏請旨。

[115] 駐防索羅木策旺諾爾布呈報兵丁馬匹被盜摺（康熙五十八年九月十六日）[2]-《卷四》

奏為馬匹被竊事。

九月十二日據索諾木駐防之公策旺諾爾布等報稱，八月初十日夜在群放牧之喀喇沁、翁牛特〔註637〕官兵一百五十九名之馬匹被竊，當即令帶領喀喇沁兵之佐領棍布帶兵三十名，追踪尾行六十餘里，見賊百餘名牽領馬匹前行，彼等一面遠處跟隨一面來營稟告，我等共同商酌，共挑選滿蒙官兵七百十六名，著二等侍衛阿爾那、營長果珠帶領，於十二日起程。於九月初五日據二等侍衛阿爾那稟稱，我們向東南方尾隨，於二十三日至庫庫烏蘇〔註638〕地方將賊追上，賊登大哈達山嶺，眾官兵等商議，我等世受聖主厚恩，若不將此百餘名賊殺死，何能看守汛地，當即一起步行，登山齊進，相距甚近，施放槍箭，是時忽然天降白霧，致不能見，聞此賊為青海默爾根諾彥所屬〔註639〕，

〔註636〕《平定準噶爾方略》卷七頁十九作提督馬見伯，為固原提督。

〔註637〕常寫作翁牛特，內扎薩克蒙古四十九旗之一。

〔註638〕《欽定西域同文志》解庫克賽郭勒，庫克賽青石也，河中積有青石，故名。此小庫庫賽渡口為清代青海入藏官道之渡口。即今青海省治多縣治曲鄉浪宗青所在之小河注入木魯烏蘇處之渡口，《軍民兩用分省系列交通地圖冊 青海省》。

〔註639〕原文作默爾根諾彥所圍，今改正為默爾根諾彥所屬。

再前進天已昏暗，且天降冰雹，雪片橫飛，我等僅立以待旦，若尋覓賊踪，雪已三尺餘，踪跡不見，當戰時殺賊二十八名，賊敗走時中途拋棄佛經衣服乾糧馬匹毾𣮈香等物，交與岱青和碩齊〔註640〕所屬之托歡齋桑，其默爾根諾彥兵丁等得毾𣮈二十五疋鳥槍四支撒袋一個腰刀一把馬鞍全份馬十匹劃馬十三匹，我們兵丁得鳥槍十一支撒袋十個馬鞍全份馬九匹劃馬八匹。已據岱青和碩齊所屬之托歡齋桑等收所獲之馬匹物品數目，查點清楚。此戰我兵中槍傷之正白旗藍翎〔註641〕達勒底喀，廂紅之鳥槍護軍校委章京烏勒，中箭傷之廂白鳥槍護軍校委章京本祿，青海兵喇嘛塔爾，再受輕傷之滿洲蒙古兵丁跟役十八人。又於八月二十四日經住防卡倫之營長華色拏獲遊行蒙古九人，當即傳詢，據名達爾濟者稟稱，我等皆係貝子丹忠屬下之人，獵時被捕，並無偷你們馬匹之事，惟我之兄弟子嗣等，從前常有小偷情事，至及新近偷爾馬匹之賊，我尚知情，因有台吉伊什卓勒扎布屬下之永謝部落之楚庫達爾哈和碩奇，約我偷竊馬匹，我因告伊云，我主丹忠因去年運米石時協濟牛馬，曾蒙聖主擢封貝子，丹忠傳諭我們甚嚴，我深畏懼，不敢同去，伊聞言即走了，後我往楚庫達爾哈和碩奇處，見伊馬匹甚多，當問此像係軍馬，伊云我僅偷馬六匹，有格爾策部落之名布倫木者，分取馬三匹等語。我等派達爾濟作嚮導，派出滿蒙官兵共三百十二名，交營長明保、華色帶領，前往拏賊，於八月二十五日起程，九月初五日據營長明保等差人來稱，我所領之岱青和碩奇所屬之兵丁及落普藏，均已逃脫，而達爾濟指引環繞哈達已經三日許，並尋不得，達爾濟又因大雪不識路徑，請另遣嚮導等語。我等反覆籌思，官兵雖冒雪奮力，然雪大馬不得飽食，則何能行，遂即撤兵，復派台吉丹津之齋桑特固斯等五人以及雲騎尉善巴扎布、喀喇沁佐領棍布往告永謝部大車臣台吉等，令將所竊我之馬送來，並賊首楚庫達爾哈和碩奇等賊擒拏等因，派台吉伊什卓勒扎布、額爾德尼台吉，謂汝所屬下永謝部之楚庫達爾哈和碩奇、格爾策之倫布木等偷我軍馬，速即派兵將所盜之馬如數查明，將賊首楚庫達爾哈和碩奇、倫布木拏來，否則出派大兵將此二部落全行殲戮，並咨文王察罕丹津，謂汝托歡齋桑兵，皆一併逃回，有嚮導名洛布藏〔註642〕者，將兵妄行引導，亦復逃去，汝務須察拏送來，各等語。是以臣令公策旺諾爾布等將受

〔註640〕即郡王戴青和碩齊察罕丹津。
〔註641〕原文作藍領，今改正爲藍翎。
〔註642〕本文檔前文作落普藏。

傷之人，比較傷痕編造清冊呈報，並察所獲賊之馬匹衣服等物，皆賞給原辦之人，並擬滿洲官兵及扎薩克兵之身價酌定傷情，照例賞給，青海兵丁減半賞給，除已逃之托歡齋桑、洛布藏等，著王察罕丹津查拏解來另議外。臣竊以青海之台吉伊什卓勒扎布、額爾德尼台吉等所屬唐古忒之永謝布部落之楚庫達爾哈和碩奇，格爾策部落之倫布木等賊人百餘名，偷竊我索羅木住兵之馬匹，且與追去官兵交戰，殊爲可惡，本應派兵將此等賊人悉數殺盡，惟永謝布、格爾策等部落之唐古忒，共計有四五千餘戶，擬令在黃河額勒蘇特依鄂羅木之西北地方遊牧移營至諾莫歡烏巴施〔註643〕、額伯爾濟、格爾濟雜噶爾那〔註644〕地方，雖係青海所屬，並不給伊主人納貢，每年稍令納貢，仍行抗拒，是伊等性同禽獸，不知教法，專恃所居地方險惡，惟賴小偷以資生活，若以少數兵力前往拏賊，則此等部落之人難免不投往住藏之準噶爾人等之內，既仰蒙皇父天威洪福，不久藏事底定，現在暫停派兵，即令賊首將此賊輩驅逐，此間如得安全則已，否則俟藏事平定，再行酌量派兵，將此輩殲滅，爲此恭摺謹具奏聞，伏乞皇父訓示。

[116] 胤禎爲諸子受皇上多方照顧謝恩摺（康熙五十八年十一月初六日）
[1]-3472

臣胤禎謹奏，爲謝恩事。

九月十六日皇父仁賞二皮箱，二籮筐木蘭鹿尾鹿肉抵達，臣謹受領，謝恩，共分飽餐。再護軍甲喇章京欽丢、藍翎斯明等前來，聞皇父聖顏容光煥發，身體結實，即似臣等親見，甚是歡悅。又聞得皇父仁教我子弘春、弘楷，攜至木蘭圍場，爲弘明娶妻遣送京城，皇父諸事思慮周全，特遣侍衛巴雅喇〔註645〕等送來。又聞皇父所書之匾額對聯，賞懸新房婚娶等語。臣喜不自勝，無奏言表達，況即弘明如何仰報皇祖父如此關懷之殊恩，臣有何語，惟盡力謹遵皇父指教之旨，勤奮効力，祈祝神佛，事速竣結，朝覲皇父聖顏，叩謝鴻恩，爲此謹具摺奏聞。

硃批，知道了。

〔註643〕即諾莫渾烏巴什山，今名唐古拉山，藏名當拉嶺。

〔註644〕《衛藏通志》卷三頁二載，瀾滄江有二源，一源於喀木之格爾機雜噶爾山，名雜楮河。一源於喀木之濟魯肯他拉，名敖木楮河，二水會於察木多廟之南，名拉克楮河，流入雲南境爲瀾滄江，南流至車里宣撫司爲九龍江，流入緬國。

〔註645〕原文作侍衛、巴雅喇，今改爲侍衛巴雅喇。

[117] 胤禛等為奉硃批覆奏摺（康熙五十八年十一月初六日）[1]-3473

硃批，朕體安。

臣胤禛等謹請皇父萬安。

九月十六日臣請安摺內奉皇父硃批，朕體安，木蘭圍獵平安竣事，即回宮。此次一圍圈內，圈馬鹿數千隻，留足之後其餘均開圈放走。因此為一新鮮事，寄平信令爾驚歟矣等因。臣等聞皇父體安，按時勞逸，又一圍圈馬鹿數千隻，臣等讚歟不絕，為此具摺謹奏。

大將軍王臣胤禛。

平王臣訥爾蘇。

貝子臣魯斌。

前鋒統領臣弘曙，臣弘智，臣弘曦，臣廣善，臣永前。

公臣嫩托和。

公臣奎惠。

公臣三官保。

公臣策旺諾爾布。

都統臣宗室延欣〔註646〕。

都統臣宗室楚宗，宗室海山，宗室普奇。

都統臣汪古里〔註647〕。

閒散大臣伯臣欽拜。

閒散大臣臣拉欣。

護軍統領臣五十八。

副都統臣阿林保。

副都統臣宗室赫世亨。

副都統臣覺羅伊里布。

副都統臣保色。

副都統臣徐國貴。

兵部侍郎臣札克丹。

陝西巡撫臣噶什圖。

山東總兵官臣李林。

〔註646〕《平定準噶爾方略》卷六頁十二作都統延信。清太宗皇太極長子豪格後裔。
〔註647〕《欽定八旗通志》卷三百二十七作漢軍正黃旗都統汪悟禮。《平定準噶爾方略》卷六頁十三作都統汪悟禮。

[118] 涼州建置房屋奉旨申飭摺（康熙五十八年十一月初六日）
[2]-《卷五》

據涼州總兵官李忠岳呈稱，涼州城內居住人民較少，房屋亦稀，可駐大軍兩千，今大軍既至涼州，牧養馬匹正值冬冷之際，須用房屋，是以眾民情願建蓋新房，以便駐兵等因，各呈報前來。竊俯順民情，會商涼州道廳衙等員，捐納俸祿，在城內之東關廂外，以大價購買民田八百餘畝，用以建蓋房屋三千八百四十餘間，撤兵後原蓋房間著永給民住。至會同涼莊道何廷貴捐納銀兩，建蓋房屋二百五十餘間，以俻帶兵大臣官員，其各屋炕院落，餵馬槽等項，亦皆備齊，請令官兵即住此新房等語。是以臣已咨李忠岳矣，竊維來時曾奉聖諭，朕施恩陝省軍民至深且重，此數年來陝省軍民為國効力亦甚勤勉，爾至彼後務將朕意曉諭軍民，爾亦仰體朕意，妥為撫恤，約束官兵，毋得滋擾民間，並令該管總督巡撫提督總兵等官妥恤軍民，實心任事，毋得藉大軍之名濫擾民間，以仰體我皇父憐愛軍民之至意等因，再三訓誡，亦曾面囑爾等，現在民間雖情願建蓋房屋，爾等亦應先行呈報，事前並未與臣商報，即大建房屋，徒耗小民之財，不無紛擾，況此師之出，實因小賊妄行，特問罪致討，並非久駐，惟既經蓋妥，即令官兵居住，嗣後爾惟有仰體皇父憐愛軍民之至意，凡事毋得輕舉妄動等因，特加訓諭，為此恭摺奏聞。

[119] 奏報由藏逃出準噶爾人述說藏情摺（康熙五十八年十一月初六日）
[2]-《卷五》

前據駐防索羅木公策旺諾爾布等咨稱，據自藏逃出投誠仁化之準噶爾巴彥、哈希哈〔註648〕稟稱，六蒙古往藏，曾告已故青海王額爾克巴勒都爾之妾達西納木札勒之使臣，公策旺諾爾布謂此六人回來時汝若遇見，問明伊往事因，並將六人送來等因，具奏在案。於九月十二日據公策旺諾爾布報稱，為已故青海王額爾克巴勒都爾之妾達什那木占將差往策凌端多布之六人截堵事，於八月十六日曾派雲騎尉善巴扎布、參領布達率領廂黃之鳥槍護軍校委章京額勒格，護軍校委章京瑪金，兵六十名，於九月初五日雲騎尉善巴扎布等已將伊什固應齋桑等五人拏獲。當詢伊什固應齋桑等，謂策凌端多布囑爾何話何事，爾一一據實告知，復問爾等原去六人，其一人現在何處。據伊什固應齋桑稟稱，我並非私行潛往，於本年正月間在楚勒罕地方，與宗室都統

〔註648〕第八十四號、第一〇二號、第一〇五號文檔作哈什哈。

侍讀學士同本台吉吹喇克諾木奇言〔註649〕，至今並未得西地消息，跟隨策凌端多布之人，借名往藏，探聽實在消息。吹喇克諾木奇云，我妻姐達什那木占患病已經二年，經小呼畢勒罕看視，因病勢沉重，須多念經熬茶，方可痊癒，達什那木占跟隨策凌端多布之妹，假此派伊數人，陪我前往班禪地方念經宣佈熬茶，得此實信等語。具稟都統侍讀學士，商同達什那木占派我五人，兼吹喇克諾木奇一人，達什那木占攜帶哈達二個，冰糖少許，問策凌端多布安好，並無答文。吹喇克諾木奇教我云，爾至西藏後，因爾女主患病二年有餘，初次差汝問安於策凌端多布，二次復請班禪念經熬茶，暗探一切密信回報等語。經大人垂詢，我何敢隱諱，我等於三月初一日起程，四月初一日至諾莫歡烏巴什之地方，被準噶爾哨兵將我拏獲，帶至策凌端多布之前，我將情由全行稟告。車凌端多布云達什那木占係我之妹，我甚懸念，去年又與大軍大戰二次，幸而未死，此為兄之意，正應差人問候，今聞阿穆呼朗汗之子王授為大將軍，帶兵四十萬，將來征我，此際爾來能謂無故乎，既為爾主患病念經熬茶，可暫住班禪處，我甚相信，曾派巴圖爾額莫根率領，派兵十名，將我護送，我等至班禪之前。不多日齋桑吹木波勒前往班禪地方，我五人不得在此，帶至達賴拜與〔註650〕居住八日，又帶至班禪之前，我等正探息間，因我們使臣往見班禪，令我等回避。至準噶爾之兵，原來時兵六千名，中途患病死亡者甚多，僅剩兵四千餘，因到藏不服水土，生瘡及陣亡，今僅二千餘，或及三千。此內除老病者〔註651〕，尚有三百餘。又我們親至扎什倫布地方之時聞有住達木地方準噶爾兵逃走四十人，經車凌端多布派一名額林臣達什者領兵六十名追趕到藏。又聞準噶爾之齋桑等告稟拉藏所屬廊爾薩巴爾產部落之唐古忒人，所領三人內，被殺二人，逃脫一人來藏。復因三百戶唐古忒女子，一併脫逃，遣額林臣達什追趕，我們來時聞送我們使臣旋回，又遇準噶爾之蒙古等，謂額林臣達什等追趕已逃之唐古忒時馬皆疲乏，不能追及，當即旋回等語。再我由扎什倫布到藏之時經察罕城，策旺阿拉布坦遇車凌端多布差使特古斯詢問，據特古斯云，桓台吉〔註652〕差我問車凌端多布安，大國發兵否，現有兵七千名，至奇哩業地方，已駐一千，由藏回之齋桑桑濟〔註653〕

〔註649〕此處補言字。
〔註650〕拜與蒙古語住房之意。
〔註651〕原文作此內分除老病者，今改正為此內除老病者。
〔註652〕即策妄阿喇布坦，《平定準噶爾方略》卷一頁一作策妄阿喇布坦。
〔註653〕《平定準噶爾方略》卷六頁二十一作三濟。

已至本地，小車凌端多布方到奇哩業，帶領此七千兵，更換來藏。俟我們使臣起程之後，車凌端多布將我們喚來，告云爾等來時我心甚疑，及至大將軍王之使臣來，復爲黃教而來，一切藏事，爾等迅速旋回，轉達什那木占、珠勒扎布，我甚懸念，去年大戰二次，幸而未死，並告兄甚想念，本應早爲差人問候，著即攜帶布疋並食物交給達什那木占。又聞準噶爾人等互相議論，自去年發兵，更換我們尙未來到，以此觀之，我等實不可信，以車凌端多布火速差遣情形思之，彼等必有緊急之事，我等並未聞等語。此外並無見聞消息，我們原去六人，回來至玉樹唐古忒地方，有一名喇嘛棍者，因患病留在玉樹地方，是以將伊什固應齋桑等五人交護軍校委章京德周、阿爾那於九月七日解送西寧等語。九月二十二日伊什固應齋桑等五人解到，詢問皆吾公策旺諾爾布所報，又問若另有消息，皆詳細稟報，據伊什固應齋桑等稟稱，我等自西藏來，遇在索羅木之公策旺諾爾布等，將一切見聞及與車凌端多布所說之語，詳告無遺，並另有語言，既特差我們探取消息，我等又何必隱瞞等語。此伊什固應齋桑等係經我軍派赴西藏探取消息之人，復爲伊主念經熬茶，實屬耗費，臣擬給台吉吹喇克諾木奇、達什那木占福晉等粧緞各一疋，差員伊什固應齋桑等五人，皆給緞子各一疋，除已咨覆外，爲此謹恭摺奏聞。

[120] 藏使呈送禮品並報告藏情摺（康熙五十八年十一月初六日）
[2]-《卷五》

十月初三日據呼畢勒罕之父索諾木達爾扎來轅稟稱，藏使扎爾固奇呼畢圖〔註654〕等，曾擬本呼畢勒罕之巴圖爾嘎普楚、藍占巴洛布藏棍楚克派充使臣前往班禪額爾德尼前問安，呈遞哈達一方，十兩重銀曼達一個，金五兩蟒緞三疋綾子一疋等因，將物品數目具文咨送，本索諾木達爾扎在班禪爾德尼前呈遞哈達一方，銀五十兩，蟒緞三疋。呈請振興黃教主車凌端多布前，呈遞哈達一方緞子二疋，藍占巴吹木波勒、托普奇〔註655〕、散濟〔註656〕等哈達一方，第巴達克冊哈達一方蟒緞二疋，以期振興黃教，爲此咨報。班禪額爾德尼回賞，問呼畢勒罕安之唐古忒文一件，車凌端多布回給呼畢勒罕哈達一方香三束，氆氌一個。藍占巴吹木波勒、托普奇哈達各一方香各一束。散濟回時其家人哈達一方，皆無文件。再班禪額爾德尼、第巴達克冊咨我唐古忒文

〔註654〕扎爾固奇蒙古語斷事官之意。
〔註655〕《平定準噶爾方略》卷四頁十八作托卜齊。
〔註656〕《平定準噶爾方略》卷六頁二十一作三濟。

二件，本使臣巴圖爾嘎普楚等自藏來時班禪額爾德尼及色拉、布贊蚌等大廟喇嘛等給呼畢勒罕禮物很多，第巴達克冊稟稱因馱子行李人役不敷，當協濟第巴達克冊馬三十匹、牛五十頭，派阿旺達爾扎等家人八名護送行李。巴圖爾嘎普楚健步先到，藍占巴洛布藏棍楚克押送〔註657〕行李，於本月初二日始到，謂呼畢勒罕差我自彼處攜帶藏香四束氆氌八個，呈遞大將軍王並唐古忒文三件，一併呈遞前來。是以臣將香四束氆氌一個賞收，回給緞子一疋，其餘氆氌璧回。

當將唐古忒文件繙譯閱看，係班禪額爾德尼咨新呼畢勒罕〔註658〕之文，內開，自棍布木〔註659〕祝我長壽，呈進貢物，大哈達一方銀曼達一個金五兩蟒緞一疋白綾一疋，隨咨送到，為禱祝延壽，尊敬三寶，懇求洞鑒，另紅花一包哈薩克特爾麻二個紅黃氆氌五個，吉日咨送前來。

一件係班禪額爾德尼給呼畢勒罕之父索諾木達爾扎咨文，內大哈達一方閃緞三疋銀五十兩，貢物一併送到，以成志願。並稱我自身在此甚善，請恭敬三寶，自後文貢如長江流不息，其呈進氆氌各物，一併吉日送至。

一件係第巴達克冊致呼畢勒罕之父索諾木達爾扎，內開，貴體甚善，咨送禮物皆佳，我已收到，不勝歡忭，鄙年歲徒增，深以土伯特教務為憂，然桓台吉之言，我未能駁回，無法中止，惟以推廣黃教，拯救生靈之事為要務，然呼畢勒罕尚未坐牀，而於一切事件以及眾生求福，心慮無或少懈，現以道教大事，車凌端多布不能自專，擬迅速遣使桓台吉，我亦一併派使妥為奉聞，自後凡事不二，即請永鑒，附禮物大哈達一方整紅氆氌二個，吉日送到等語。

又詢阿旺達爾扎家人，爾皆西藏左近之人，準噶爾之消息與唐古忒之情形，諒必知之，準噶爾之兵現在實在數目若干，凡所見聞，盡行稟報，勿得隱匿。據稱準噶爾人等佔藏後，我本唐古忒人等心甚憂慮，見他們遇牲則殺而食之，遇物則奪而取之，本年六月間聞大將軍王之使臣與呼畢勒罕之使臣往藏，現來平定大事，則本唐古忒眾生得安生活，眾皆歡喜，嗣因呼畢勒罕之行李服役人數不敷，派我等護送，我等樂從。我聽準噶爾之兵約及四千，不知真偽，我等皆係鑾珠普總城〔註660〕所屬潘禹爾地方居住之農民，距藏三

〔註657〕原文作壓送，今改為押送。
〔註658〕即七世達賴喇嘛羅布藏噶勒藏佳木磋。
〔註659〕即塔爾寺，位於青海省湟中縣魯沙爾鎮。
〔註660〕《大清一統志》（嘉慶）卷五百四十七作倫朱布宗城，《欽定理藩院則例》（道光）卷六十二作冷竹宗，清時期達賴喇嘛所屬中等宗之一，宗址位於今西藏林周縣甘丹曲果鎮。

四日之路，不常到藏，故他事不知。呼畢勒罕之父索諾木達爾扎又問八人存留爾否，告曰今既互寒〔註661〕之時，暫留在此，俟來年青草發生時再行遣回。又問呼畢勒罕使臣巴圖爾嘎普楚，藍占巴羅布藏棍楚克與主事瑚畢圖等之言無異，臣除給巴圖爾嘎普楚緞子一疋遣回外，爲此具摺並將班禪額爾德尼、第巴達克冊及新呼畢勒罕暨呼畢勒罕之父索諾木達爾扎等唐古忒文三件，一併奏覽。

[121] 護送小呼畢勒罕回藏兵丁發給米麵錢糧摺（康熙五十八年十一月初六日）[2]-《卷五》

　　竊臣擬將護送小呼畢勒罕回藏之兵丁羊價停止，皆給米麵，計一年所需錢糧，自起程之處起，令其攜帶兩月米麵，自穆嚕烏蘇〔註662〕再給兩月至三月米麵亦隨運往，並發給五月米糧銀兩。所帶駐穆嚕烏蘇之兵，並監守索羅穆〔註663〕王察罕丹津遊牧之兵，既不遠行，皆攜帶五月口糧，先運三月，以一半發給米石，一半發給羊價，另摺具奏在案。是此項隨運米糧，臣等會同巡撫噶什圖擬自西寧出口之兵，每人每月皆分米二斗五升，一半給米，一半發給羊價，行兵行李輕便，則行走亦速。此次之兵每人各發五升，每月各給二斗，除自穆嚕烏蘇入藏之兵丁，仍攜運兩月米麵外，約計三月米麵，共需米三千九百二十七石，麨五十八萬九千五十斤，需用行李駱駝七千二百隻，查西寧去年自涼州帶來駝隻現有五百，涼州甘州地方，巴爾昆〔註664〕地方之兵，現在備養駱駝五千餘隻，再西寧肅州備調鄂爾多斯地方牧養之駝亦及五千，即由此三項駝內選用膻肥者，照例每五駝以一役兵計算，共需兵一千四百四十名，現擬調用在甘州之山西兵一千名，尚不敷用四百四十名，擬調用興漢〔註665〕步兵，此項兵丁出口之時令其攜運四月口糧，一半米一半麨，伊等攜運之米石帳房鍋灶等物，通盤計算，每人給官駝各一隻，此項口糧行李駄子，每日既行不足，應再給一月口糧銀兩，再酌量備帶一月口糧銀兩，至

〔註661〕原文作直寒，今改爲互寒。
〔註662〕蒙人於金沙江之稱謂。《水道提綱》卷八頁八載，金沙江即古麗水，亦曰繩水，亦曰犁牛河，番名木魯烏蘇，亦曰母蕅烏素，音之轉也，岷江最上源也，出西藏衛地之巴薩通拉木山東麓，山形高大類乳牛，即古犁石山也。
〔註663〕《清代唐代青海拉薩間的道程》言肖力麻即爲索羅木，三岔口之意，即黃河源，實三岔口與河源文意無涉，因此地當黃河源附近，故名三岔口即黃河源，即青海省瑪多縣附近。
〔註664〕今新疆巴里坤縣。
〔註665〕原文作興汙，今改正爲興漢，今陝西省漢中市。

穆嚕烏蘇後，兵丁等再加給兩月米麵，惟藏路遙遠，所帶米麵，雖經各營分運，亦無運輸專員，擬令道府州縣及綠營軍官大員等分管解運。按察使永泰〔註666〕、巴錫皆派辦軍需大員，著永泰、巴錫督催運米，每進一人，隨一兵，監視放入。再由駐穆嚕烏蘇營內督理陸續運送米糧，甘涼現既有牧駝官員，若用甘涼駝隻若干，即按用駝隻數目選派官員隨從管理。運送糧食擬用現在西寧効力之官員，如不敷用，再由陝西甘肅兩省官員內酌調大員，隨同分管運送米石。再此項米石駝隻既關重要，著按察使永泰前往西寧，將在鄂爾多斯地方牧放駝隻調入西寧，撥給錢糧購買草料，妥為牧養，其牧養駝隻之處，伊酌量調用，用駝隻之時即往西寧取用。再入藏之兵陸續將兩月米麵運至穆嚕烏蘇，由臣本人帶領駐紮穆嚕烏蘇地方之兵，暨駐古爾地方之兵，通盤計算米八千九百七十八石九斗有零，夠四十三萬五千九百餘斤，以上共用駝一萬一千四百餘隻。如其不敷駝隻，著再雇回子之駝牛騾等牲運送，惟此處雇用回子之牲口，皆賴青海蒙古之牲口，來年青海等眾皆派兵入藏，諒必雇用無多。至此項運送著交給巡撫哈什圖〔註667〕按照承領數目運送，運送後著交該部議敘。此項運送米石，有關一切所需錢糧數目，除交巡撫哈什圖一一核銷，所需銀兩另行奏請外，為此謹奏請旨。

[122] 前提督王文雄父子助造藤牌腰刀長槍摺（康熙五十八年十一月初六日）[2]-《卷五》

前任提督王文雄〔註668〕助造藤牌一千，牌道腰刀各一千，長槍一千，伊子侍衛王廷美〔註669〕能用藤牌，即派伊監造等因呈請前來。竊查王文雄係獲譴之人，懇請聖主恩施，將前任提督開罪，在此効力，將來自應圖報聖恩，不敢云勞，惟去年遣伊子出兵，因其藉病逗遛索羅木地方，按兵未進，即將伊拏問治罪，然此時伊並未呈文，今聞派往索羅穆地方，始藉製造藤牌等物之名，具文呈報，豈非欲脫罪乎，果欲効力，亦未嘗不可令其製造，王文雄並伊子王廷美曾皆出兵索羅木，今所製藤牌、牌道腰刀長槍，俱已如數〔註670〕

〔註666〕《清代職官年表》按察使年表作陝西按察使永太。《平定準噶爾方略》卷九頁三十二作永泰。

〔註667〕《清代職官年表》巡撫年表作陝西巡撫噶什圖，《平定準噶爾方略》卷二頁二十一作西安巡撫噶什圖。

〔註668〕《康熙朝漢文硃批奏摺彙編》第一八二一號文檔自署名廣東提督王文雄。

〔註669〕第五十七號文檔作王廷梅，廣東提督王文雄之子。

〔註670〕原文作具已如數，今改正為俱已如數。

製造完畢，帶來西寧，查西寧兵內無人會用藤牌，是以交總兵官王依謙〔註671〕選派年輕力壯之人一千名，交侍衛王廷美練習藤牌腰刀長槍，既無處可用，著暫交王依謙收存，爲此謹恭摺奏聞。

[123] 總兵官范士傑等加增馬價願捐輸摺（康熙五十八年十一月初六日）[2]-《卷五》

據署理甘肅提督事務寧夏總兵官范士傑呈稱，辦理送往西寧兵丁之馬匹五百匹，補購之時每匹以十兩計算，共銀五千兩，由布政司庫承領購買，除部定價每匹八兩外，其增銀一千兩，擬由本身俸銀及兵丁錢糧分四季攤還等語。又據涼州總兵官李忠岳呈稱，解送西寧之馬三百匹，補購之時每匹十兩計算，共銀三千兩，由布政司庫承領購買，除部定價每匹八兩外，其增價銀兩，擬由本身明年俸銀及親兵錢糧扣還等語。又據署理肅州總兵官事務參將郭成功等呈稱，解送西寧之馬二百匹，補購之時每匹十兩計算，共銀二千兩，由布政司庫承領購買，除部定價每匹八兩外，其增加銀兩擬由參將楊索住〔註672〕、遊擊顏履泰〔註673〕、孫朝傑〔註674〕、高全〔註675〕等本身俸祿及親兵錢糧內分四季扣還等語。直前總督鄂海等協助馬價　案，經臣具奏議覆後，即按照所請奉准有案，今總兵官范士傑等請將加增馬價，情願捐輸，應准如所請，爲此謹恭摺奏聞。

[124] 遵旨分派各軍入藏籌運軍需等摺（康熙五十八年十一月初六日）[2]-《卷五》

奏爲欽奉諭旨派員入藏事。

九月二十六日准理藩院咨稱，議政大臣面奉諭旨，此次西藏差來使臣胡比圖〔註676〕等，車凌端多布等，土伯特衆喇嘛人民俱言在西寧現有呼畢拉罕〔註677〕實爲達賴喇嘛之呼畢拉罕，天朝聖主將新呼畢拉罕安置在達賴喇嘛禪榻上座，廣施法教，實與衆人相望之意允協，且土伯特處時有瘴氣，厄魯特

〔註671〕《平定準噶爾方略》卷三頁三十七作西寧總兵王以謙。
〔註672〕《甘肅通志》卷二十九頁九十六有大馬營遊擊楊所柱，應爲此人。
〔註673〕《甘肅通志》卷二十九頁九十一作肅州鎮標左營遊擊閆履泰。
〔註674〕《甘肅通志》卷二十九頁九十三作嘉峪關營遊擊孫朝捷。
〔註675〕《甘肅通志》卷二十九頁九十三有金塔寺營遊擊高金，高全爲高金之誤。
〔註676〕非西藏所差，應爲差往西藏而返回者，《平定準噶爾方略》卷六頁二十七作瑚必圖。
〔註677〕即七世達賴喇嘛羅布藏噶勒藏佳木磋。

之子孫不能滋生，多有疾病，有何貪戀之處，惟懇天朝聖主將法教速爲廣施，觀此情形，似乎易結，今將新呼畢拉罕封爲達賴喇嘛，給與冊印，於明年草青發時同送往藏地，令登達賴喇嘛之座，送往時著大臣帶滿洲兵一千名，蒙古兵一千名，土司番兵二千名，綠旗馬兵一千名前去，其行糧牲畜接續之處，令大將軍王辦理。再由巴爾喀木帶四川滿洲兵一千名，綠旗馬兵一千名，步兵一千名前去，土司番兵酌量派往，其行糧牲畜接續之處，令年羹堯辦理。青海王貝勒貝子公等亦帶領屬下兵或一萬或五六千，車凌端多布等實爲法教，自必俟達賴喇嘛登禪榻後，然後前去，若不行等候遁走，即爲無恥之賊，此行大將軍帶領兵馬在索羅木週圍水草佳處駐紮，兼令照管青海家屬。四川兵二千名出口駐紮兼照管王查罕丹津行裝，事關重大，將此旨傳諭大將軍處，令伊等公同確議具奏。又青海王台吉等令大將軍王傳集一處曉諭，唐古忒地方達賴喇嘛、班禪法教，原係爾祖上設立，今策旺阿拉布坦無故將拉藏汗殺害，令寺廟喇嘛各自散去，將衆鄂里格一路截斷，令達賴喇嘛禪榻空虛，從前爾將新呼畢拉罕稱爲達賴喇嘛之呼畢拉罕，若安置在達賴喇嘛禪榻，爲法教廣施之事，我等願捨命効力，業經保奏，土伯忒喇嘛人民及阿木島〔註678〕地方喇嘛等，俱稱爲達賴喇嘛之呼畢拉罕，皇上將此呼畢拉罕封爲達賴喇嘛，於明年一月送往藏地，令登禪榻，將法教廣施，放開衆鄂里格一路，令其販賣茶布，此正宜効力之時，爾等應各帶兵丁與送去之大臣會同一處前去，爾等之意如何，令伊等各陳己見，會盟畫一具奏。俟會盟完時令都統延信、楚宗，公策旺諾爾布，侍讀學士長壽等由固原來京師具奏，欽此欽遵，咨行在案。臣謹遵旨，青海盟長等王貝勒貝子〔註679〕公大臣台吉等皆集西寧定議，另摺奏聞外，伏維皇父深謀，來年草青時派滿洲綠旗兵藤牌、內扎薩克兵，並青海各兵同力送小呼畢拉罕至藏，令達賴喇嘛坐牀，定黃教之道，以安各唐古忒蒙古等之心，降旨極盡周密，達賴喇嘛禪榻空虛，奸滑小人等圖利生亂，衆生不得安寧，今合各蒙古唐古忒等之意，將此呼畢拉罕送藏，使達賴喇嘛坐牀，至關緊要，派送大兵米糧口糧牲口等物，不可不保證接濟，是以臣遵旨派滿洲兵一千蒙古兵一千綠旗兵二千土司番子兵二千護送小呼畢拉罕，火器行軍至要，派鳥槍護軍止八百七十一、鳥槍馬甲一百二十九，滿足一千數。喀喇沁、翁牛特、土默特、鄂爾多斯兵共八百二十，此內有病殘疾

〔註678〕第九十一號文檔作阿木道。
〔註679〕原文作貝勒子，今改正爲貝勒貝子。

人等,選出五百,派前鋒二百,鳥槍馬甲三百,滿足一千數。固原涼州馬步兵內選能放槍好手,各派一千。土司番兵精壯,亦派二千。再固原寧夏甘州涼州新各增四千,製造子母炮,此炮各領炮子二十,西寧子母炮增二十,共爲一百炮手,駄炮駝,炮手騎馬皆照原奏,由各處辦理,咨行各領三百出藥丸,已令各隊管理大臣外,派誰爲首請加諭示。由四川調兵,遵旨行文總督年羹堯、都統法拉,護軍統領噶爾弼,臣意由巴爾喀木進兵二千,則兵力稍弱,再添步兵二千餘。再西寧土司番兵精壯能耐勞苦,惟近聞上年進兵沿路逃脫,至木魯烏蘇間回來者。再土司楊汝松〔註680〕之弟喇嘛阿旺遲連加木挫〔註681〕稟稱,土司番子等感聖主養育之恩,均思奮勉,惟皆軟弱路遠,力不能及,所派土司番子二千兵,王查罕丹津守營,由四川調出一千滿洲兵一千綠旗兵護送小呼畢拉罕,其餘四百四十餘鳥槍馬甲,一千五百四十餘護軍,胡什圖來英珠〔註682〕等隊,留蘭州九百餘護軍馬甲。再寧夏延綏兵各派五百住西寧,去領寧夏固原四十子母炮,令派各處炮手,臣親自帶往木魯烏蘇,進兵時以作聲勢,軍糧急需調往。進藏兵丁內若有病殘疾、馬駝疲瘦者則皆暫留木魯烏蘇,即由臣帶兵親加選拔精銳,起身仵河洲,第三隊莊圖〔註683〕各馬甲一名,派西寧綠旗兵一千,查看週圍水草好處住牧,令守青海營。來年將小呼畢拉罕送藏,車凌端多布若恭順和合,令達賴喇嘛坐牀,自無問題,惟策旺阿拉布坦至爲奸猾,伊有言令班禪坐高牀,達賴喇嘛坐矮牀之說,若稍有不順,聚衆作亂,致生戰鬪,我兵不可不強,然青海人至膽小,河北人多而疑慮,我兵力弱,便形退縮,應增選陝西督標兵一千、甘州一千兵。再上年在喀喇烏蘇住三十二驛,今隨至藏四十驛,計調來興漢總兵官以下馬兵八百,每驛各住兵二十,準噶爾賊性奸猾,難免不來搶奪牲口,不可不預加保護在驛兵丁等,至住木魯烏蘇十八驛不議外,由木魯烏蘇至藏住驛固原興漢步兵各調來一千五百爲一隊,共爲四隊,酌住要緊地方,防守驛站,查綠旗馬兵二人給馬五匹,步兵二人給馬三匹,興漢八百兵住驛送事,每人各添給馬一匹,即騎此馬遞送事,停給他驛之馬,此調各處綠旗兵,由馬步兵內

〔註680〕《平定準噶爾方略》卷四頁四十六作楊如松。

〔註681〕常作阿旺赤勒嘉措。

〔註682〕《欽定八旗通志》卷三百二十一作滿洲正藍旗副都統覺羅英柱。《平定準噶爾方略》卷四頁四十六作副都統英柱,卷八頁八作副都統覺羅英柱。

〔註683〕原文作各圖,今改正爲莊圖,《欽定八旗通志》卷三百二十四作蒙古正白旗副都統莊圖。《平定準噶爾方略》卷九頁二十作副都統莊圖。

選會放槍能手，皆照數派遣，各領三百出藥丸，派管理副將參將等大臣官員等，所給馬牲口治理銀，全照定例，由各辦給，均於三月二十日來至西寧，將馬牧餧。再咨綠旗兵總管理，至提督總兵官應派何人，請予欽派。出兵後西寧無滿洲兵，西安滿洲兵備調一千住西寧。查上年進兵時挽運半米半羊之價，臣親領木魯烏蘇住兵住守，王查罕丹津營兵不遠去，仍給半米半羊之價，前後計八月，由珠蘭地方皆挽運五月米口糧，再運三月米口糧。本年索羅木咨送之兵，四月底出口，水草不好，馬匹牲口未得飽餧，五月間馬牲始得餧飽，六七月間少有疾病即愈，此路乘夏秋行，則斷無妨礙。我們內兵皆多給草料餧馬，四月間得青草，出口則可無誤，惟青海蒙古等馬在野過多，四月間不能行走，我兵得青草出起身，至木魯烏蘇，候青海兵好水草放牧牲口，六月底由木魯烏蘇起身，七八月間可到藏，仰仗天威，必能定藏，惟彼處辦事，馬牲口少歇即回，來路遠，正遇寒冷，人勞牲口累，殊為可慮，臣本意將我們兵即在藏過多，次年青草出再回來，人牲口均似有益，此兵前後須數月，實難預定，預備一年錢糧。索羅木人少，不易買羊，多運米糧進藏，滿蒙綠旗兵住驛兵停給羊銀，皆給米炒麵，由珠蘭地方挽運二月米炒麵，由木魯烏蘇又給二月米炒麵，分各營隨運，令每月發給，定藏後，仰蒙皇恩，唐古忒蒙古等得安生，必我們兵應領口糧牛羊糧麵等物，又五月停止接濟，運米麵一石四兩租銀，米價照時價折給銀兩，沿路貿易計，彼處買賣布茶等物，或帶銀之處，酌計有益，領兵大臣等辦理，由藏沿四路去，西寧兵馬忠孝告稱，由藏順裡塘巴塘沿往打箭爐地方，少有狹隘，沿路不斷人住，食燒無艱難處，地亦暖和，冬日可行，領兵大臣定藏後，問明打箭爐路可行兵，則一面奏聞，一面即帶錢糧，預備口糧進打箭爐口，在成都牧放馬匹，滿洲兵返回京城，綠旗兵咨往各處，若打箭爐路狹，大兵難行，可在藏過一冬，仍順原路回來，看所去大臣等奏，預備口糧迎接之處，再行辦理。由四川派往守王查罕丹津營調二千兵，護送小呼畢拉罕，挽運米口糧，並順巴爾喀木進兵口糧，皆遵旨交總督年羹堯辦理。此小呼畢拉罕送藏，達賴喇嘛坐牀，令何人為首領住藏，如何辦理之處，都統延信咨送京城，候旨遵行，為此恭摺謹奏。〔註684〕

〔註684〕豐培按，諭旨據《清聖祖實錄》卷二八五校正。